ANDREA PISTOLESI

INTRAMERICAS
AMERICA CENTRALE ON THE ROAD

EDIZIONE PER IL 15° ANNIVERSARIO

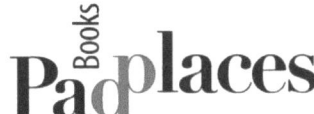

Avevo bisogno di profondi cambiamenti. Un nuovo inizio. Forse una scintilla d'innesco. Certamente un'evoluzione se non proprio una rivoluzione.
Questo bisogno era personale, professionale e finanche filosofico.

Si, essere al picco della carriera come fotografo professionista, la fine di una relazione sentimentale, l'incertezza di un mondo che stava cambiando (pochi mesi dopo il 9/11 sarebbe successo e le peggiori previsioni avrebbero trovato conferma, sfortunatamente), tutto questo ebbe un peso nella mia decisione. Ma più di tutto fu l'attrazione a tornare "on the road" che era, e ancora oggi è la mia situazione di vita ideale, che mi spinse.
Nella primavera del 2001 inizia la mia piccola, breve Odissea, non nello spazio ma in America Centrale.
Era una combinazione di idee: il cuore della strada Panamericana, il passaggio dal mondo latino a quello anglofono, il percorso di milioni di migranti.
La rivista Gulliver sponsorizzò il mio progetto, e il mio amico giornalista Paolo Galliani si unì a me, almeno per la parte iniziale del viaggio (a me serviva più tempo per "digerire" le situazioni che incontravamo).
Atterrammo a Panama a da lì andammo a nord usando solo bus locali o di lunga distanza; occasionalmente anche taxi privati e collettivi.
Avevo una Leica, due obiettivi e una zaino pieno per metà di pellicole.
Cosa quel viaggio significò per me è evidente nel lavoro che venne dopo.
Diedi al mio lavoro un approccio molto più foto-giornalistico.
La perfezione dell'inquadratura, usando cavalletto e lunghe riflessioni, lasciò spazio e diede precedenza al catturare momenti e situazioni.
L'accuratezza tecnica non era più una priorità.

Il resto è storia, la mia storia personale..
Le persone che incontrai così come i momenti di paura (era una terra dura e pericolosa quando vissuta dal basso, come facemmo noi) disegnò l'immagine complessiva.
E non è una terra di sorrisi: poche persone trovano la forza di sorridere in una condizione di via così dura.

Questo lavoro può essere dedicato solo a loro: le persone che ci hanno lasciato passare attraverso le loro vite, pazientemente, non comprendendo probabilmente le nostre ragioni, o non chiedendosele proprio.
In una società di durezze loro rappresentano il miglior lato dell'umanità.

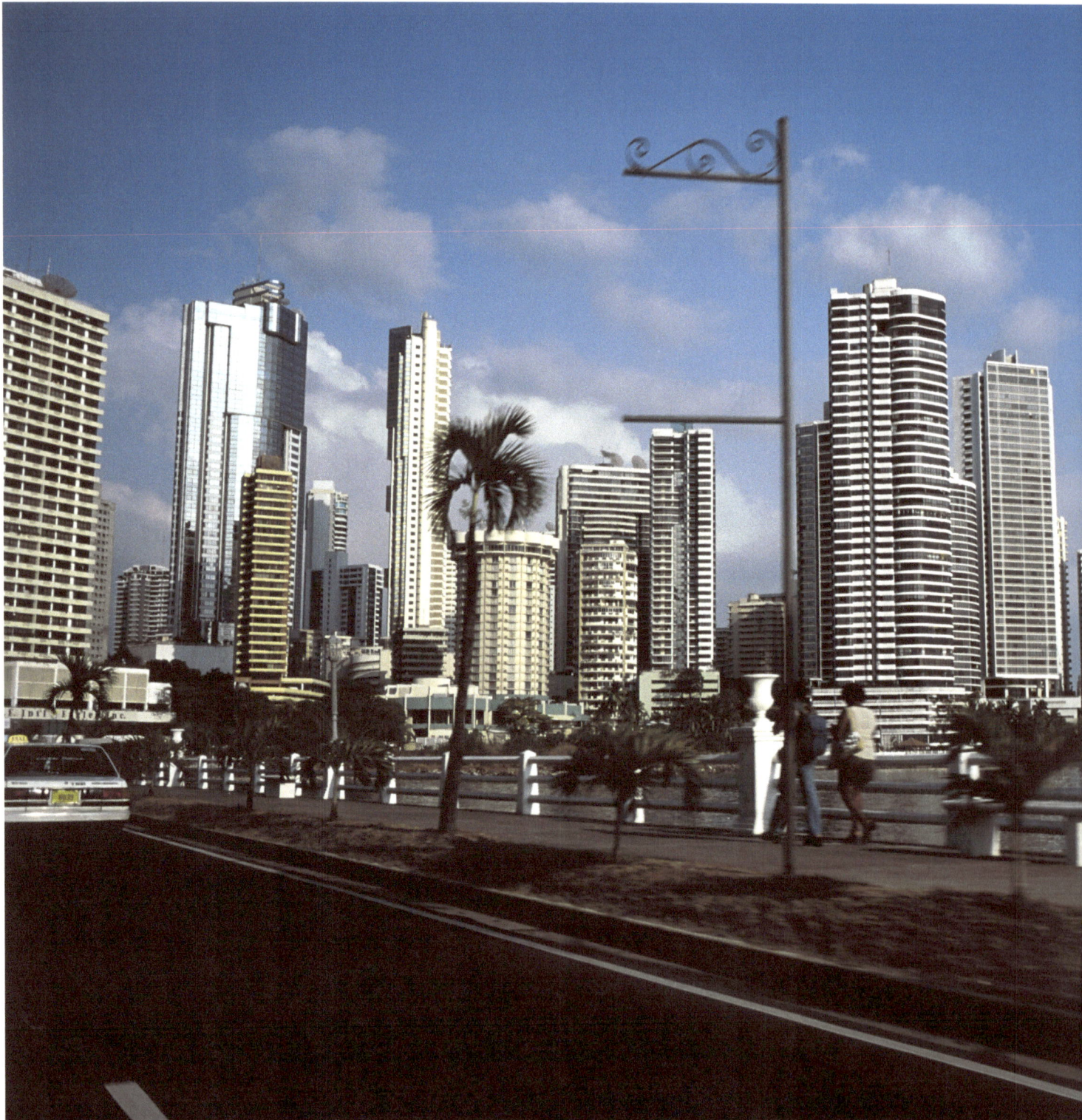

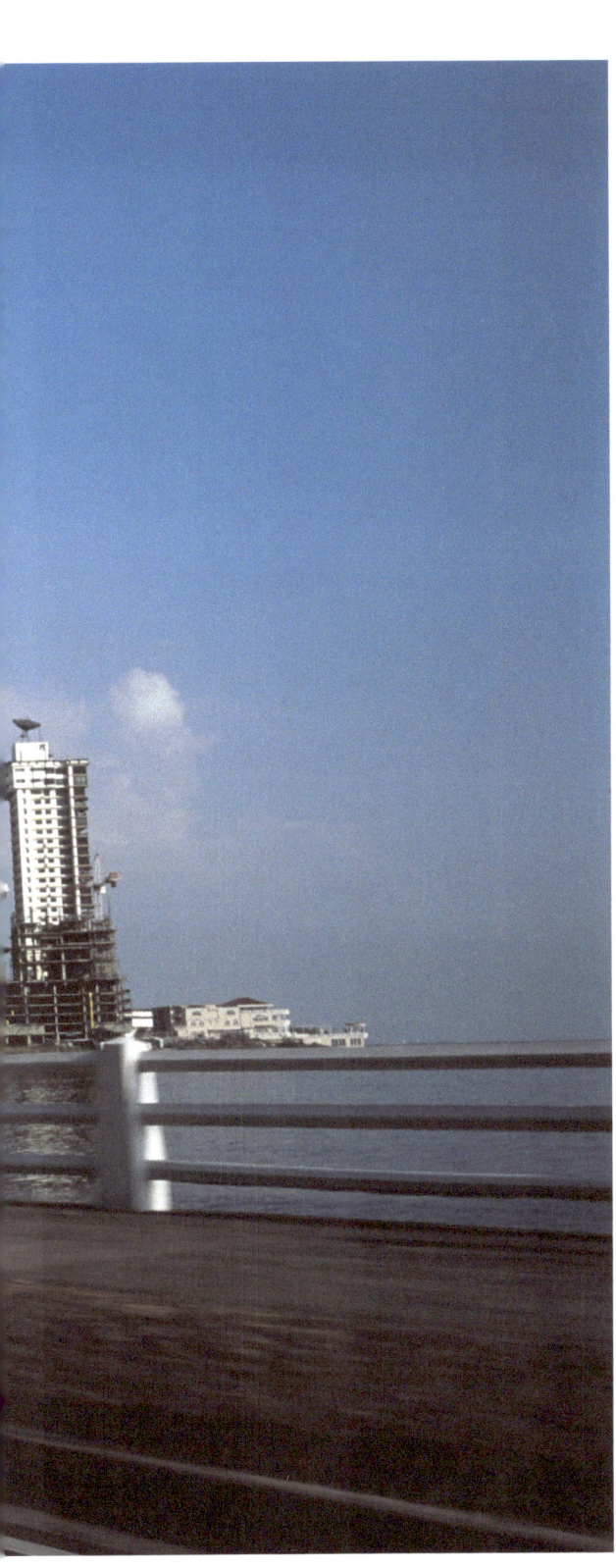

Panama

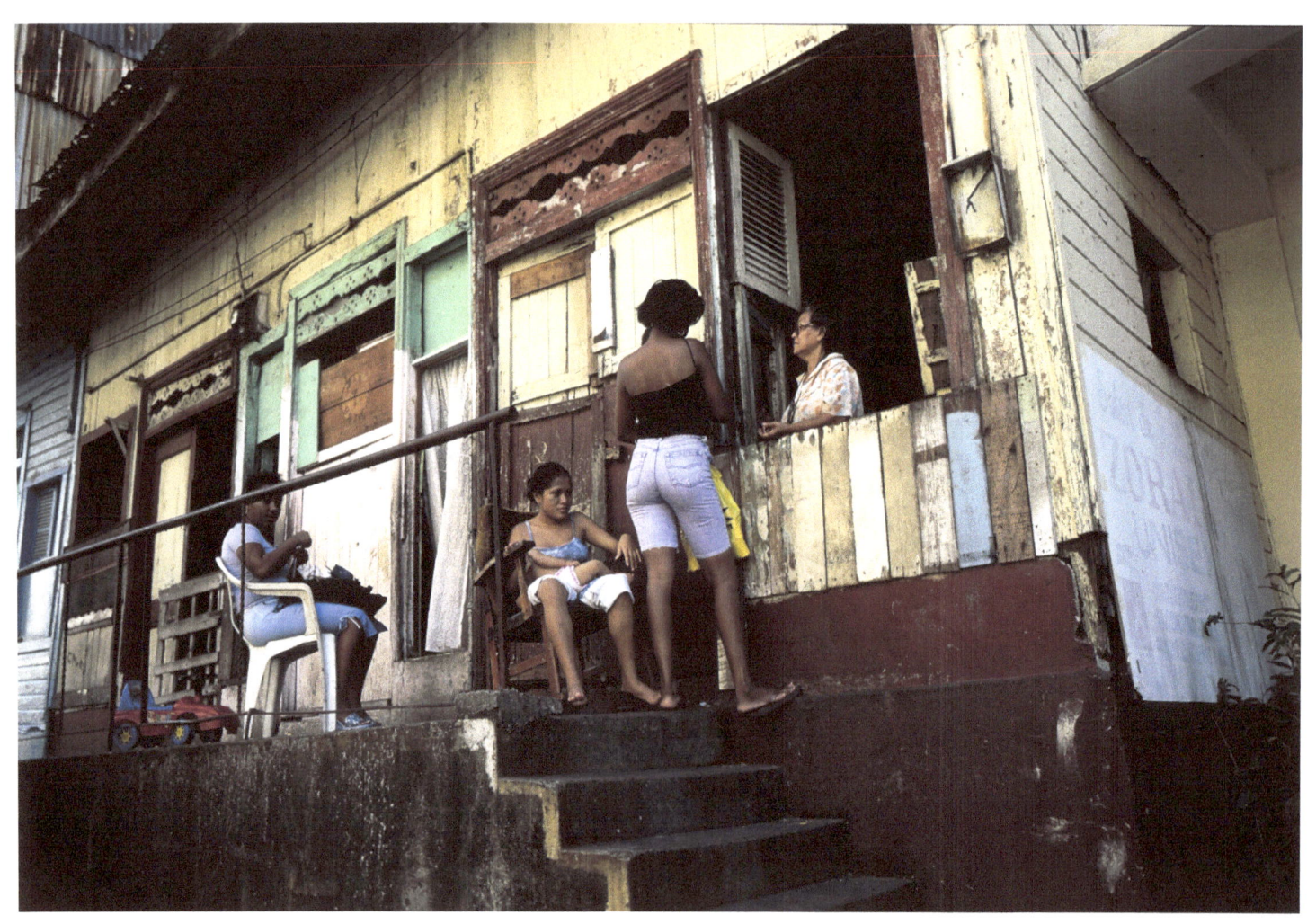

Appena atterrati a Panama City andammo direttamente nella città vecchia, Panama Viejo, dove i contrasti tra ricchezza e povertà furono subito evidenti. Fu un buon inizio.

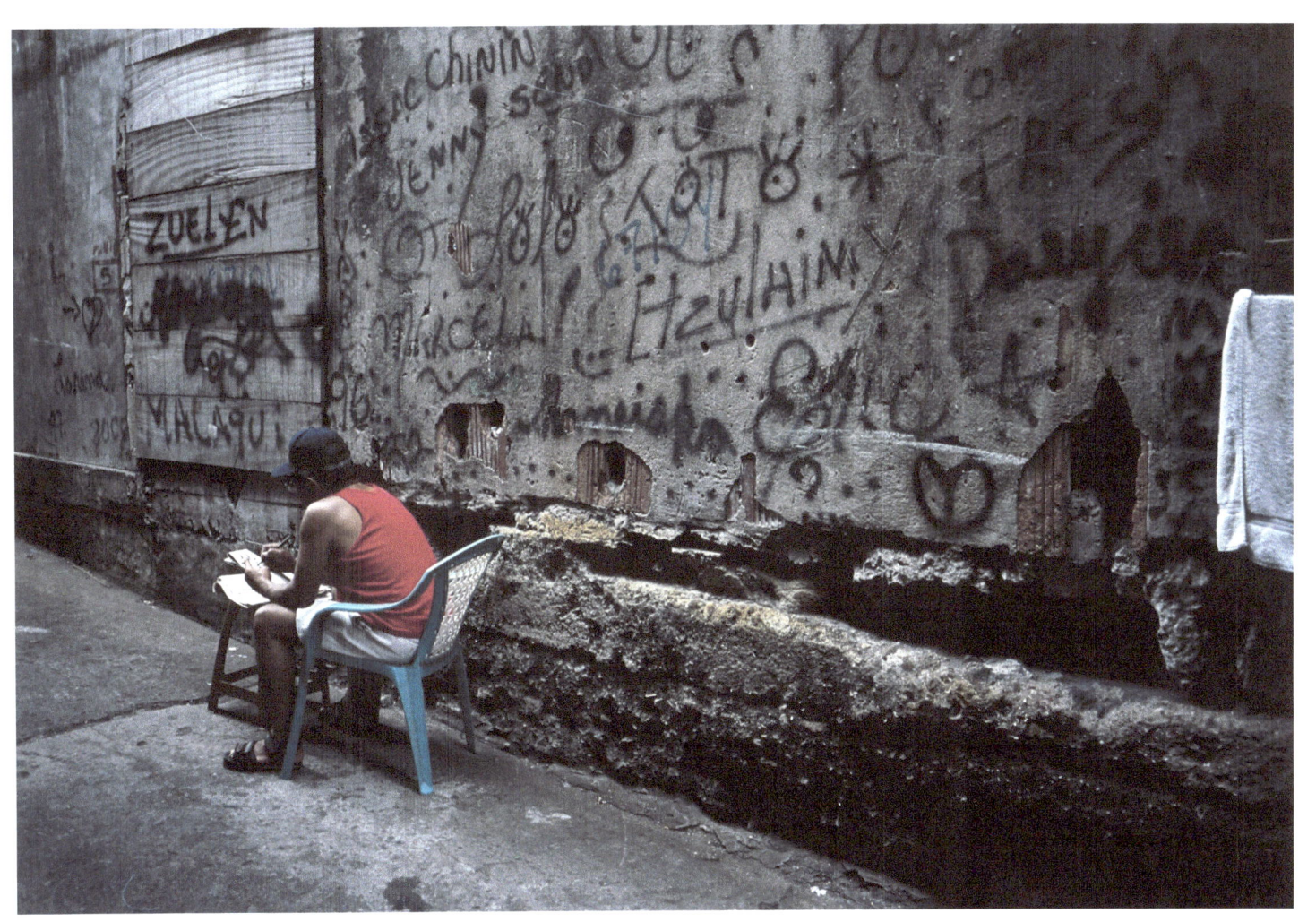

Un vicolo di Panama Viejo

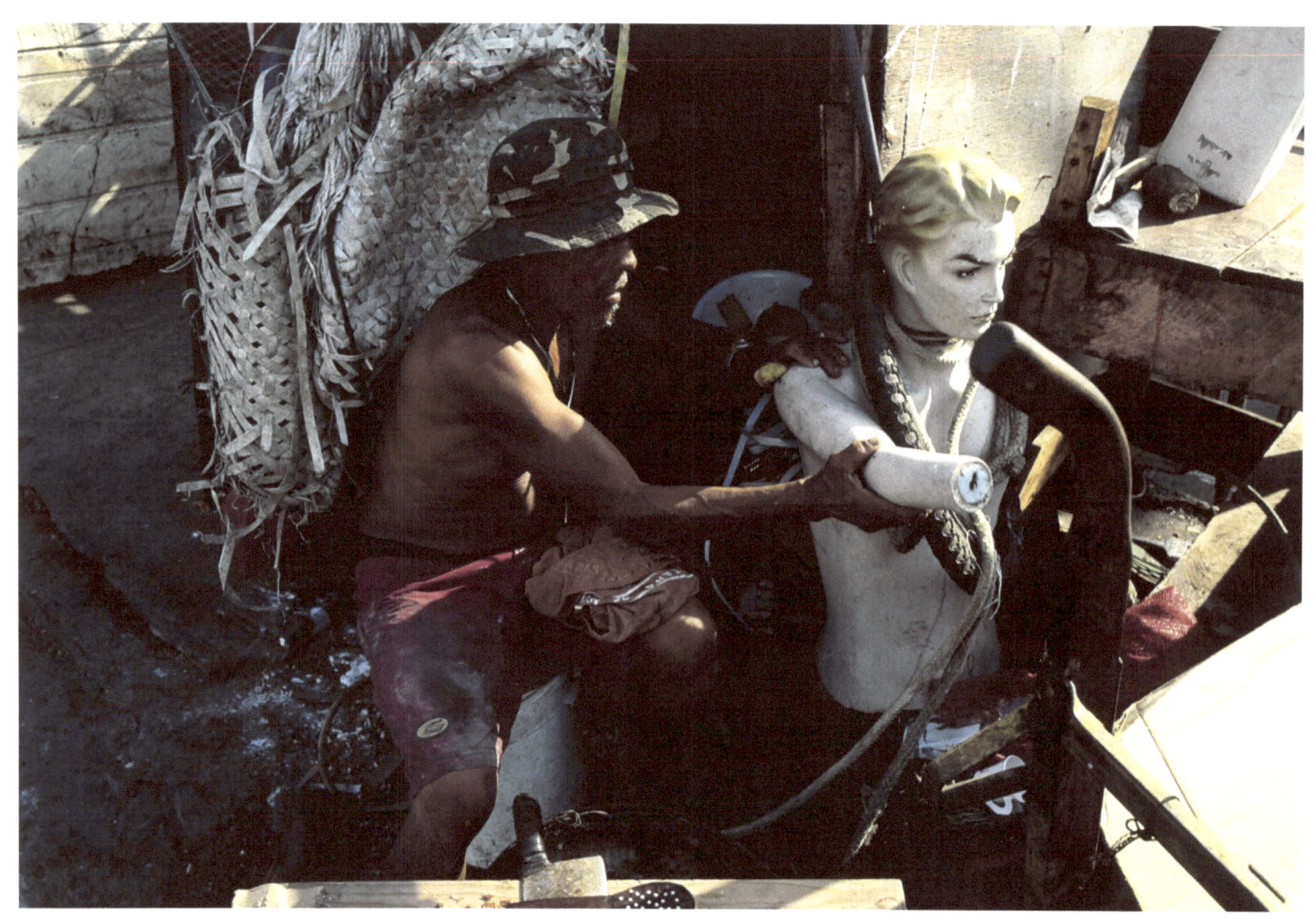
Vivere nel porto di Panama Viejo

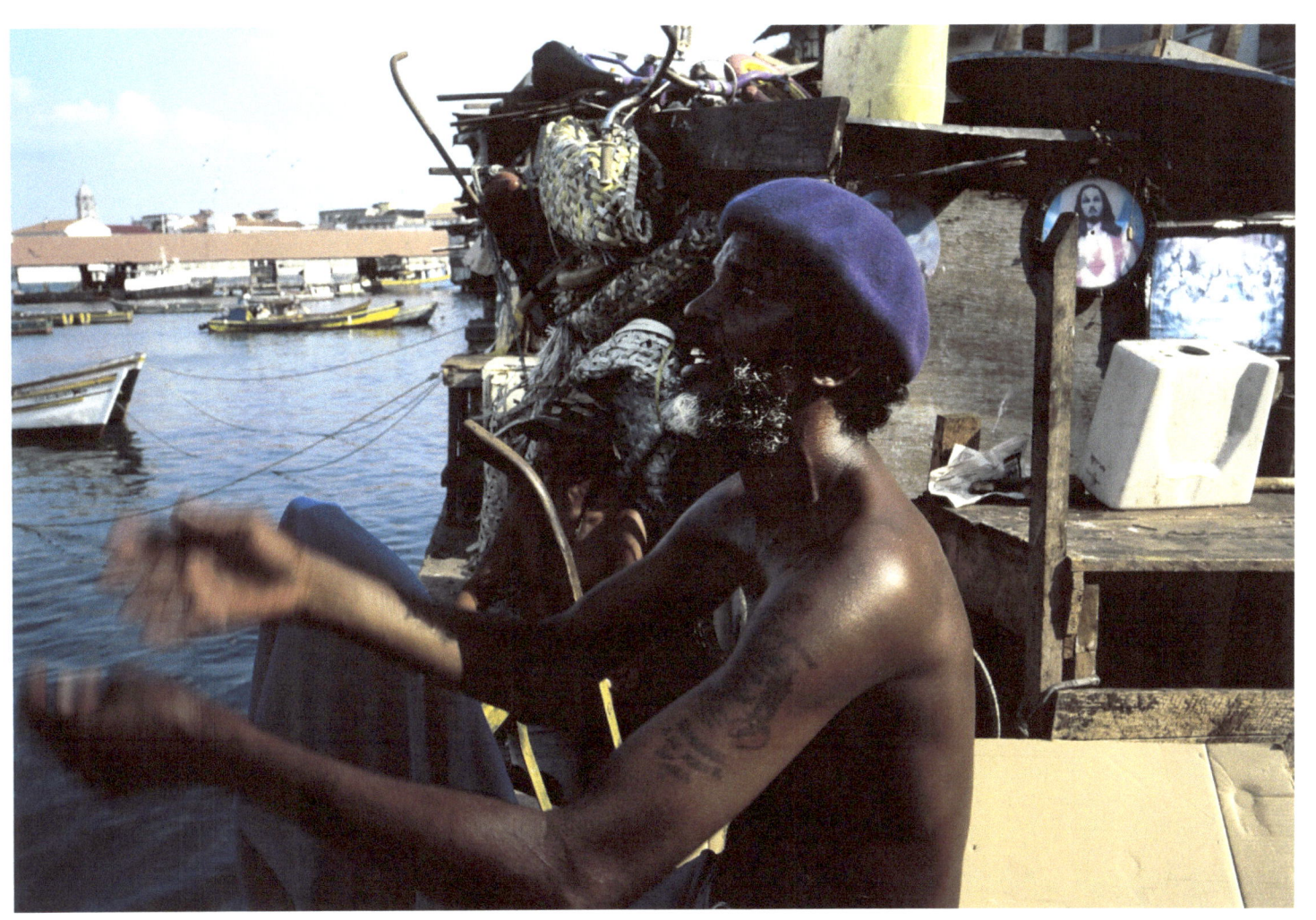

Vivere nel porto di Panama Viejo

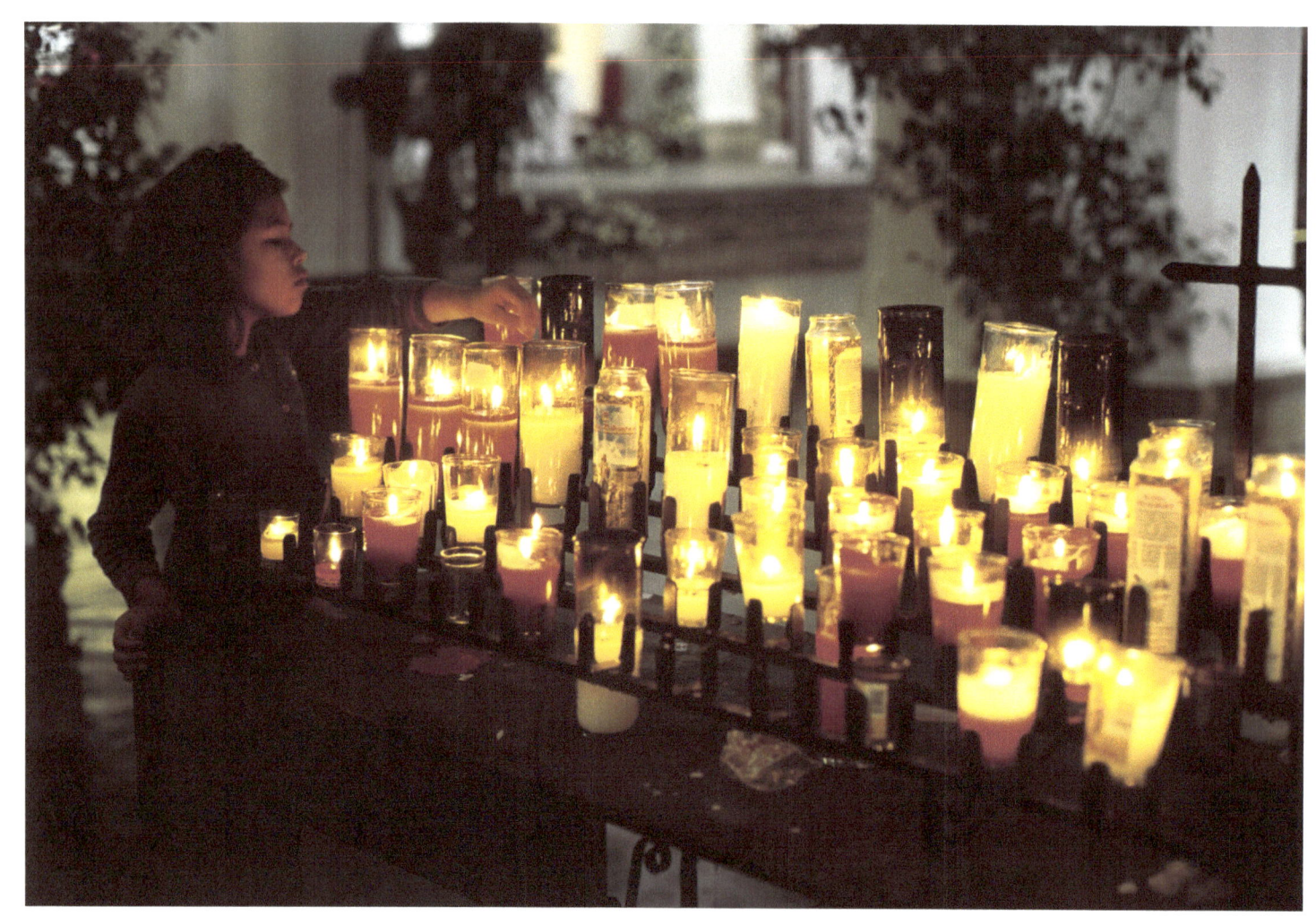

Cattedrale di Panama

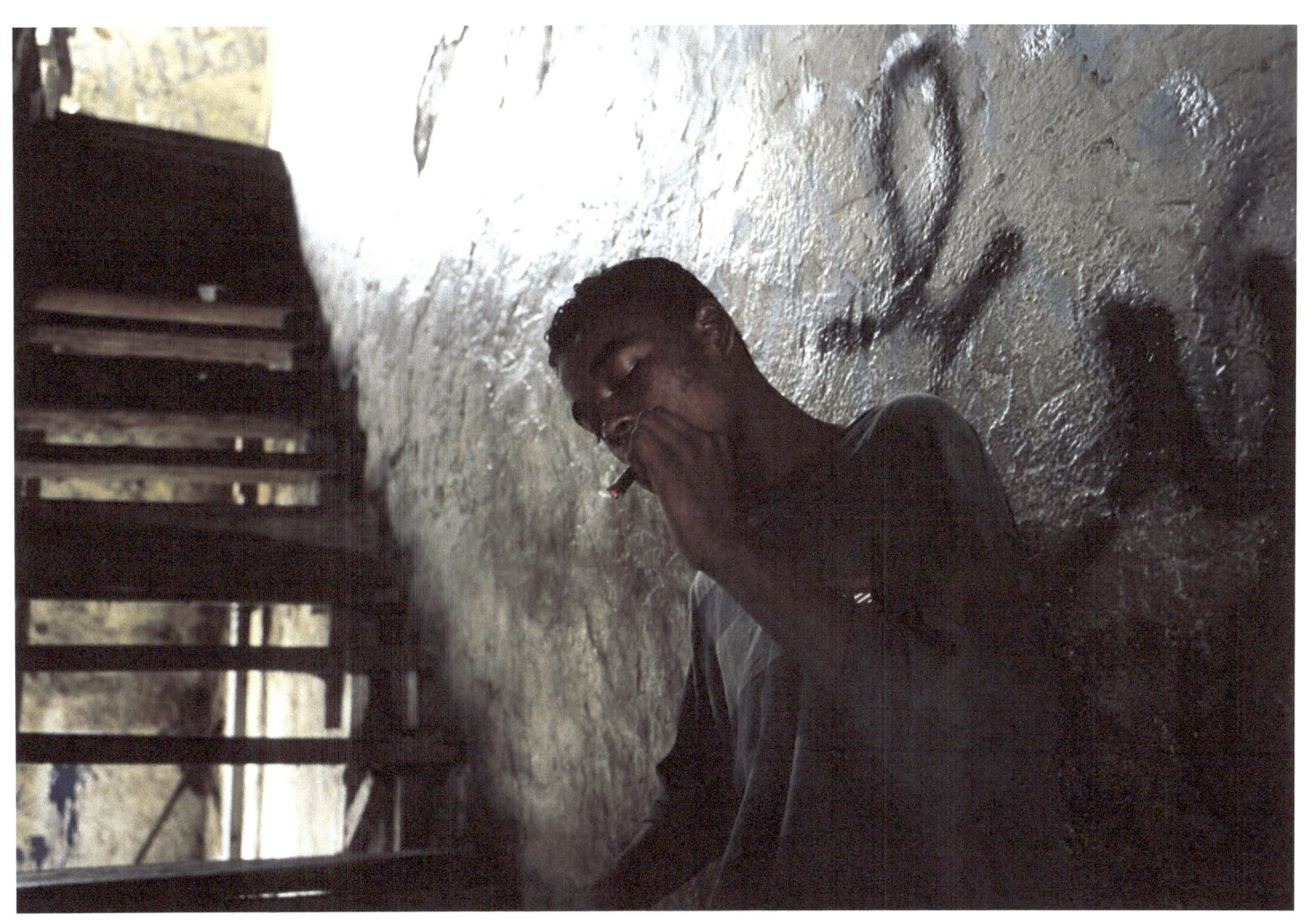

Ragazzo che fuma uno dei miei sigari a Panama Viejo

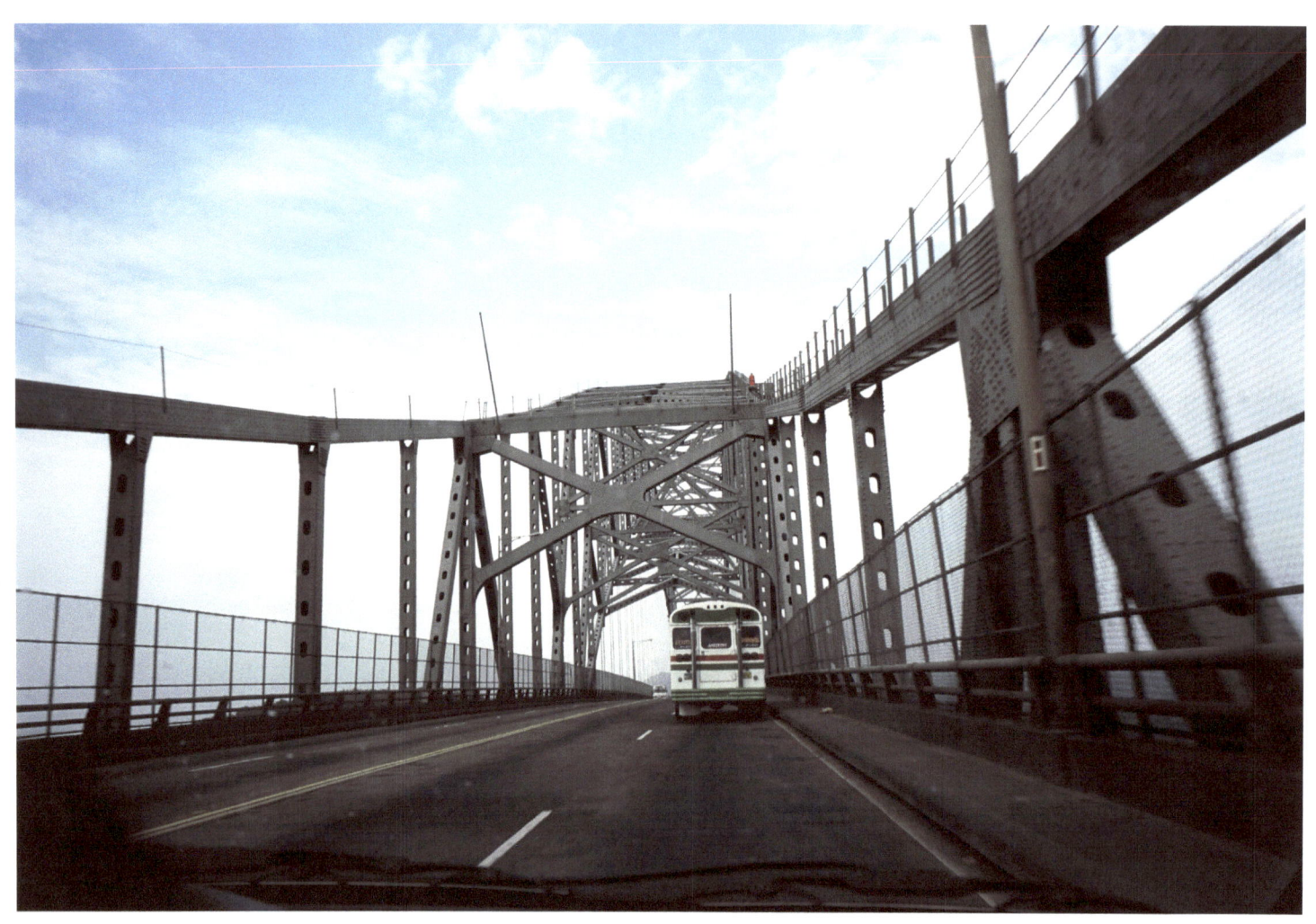

Ponte delle Americhe, attraverso il Canale di Panama

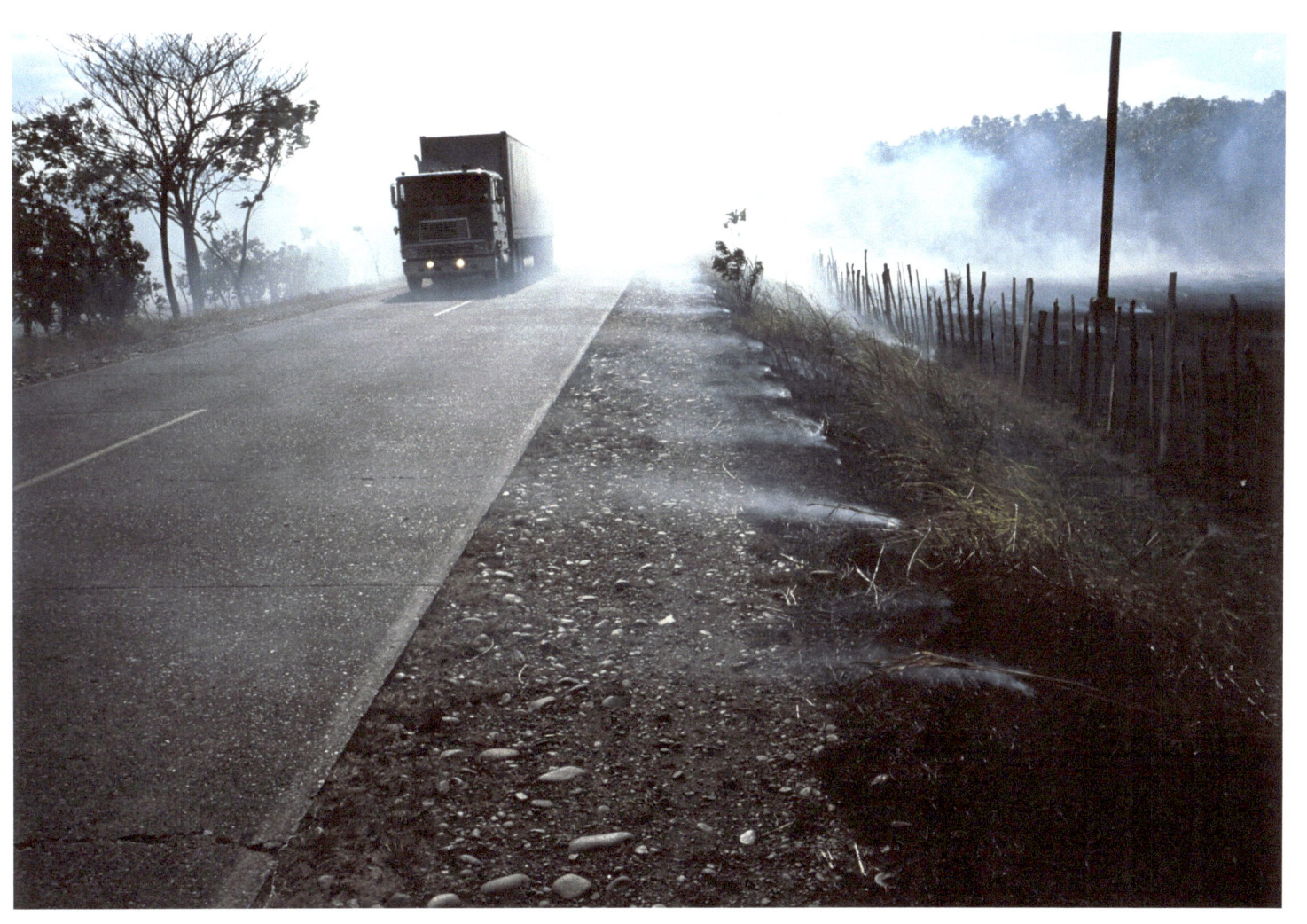

Strada Panamericana tra Panama City e David

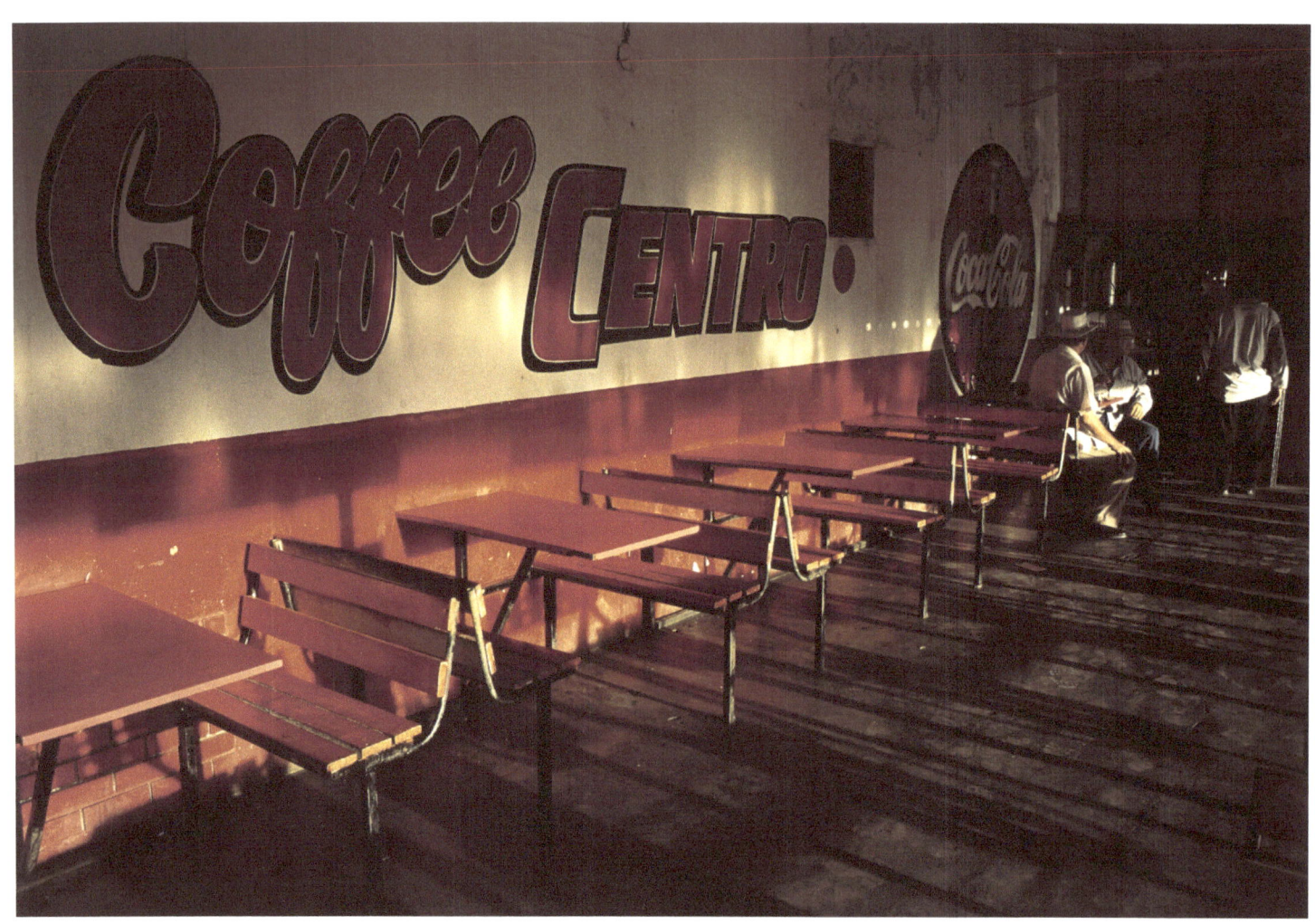

La stazione dei bus a David era un ottimo posto per osservare viaggiatori diretti verso ogni parte del paese.

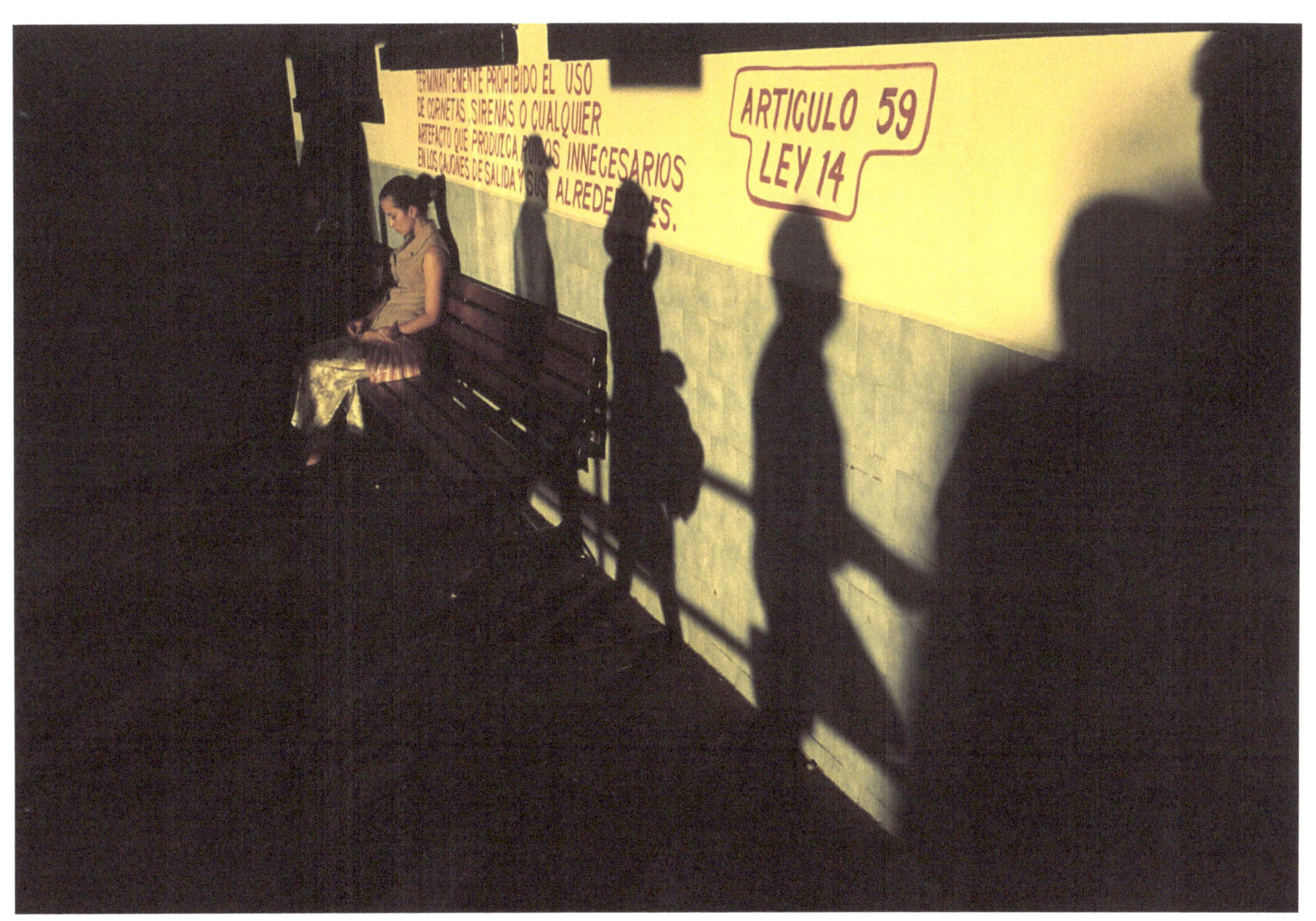

Stazione dei bus di David City

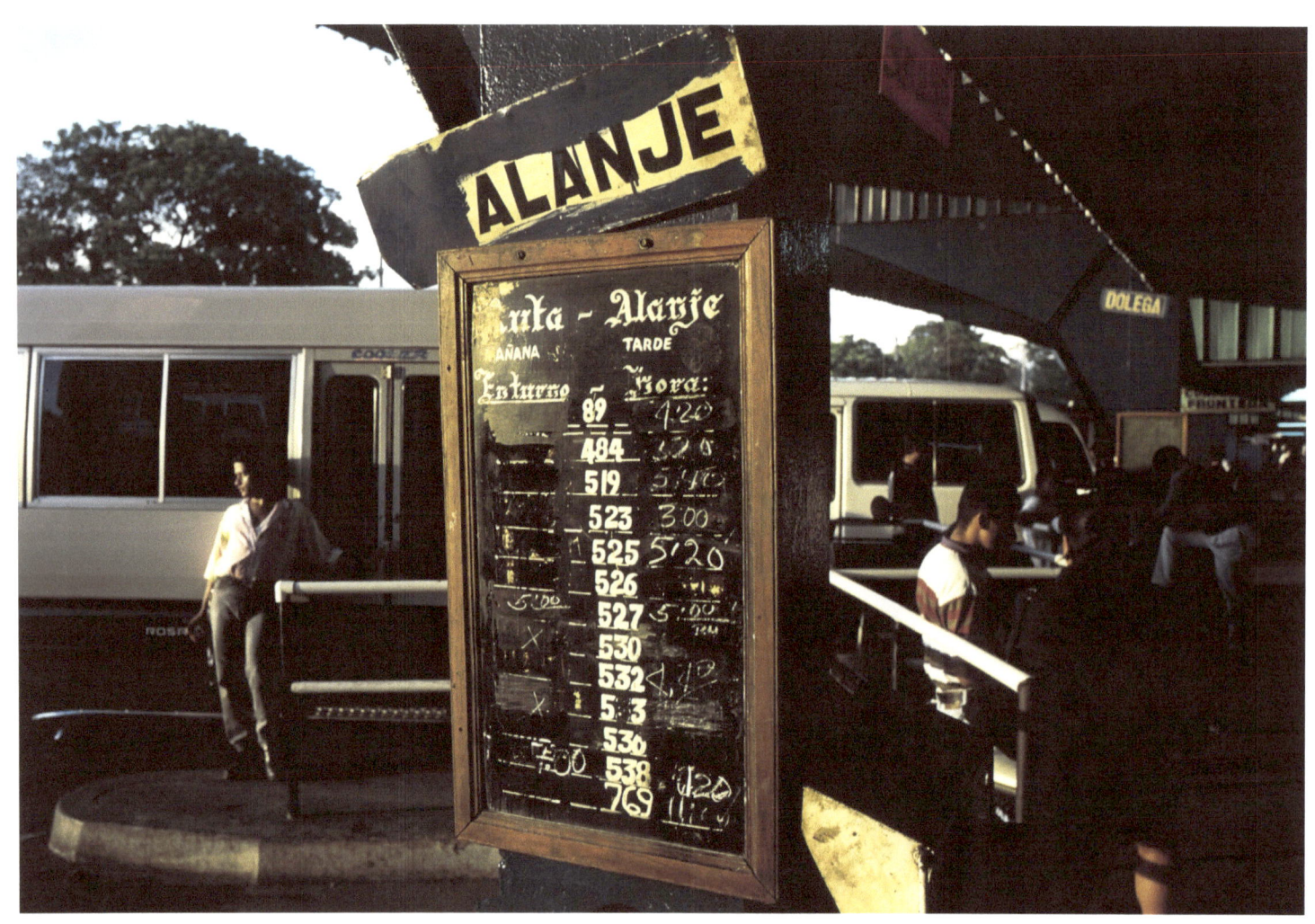

Stazione dei bus di David City

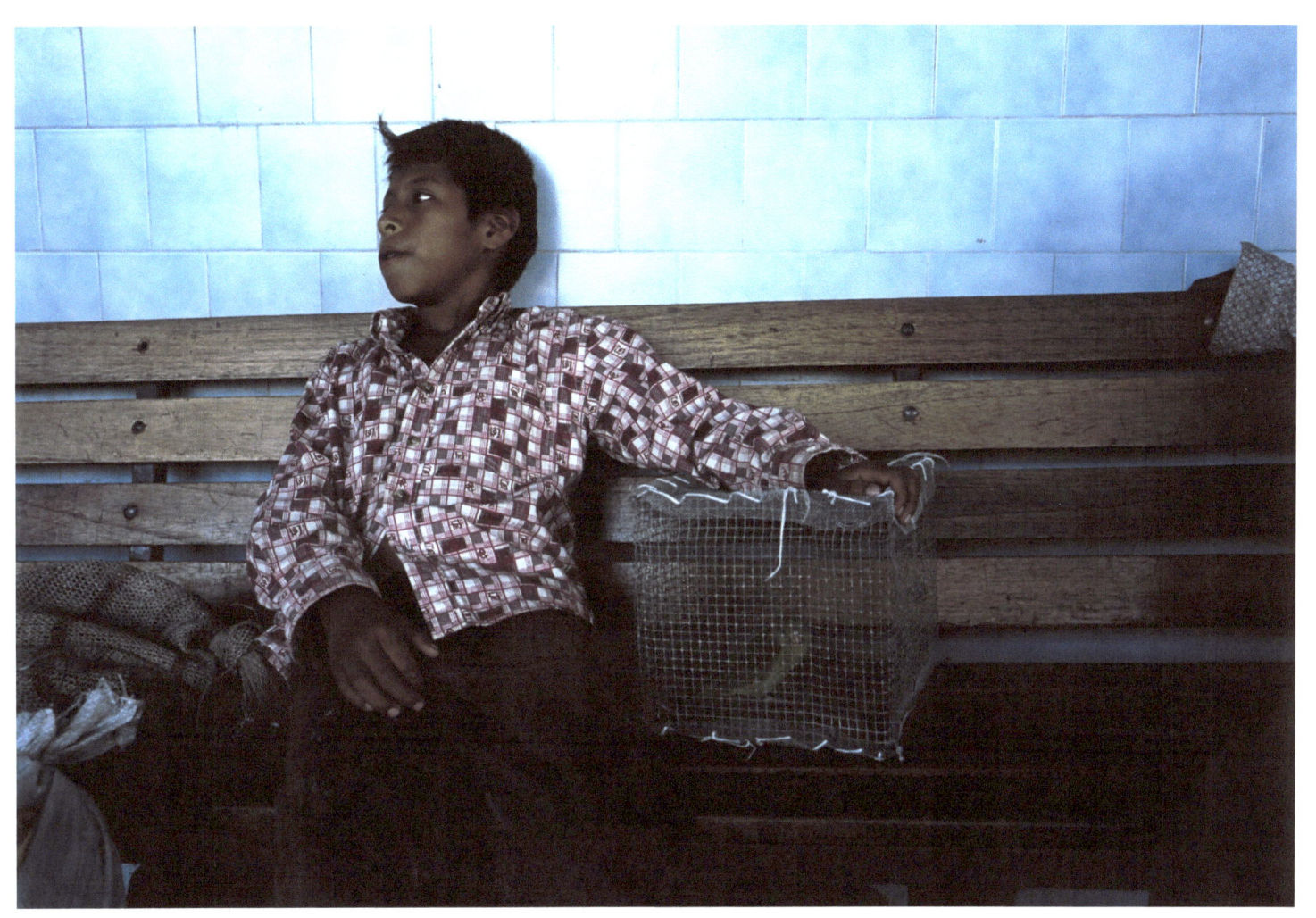

Stazione dei bus di David City

Costa Rica

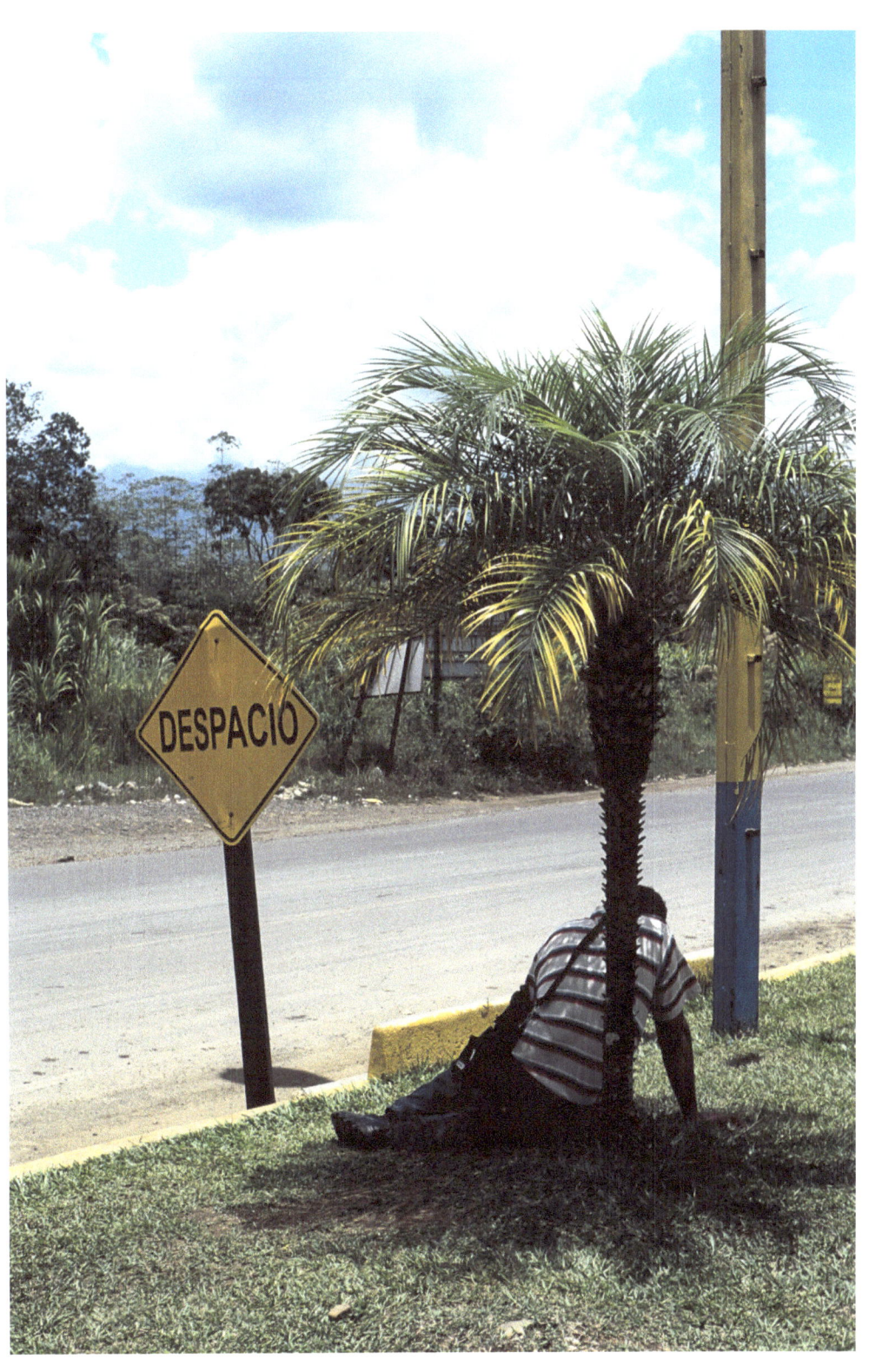

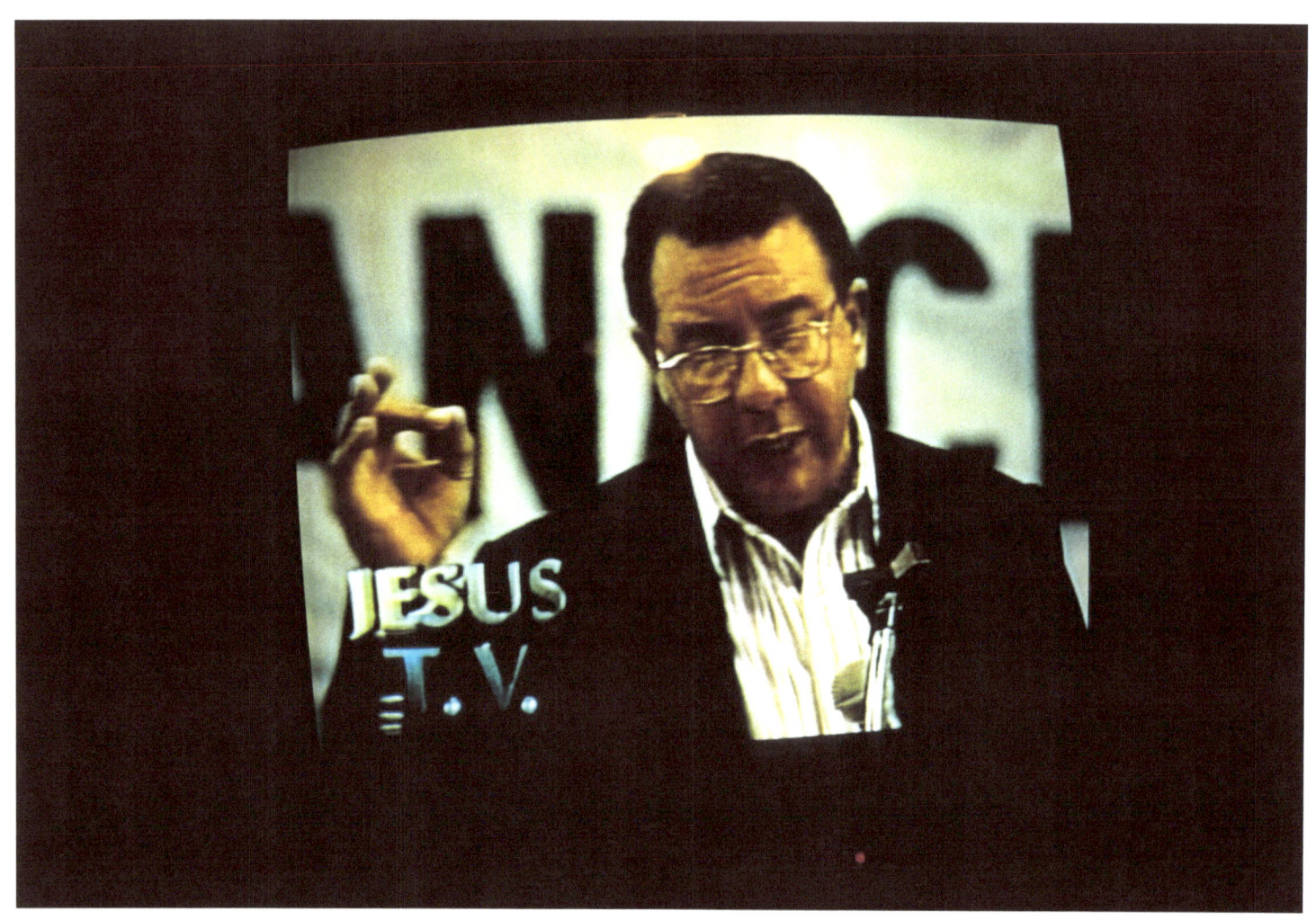

Passammo poco tempo in Costa Rica: ero stato lì un paio d'anni prima e avevo una copertura fotografica di tutto il paese. Ma trovare contrasti e contraddizioni fu comunque facile.

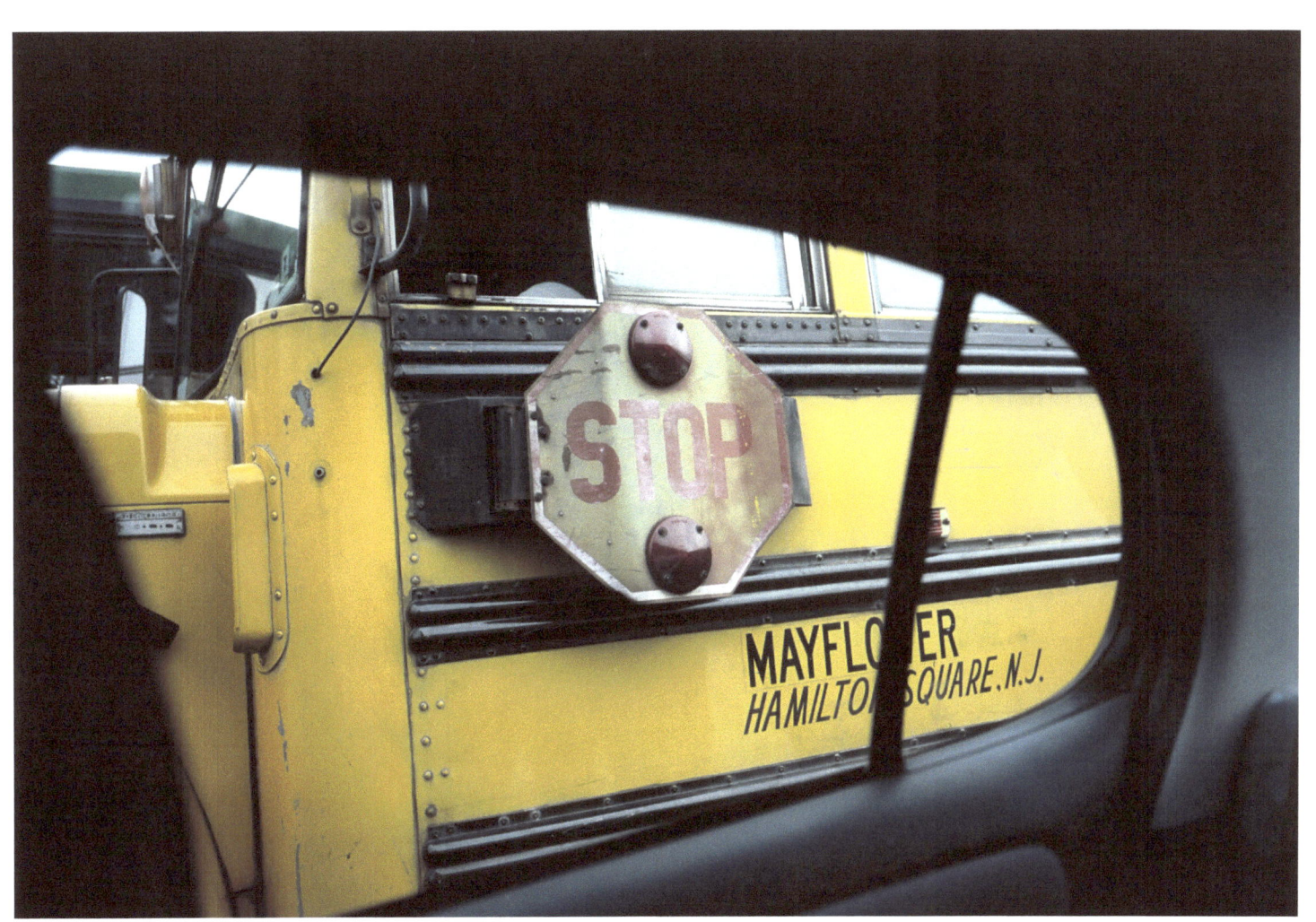

Jesus TV e scuolabus del New Jersey impiegati per trasporto locale?

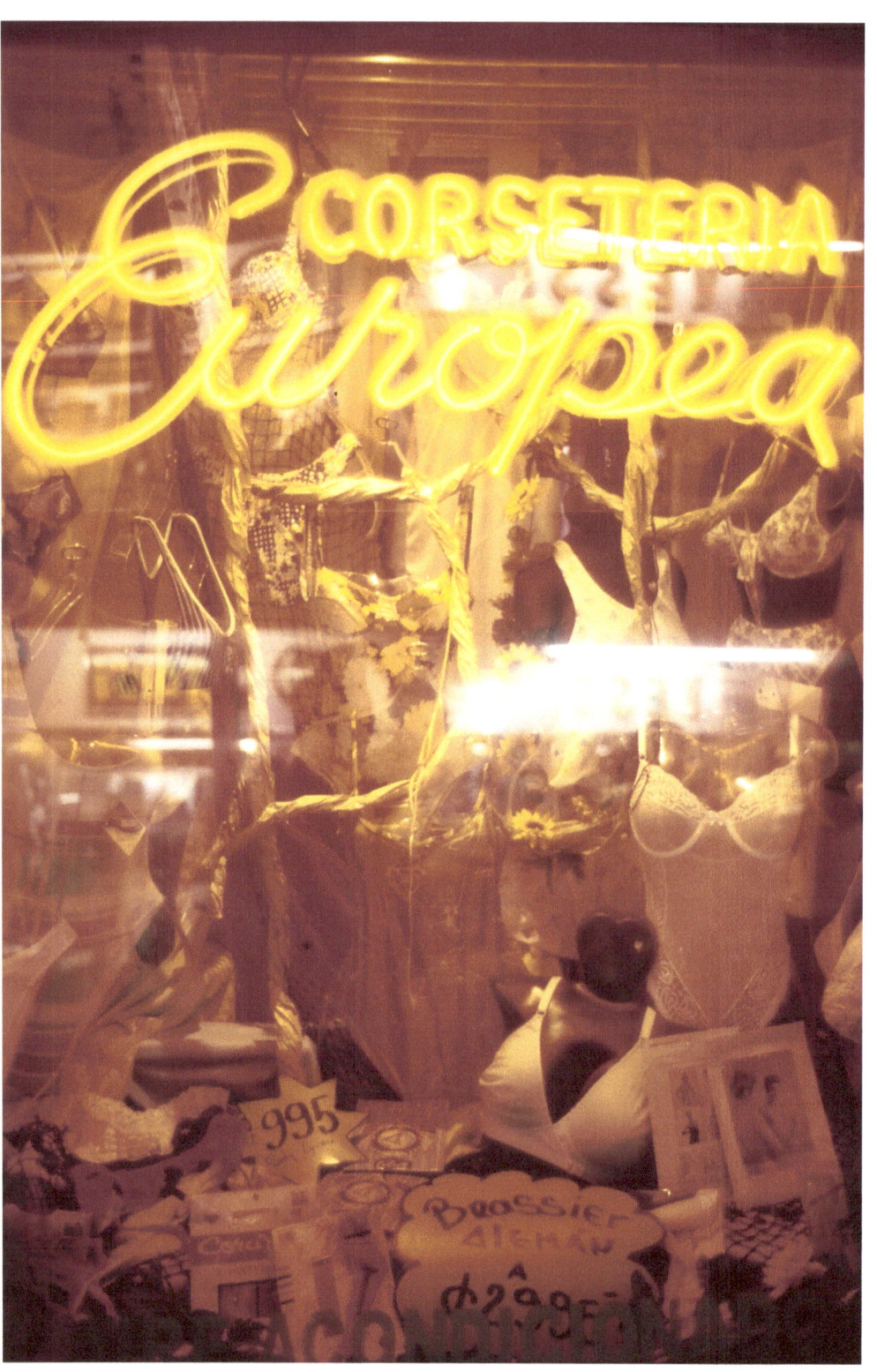

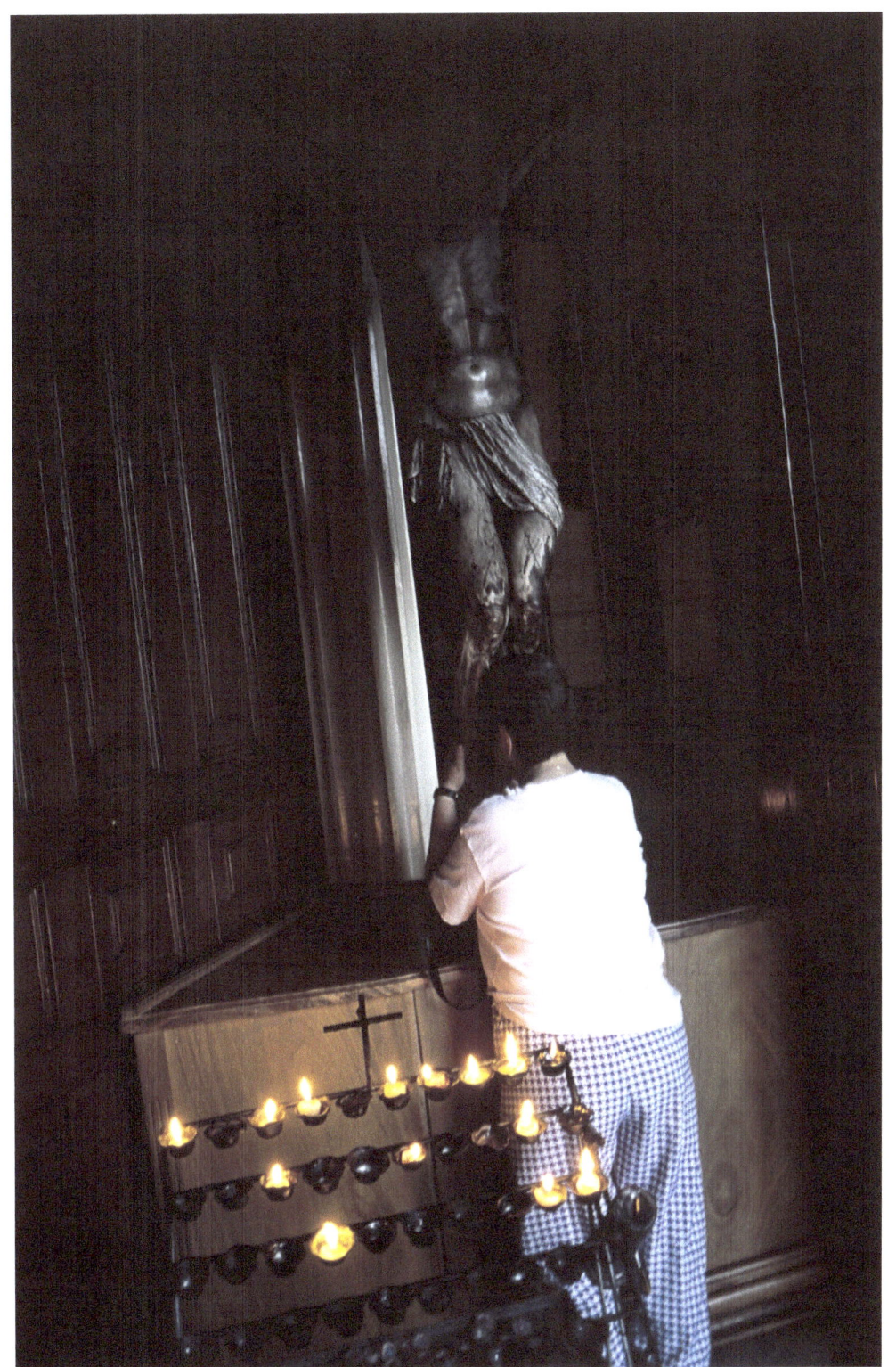

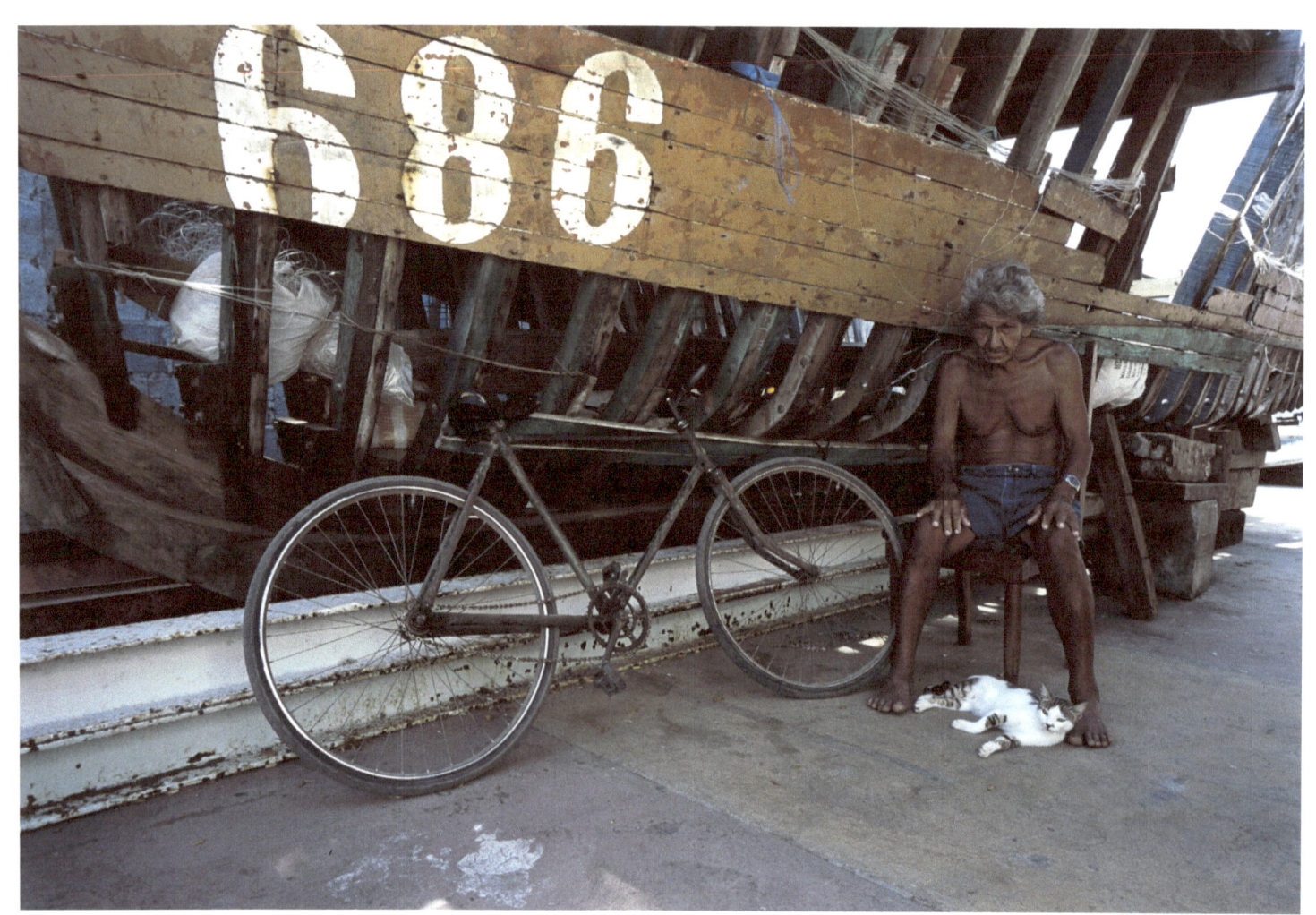

Porto di Puntarenas

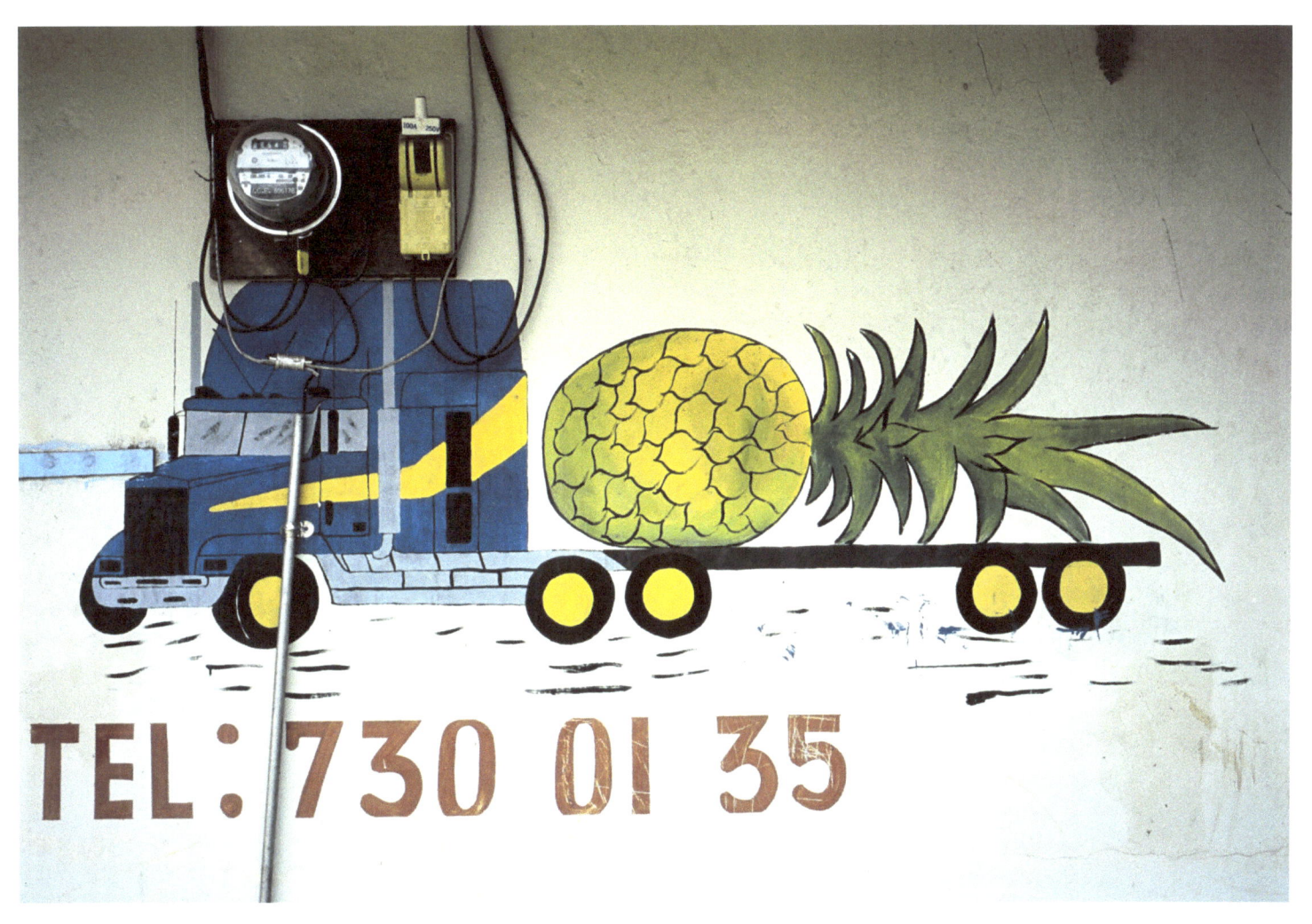

Pubblicità adatta alla strada Panamericana

Nicaragua

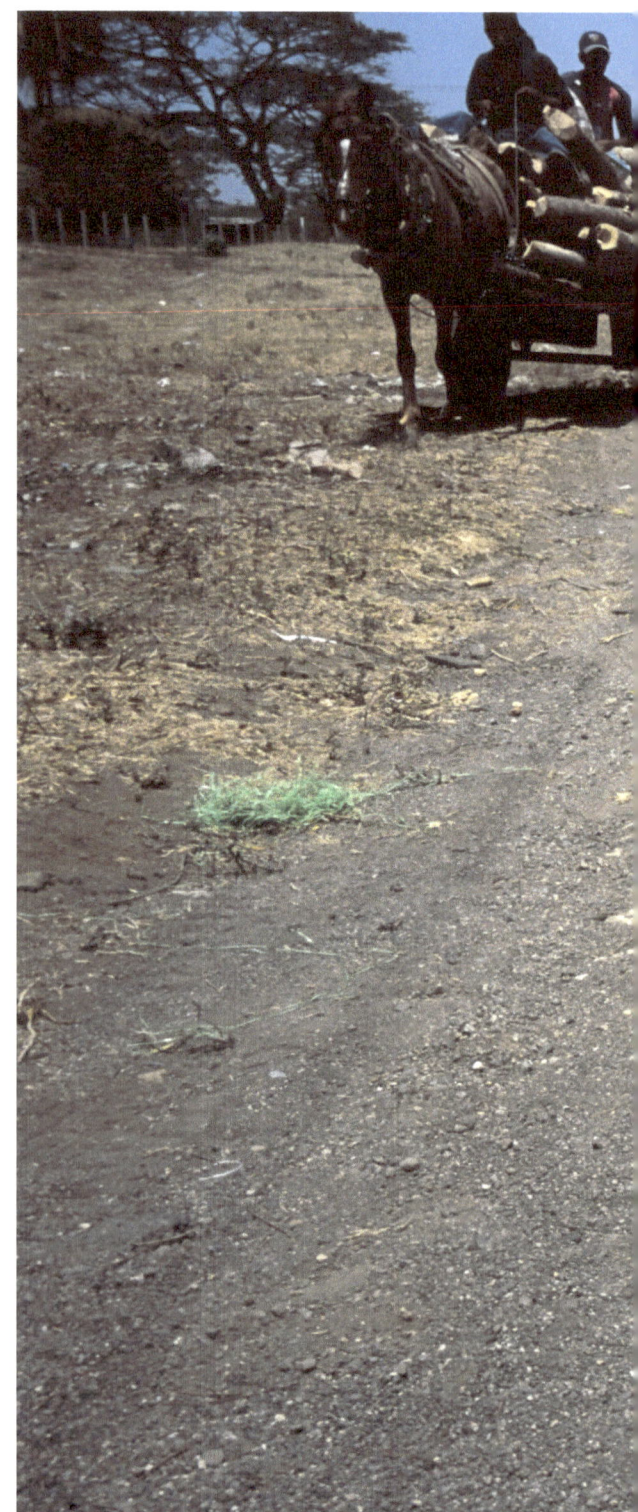

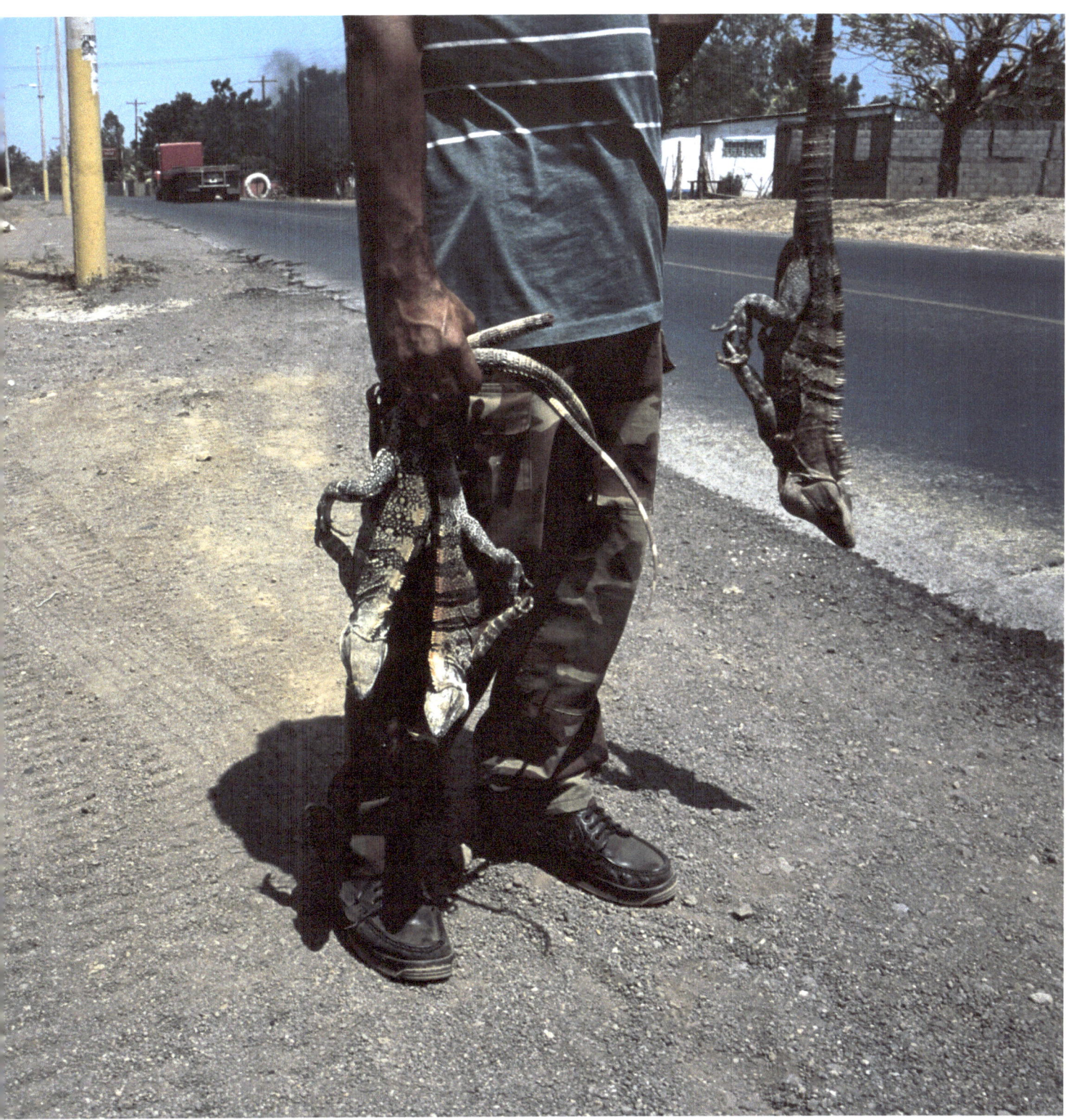

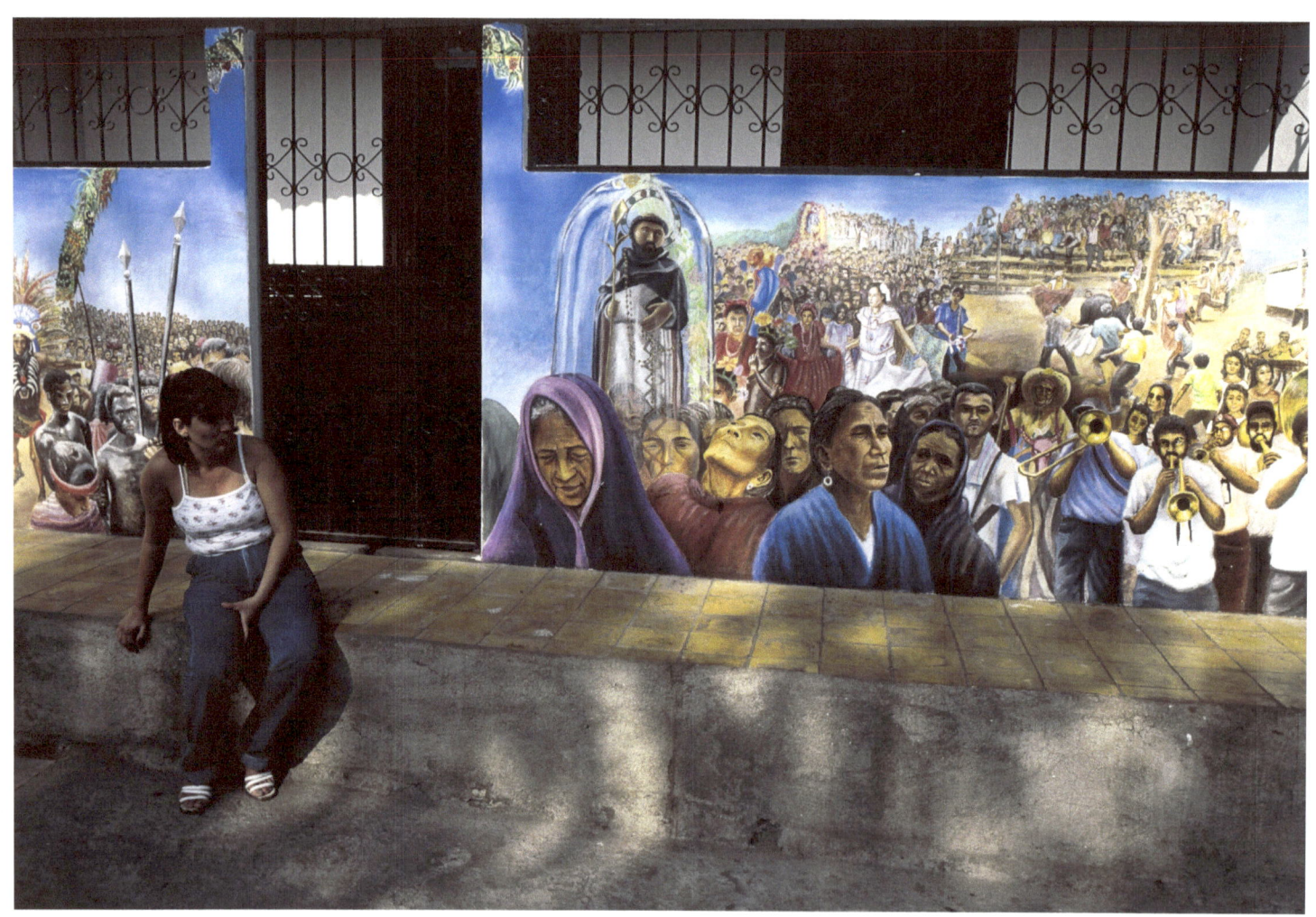

Ci dovemmo nascondere sul pavimento del taxi per arrivare sani e salvi alla stazione dei bus alle sei di mattina: questo la dice lunga sulla situazione di Managua. Ma il Nicaragua fu una delle esperienze più intense dell'intero viaggio grazie a un popolo che sembrava aspettarsi l'imprevedibile dopo ogni passo.

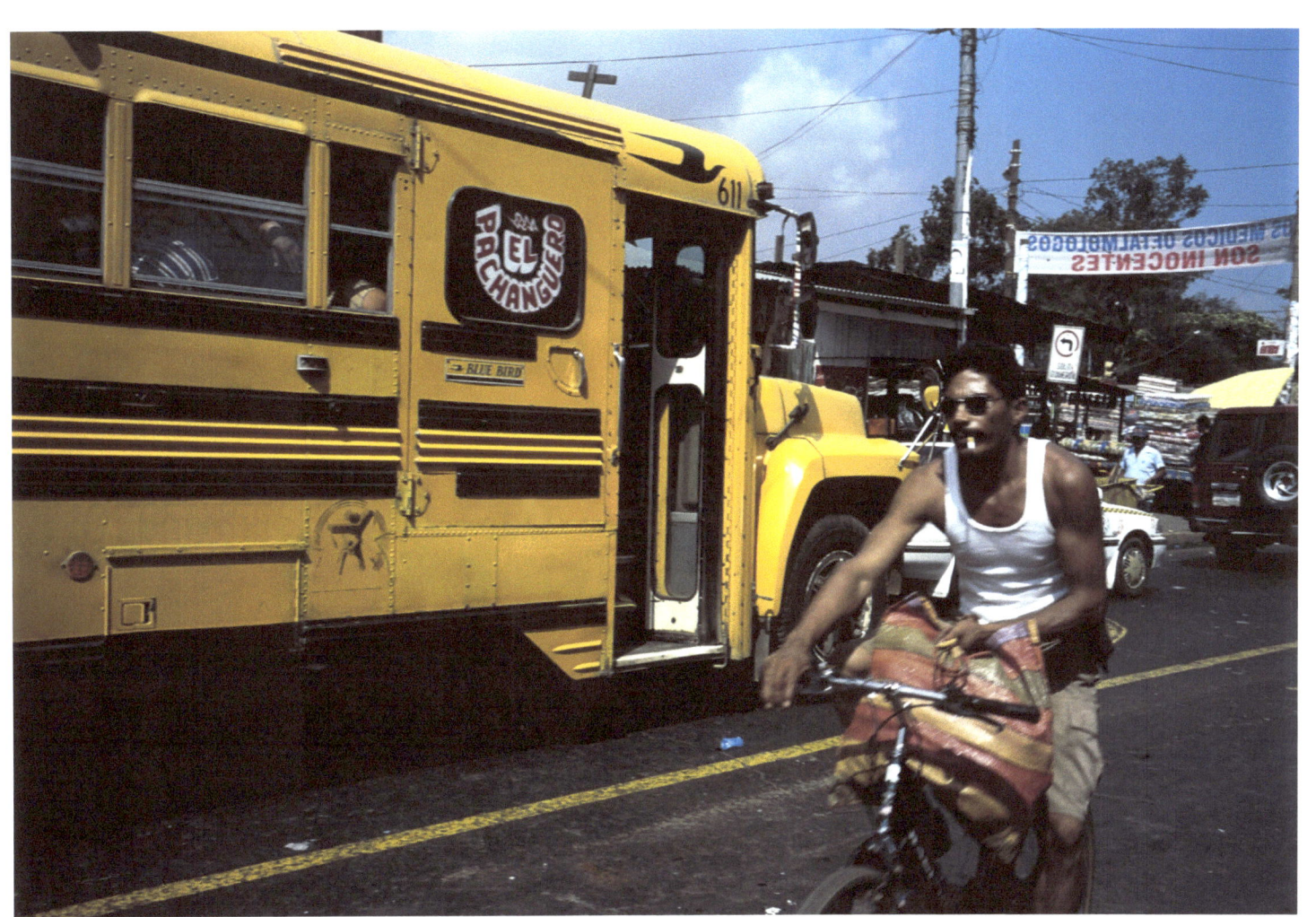
Sulla via per Managua

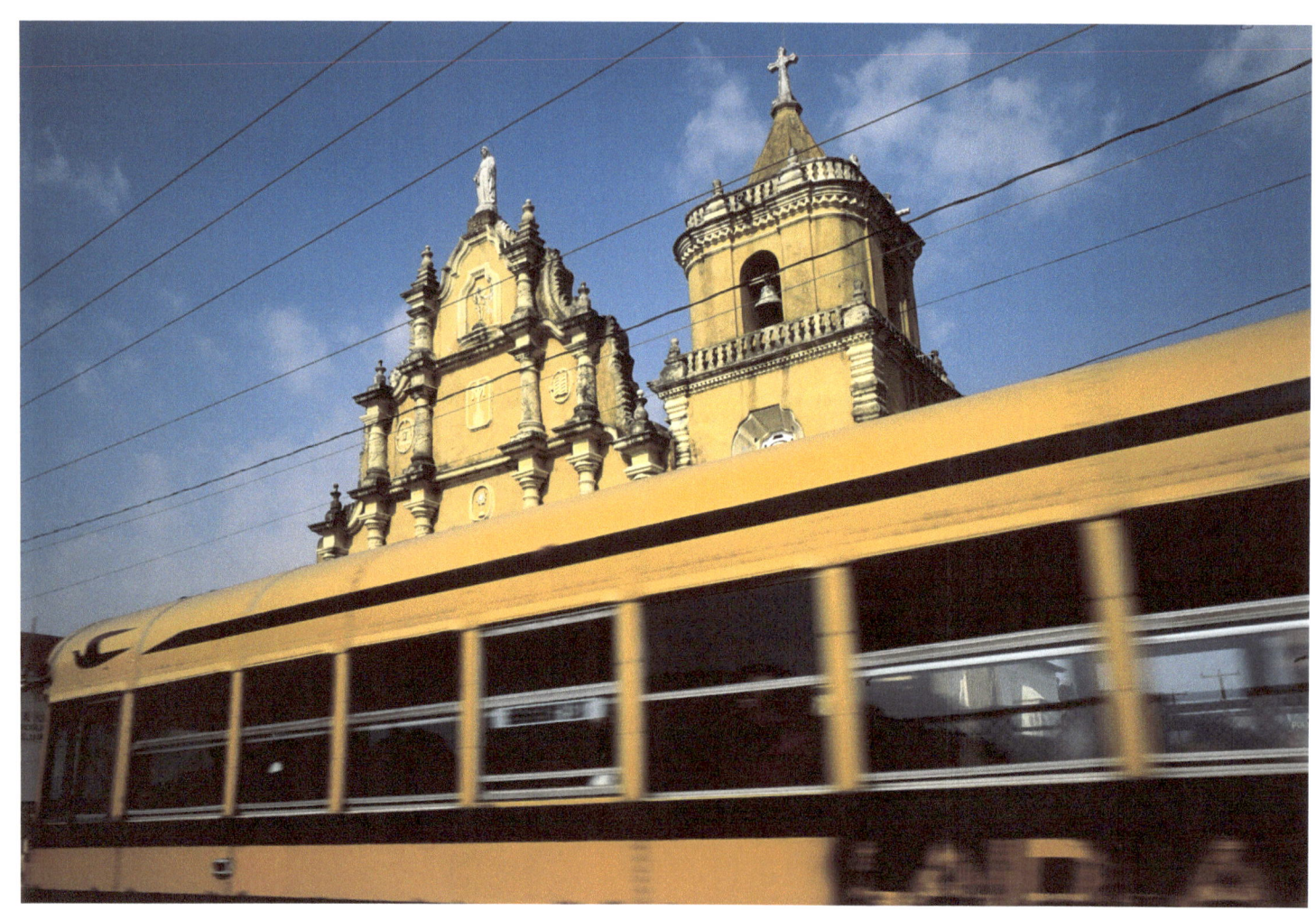

Cattedrale di Managua

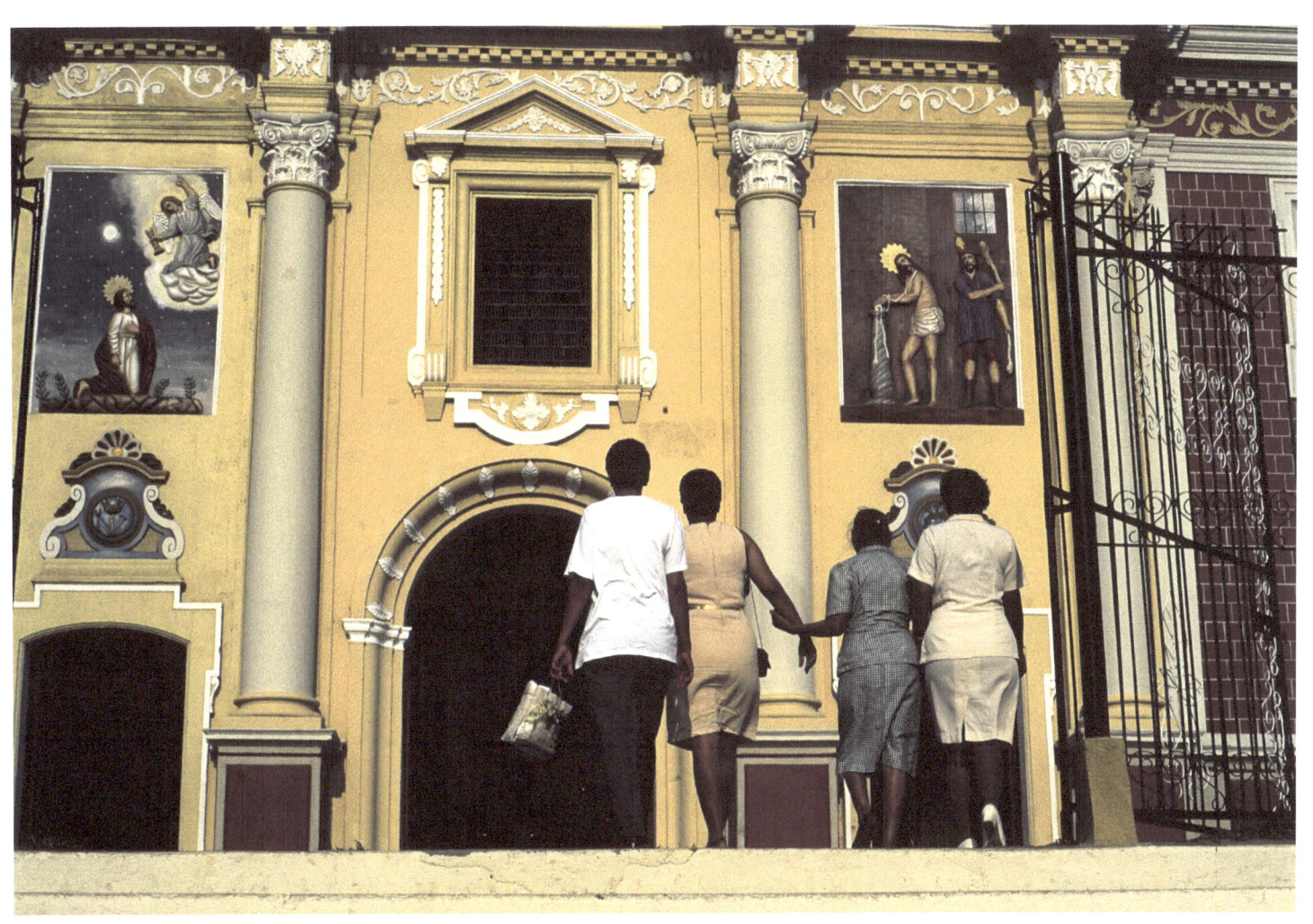

Cattedrale di Managua

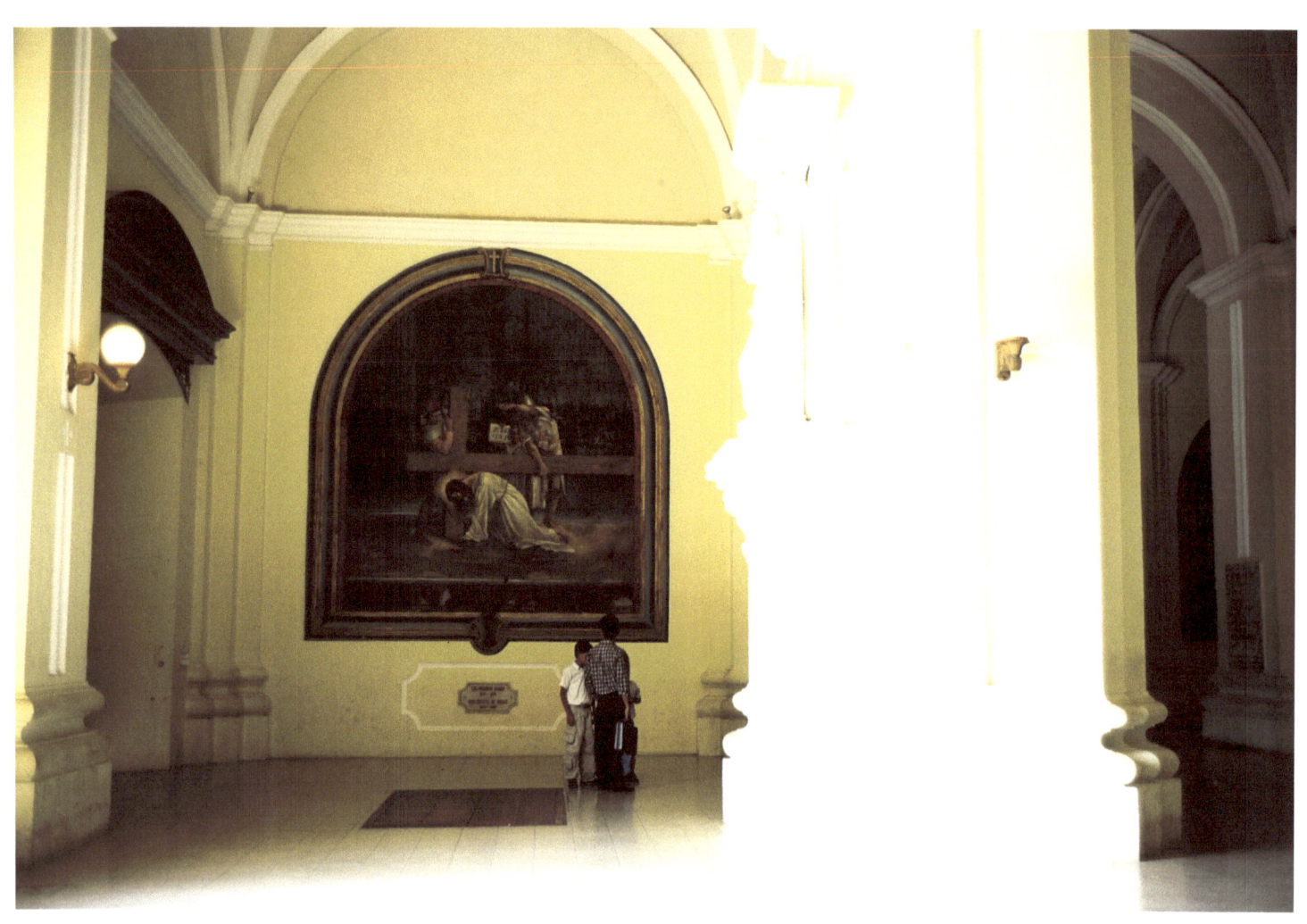

Cattedrale di Managua

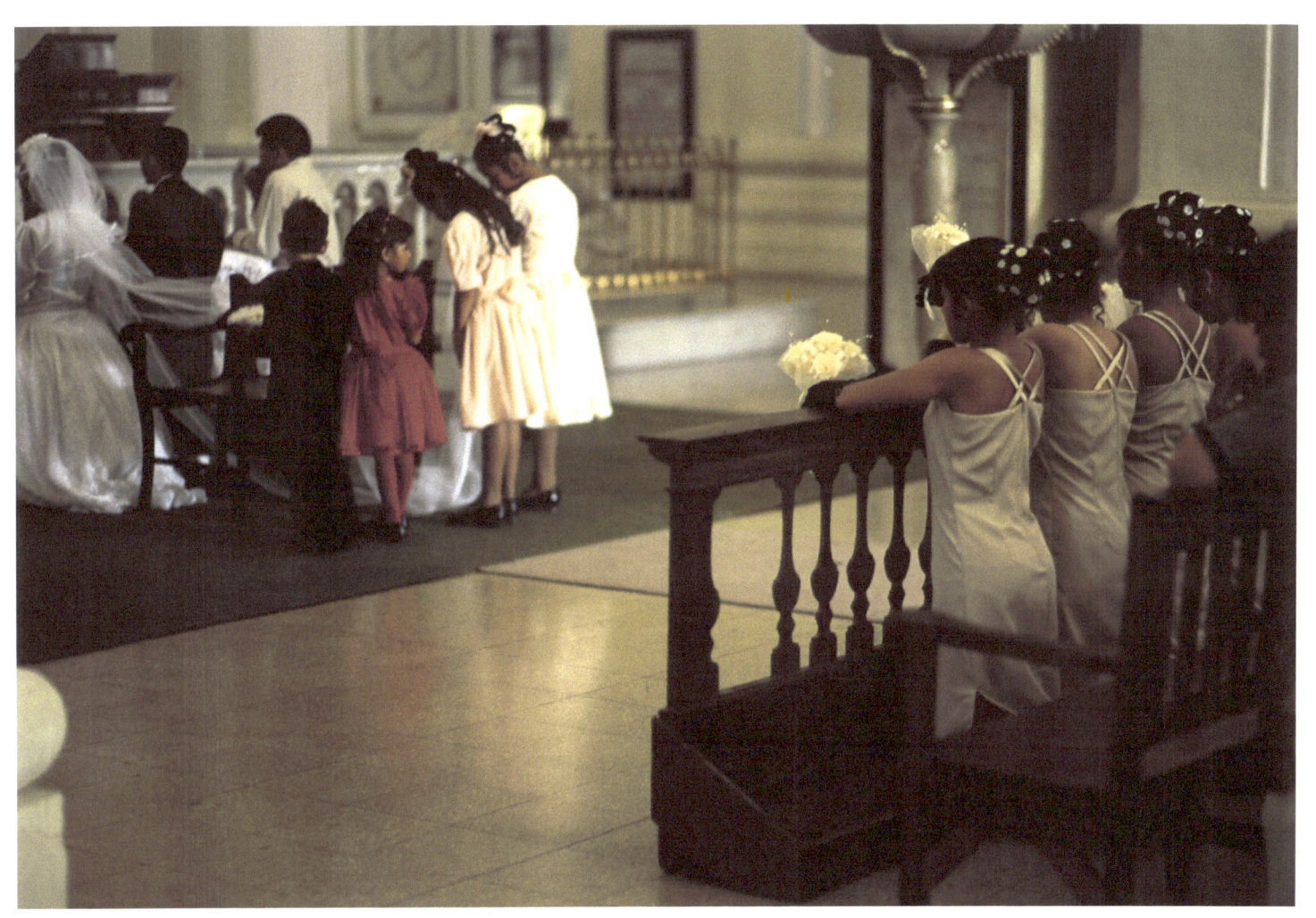

Matrimonio nella Cattedrale di Managua

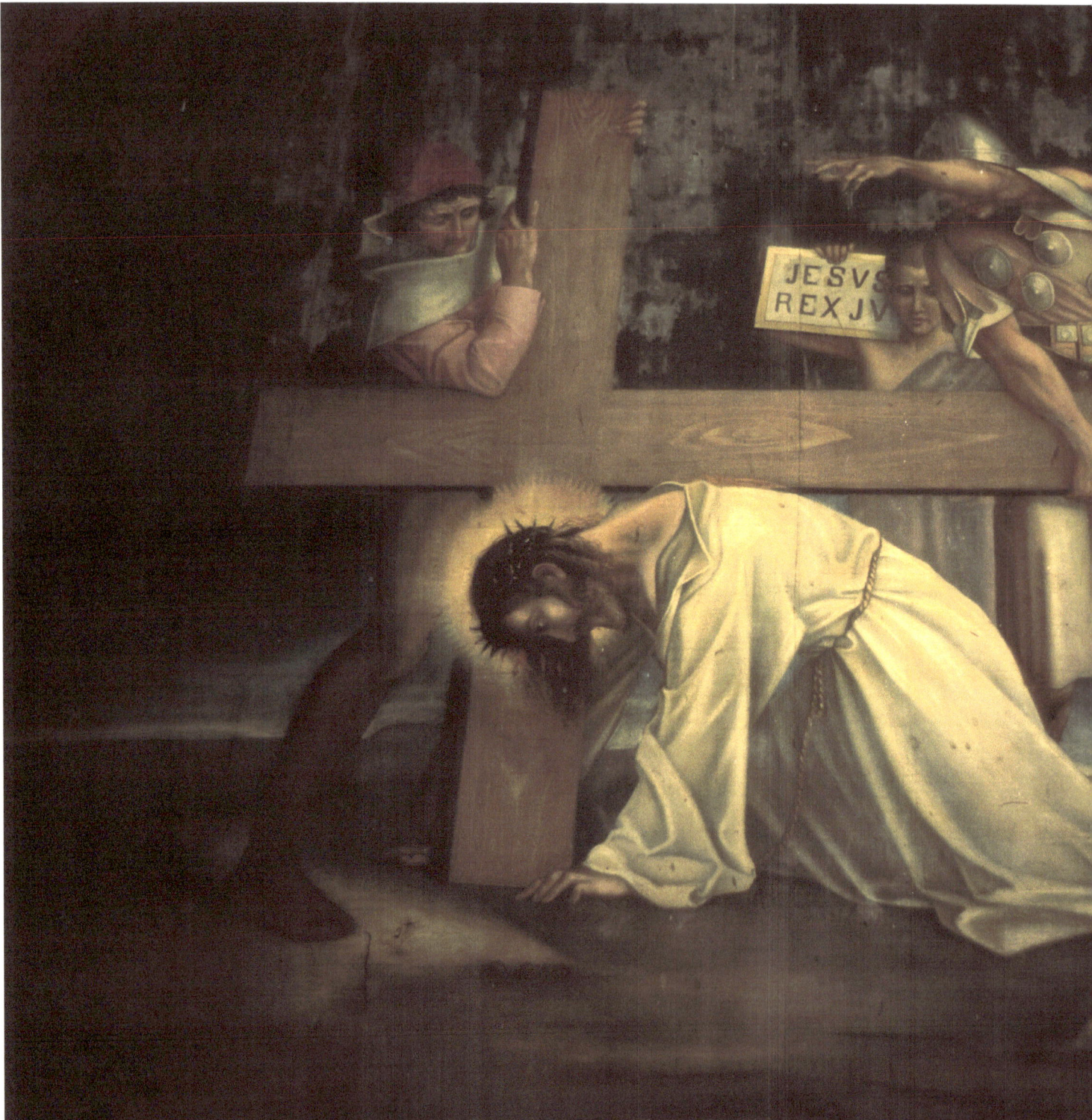

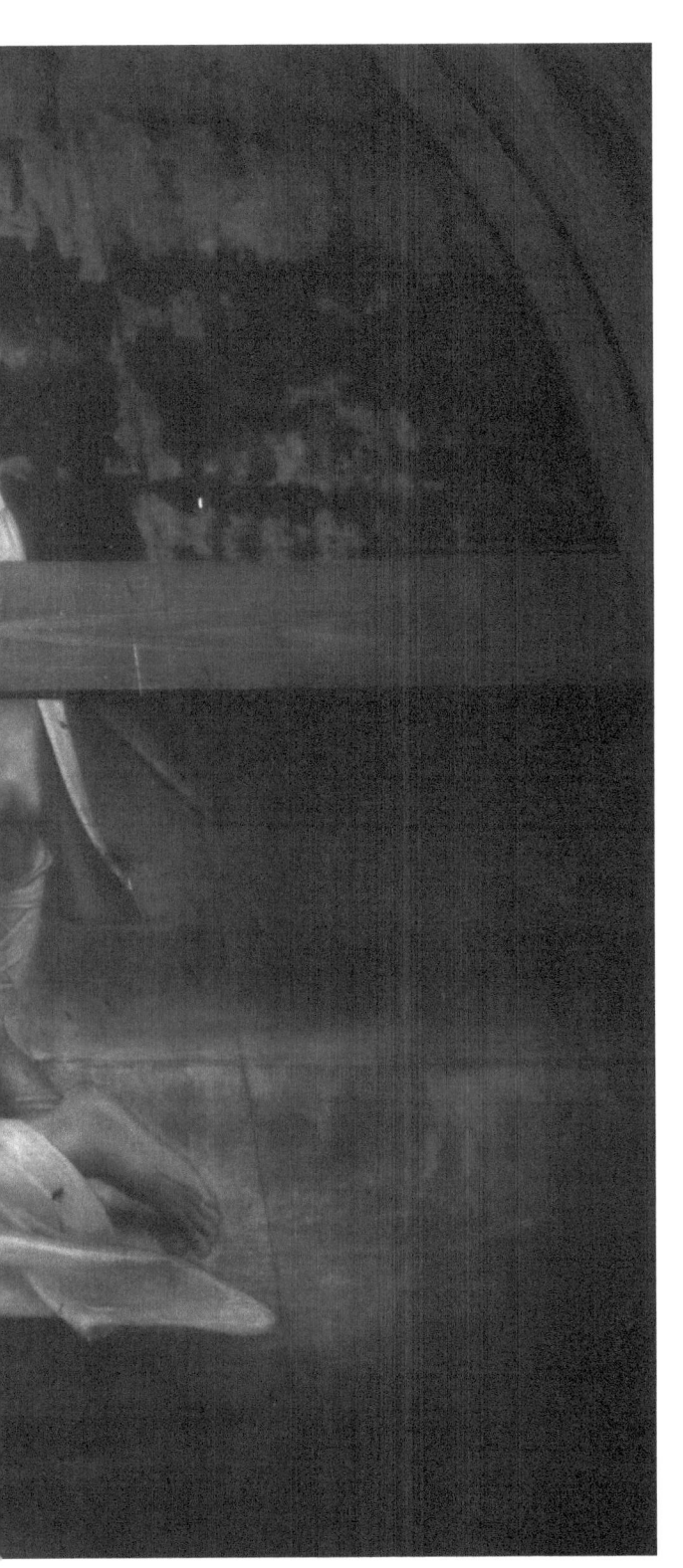

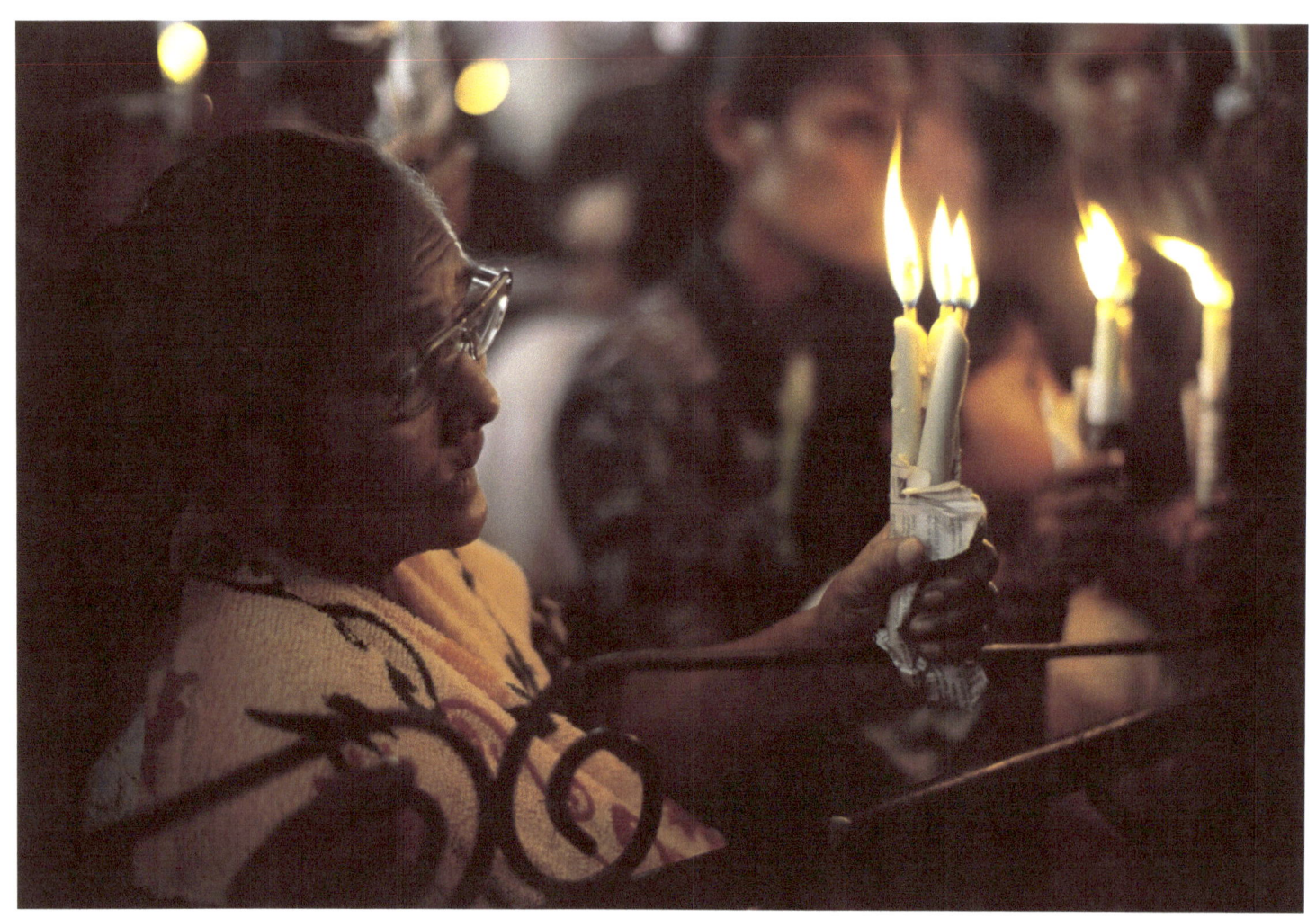
Managua: cerimonia cattolica per benedire gli animali domestici, principalmente i cani

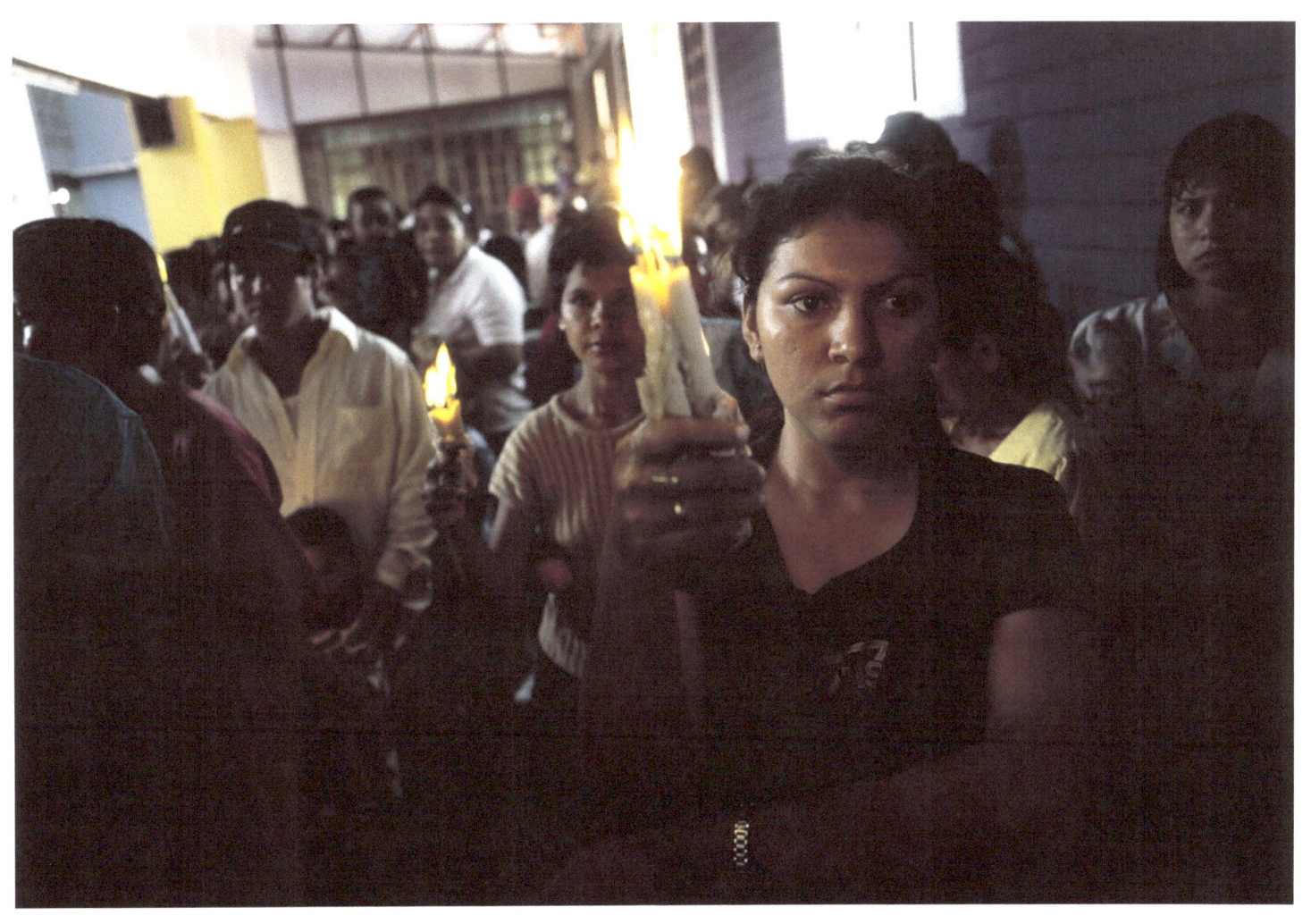
Managua: cerimonia cattolica per benedire gli animali domestici, principalmente i cani

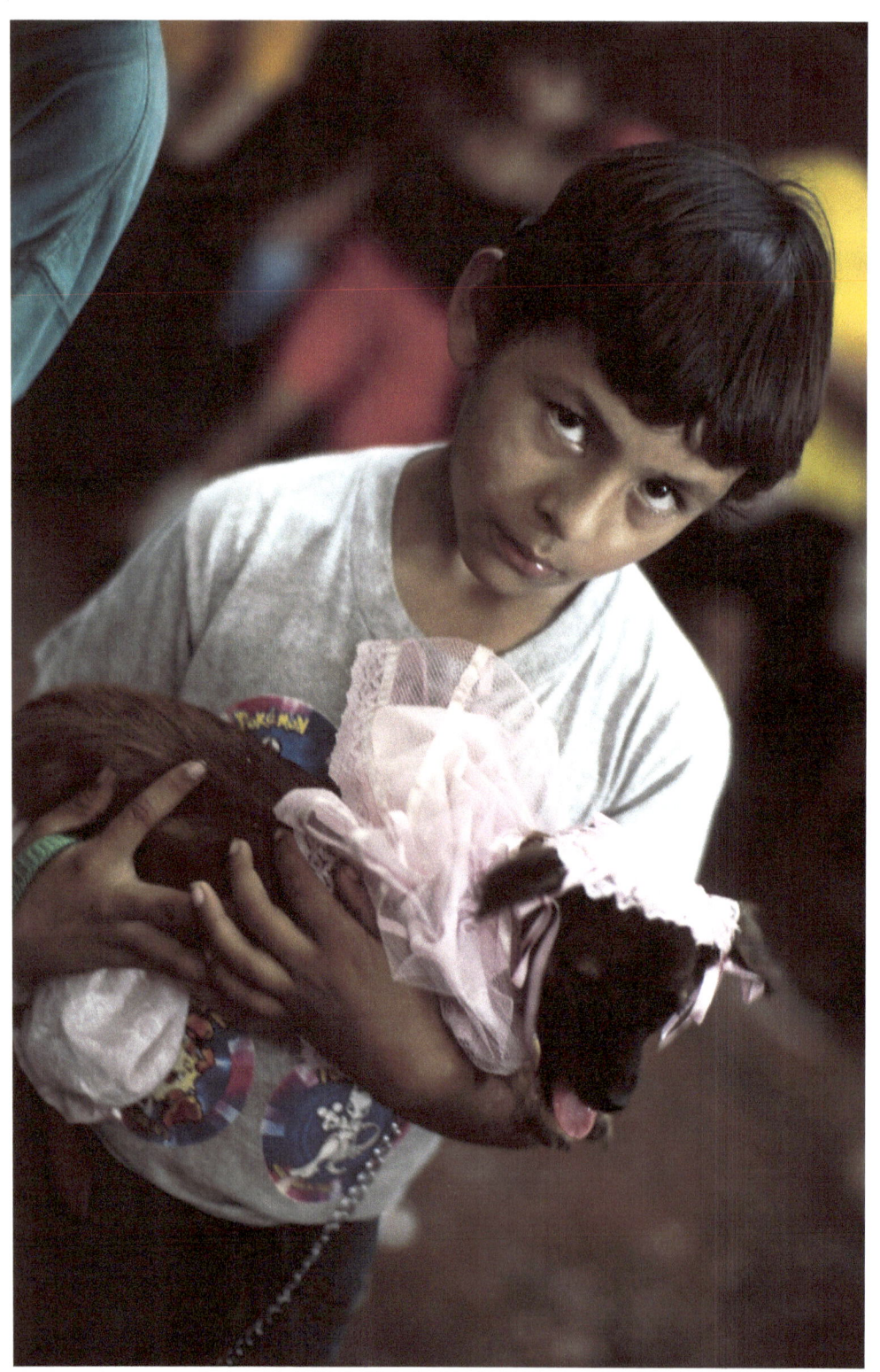

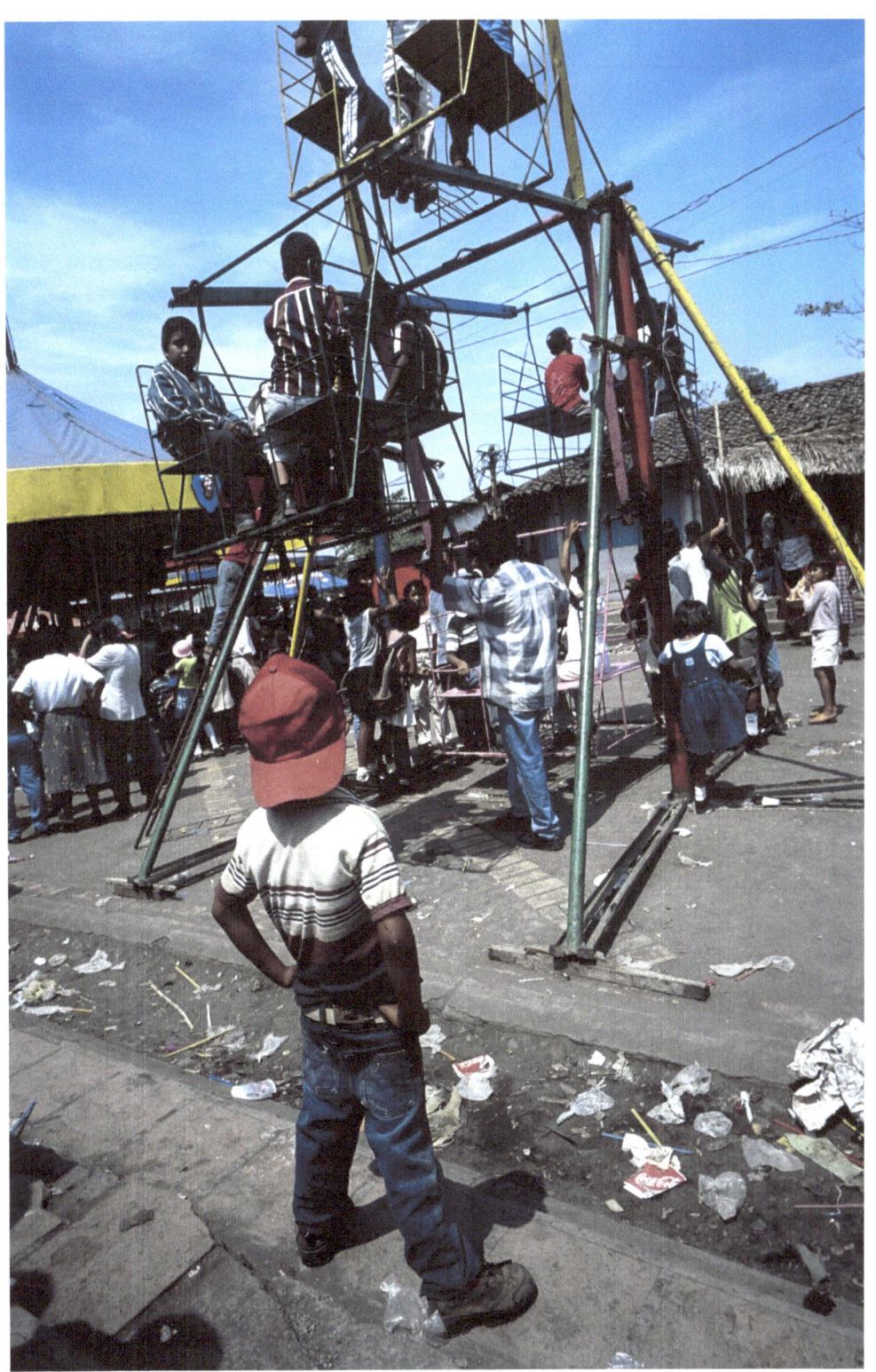

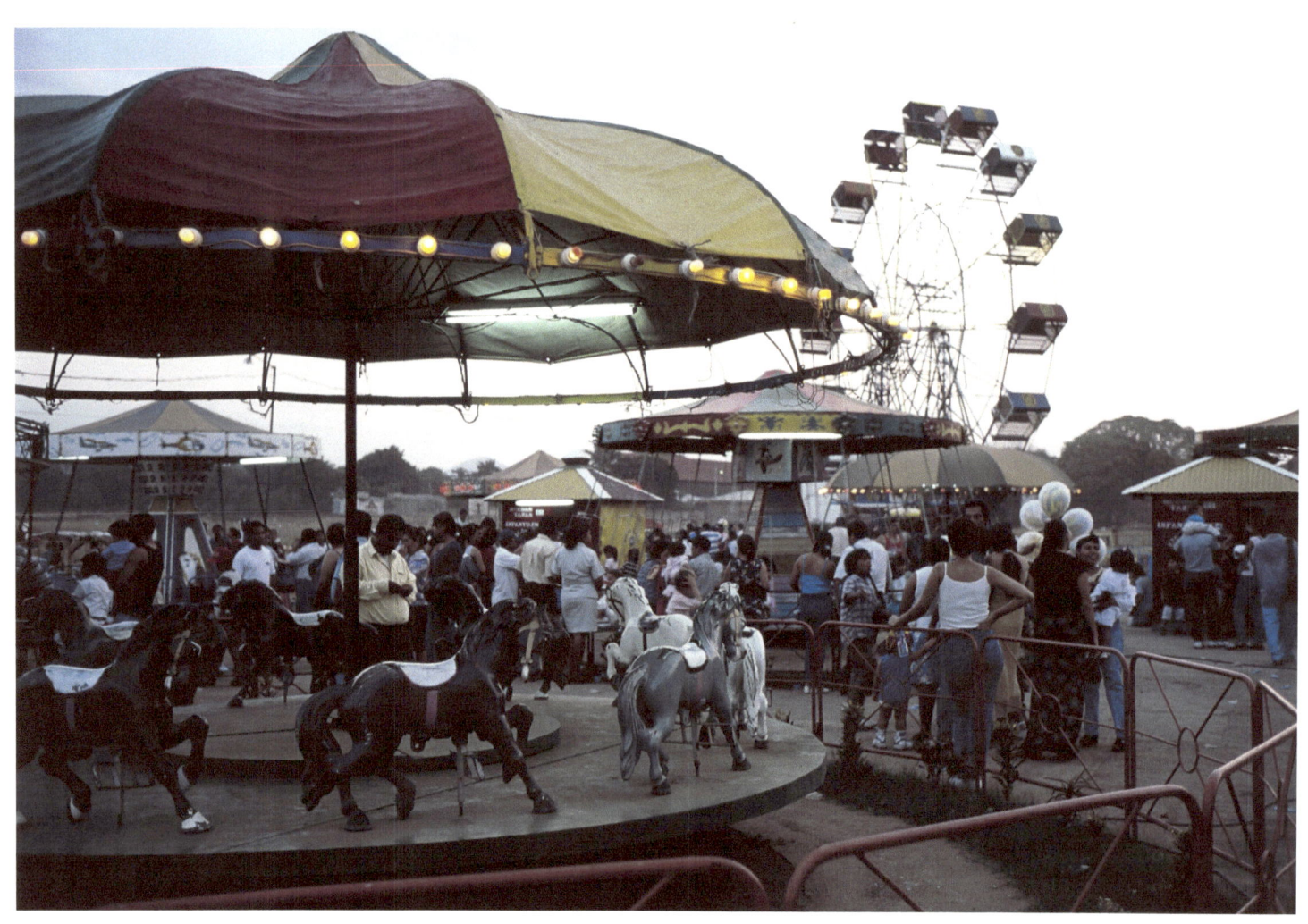

Managua: domenica pomeriggio nel luna park

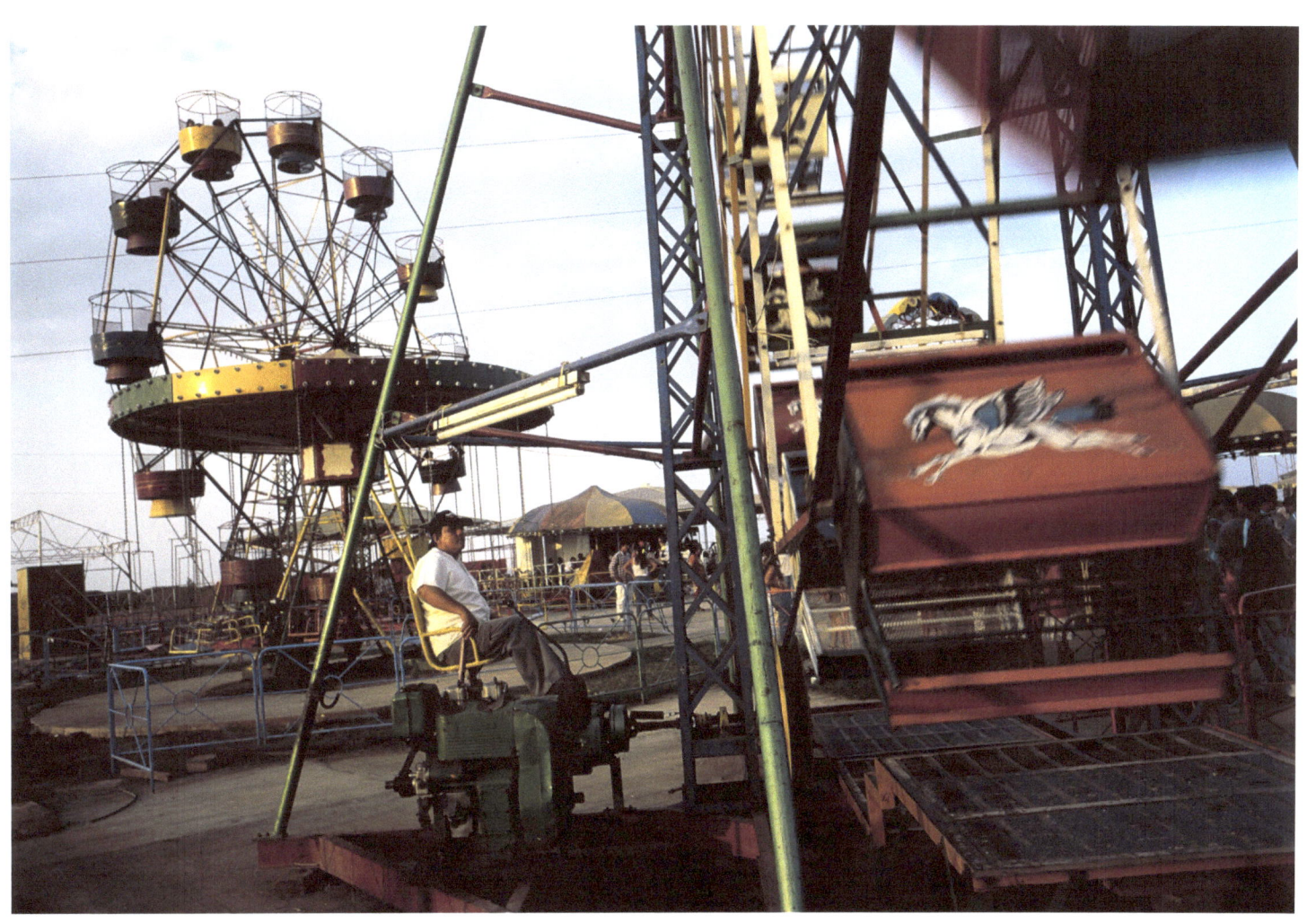

Managua: domenica pomeriggio nel luna park

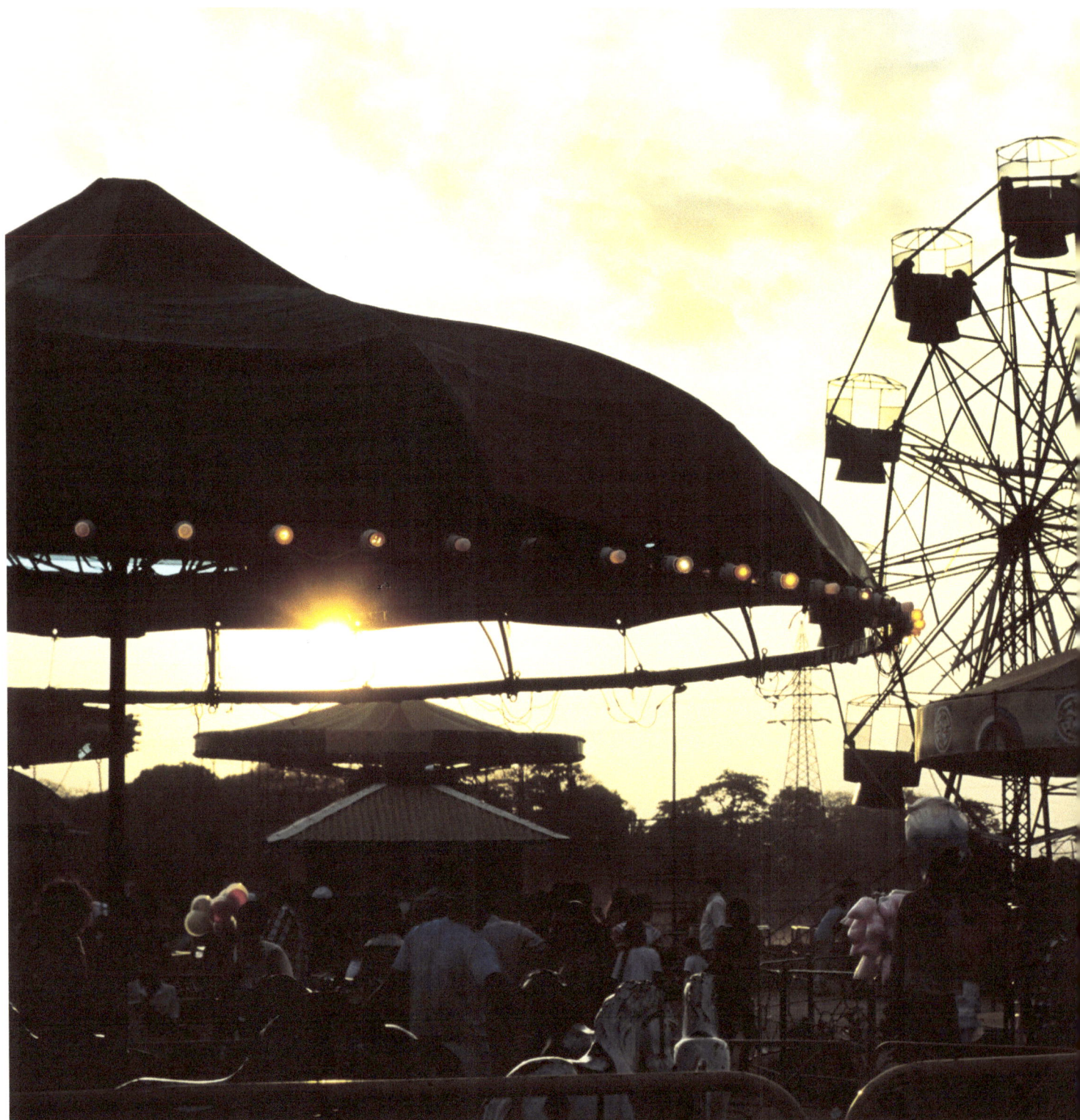

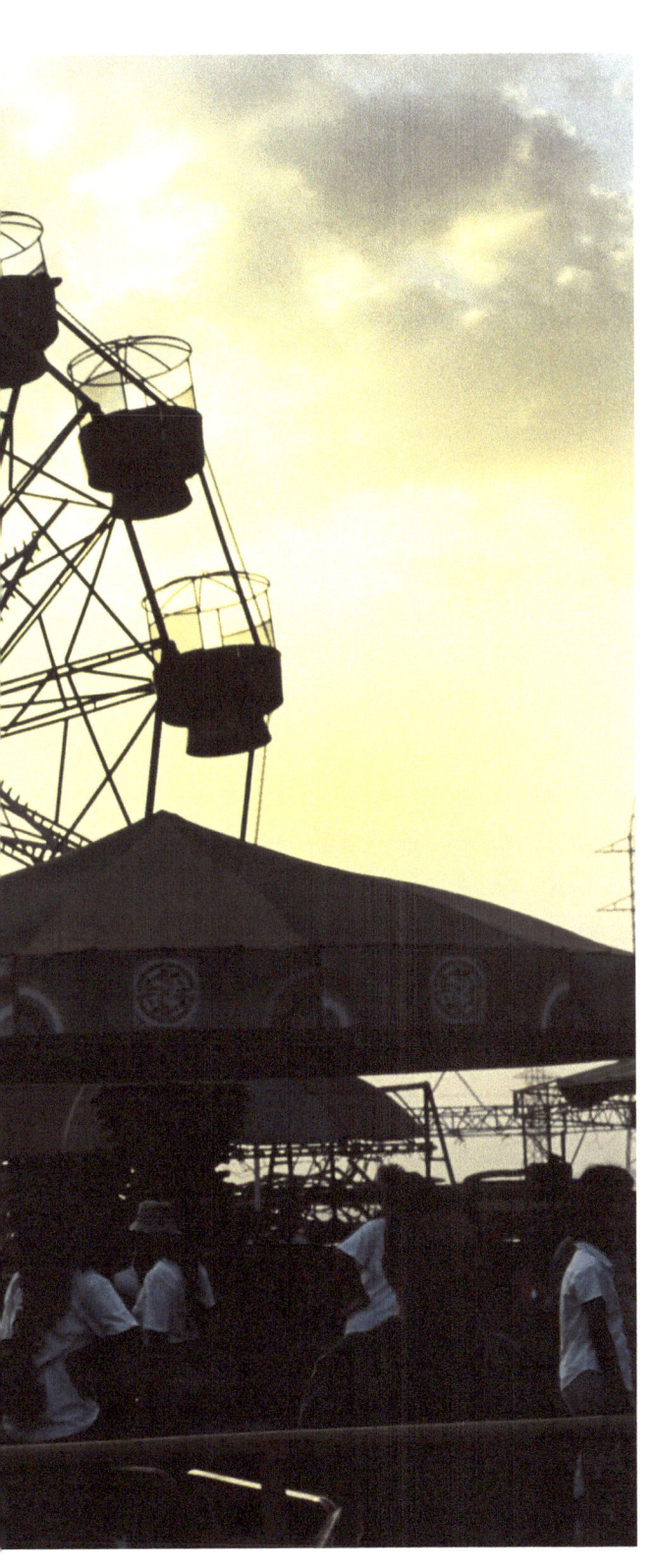

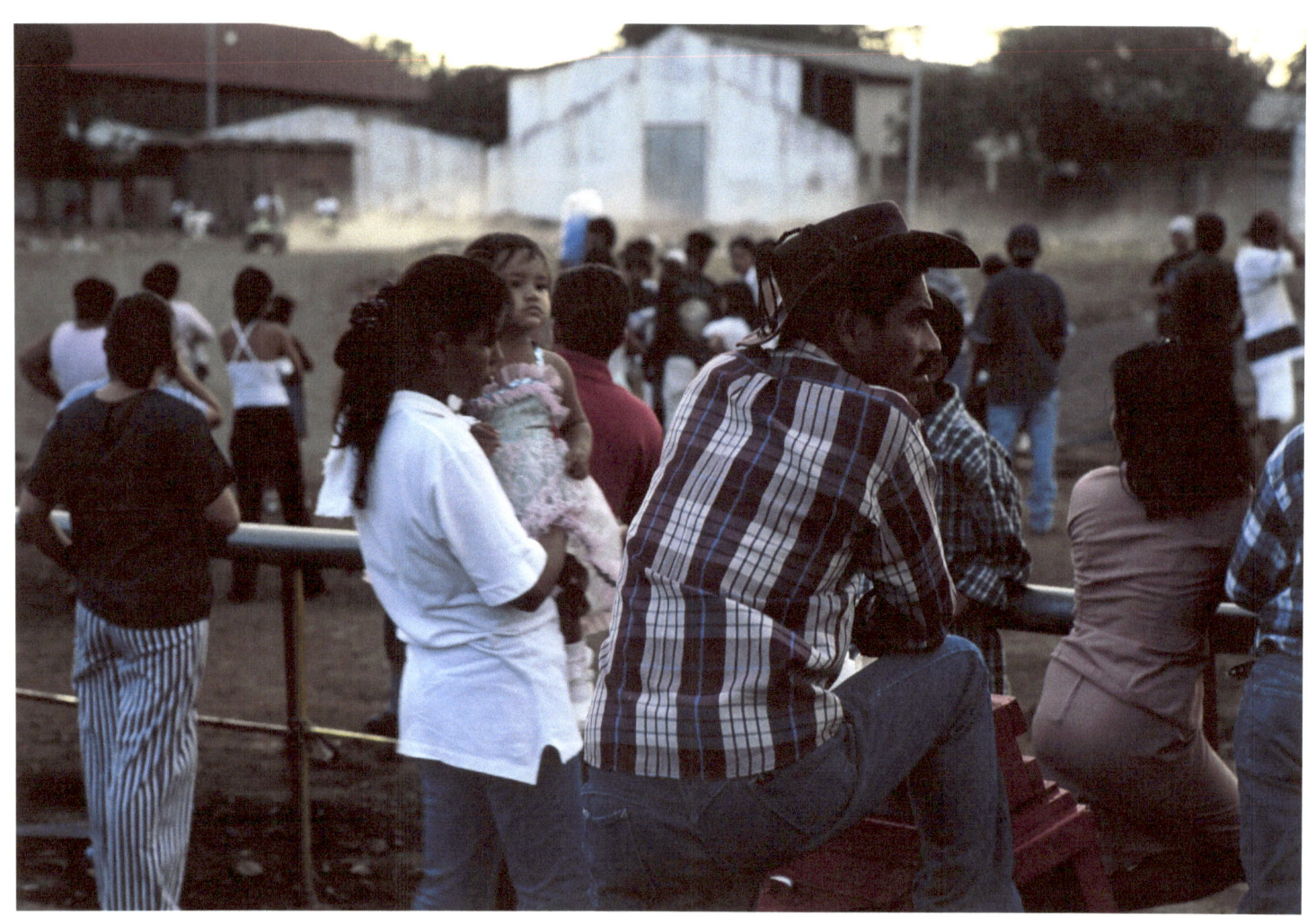

Managua: domenica pomeriggio nel luna park

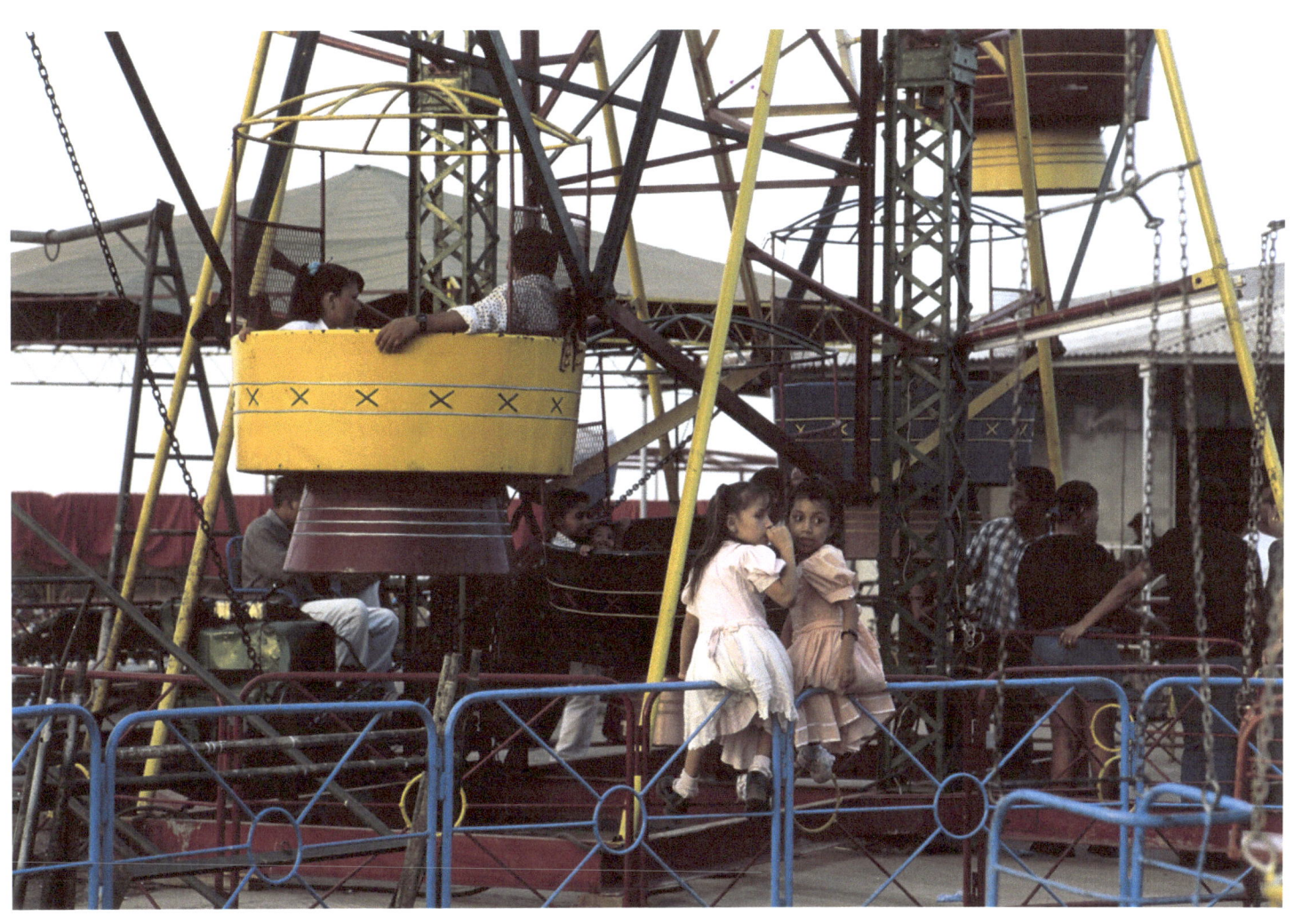

Managua: domenica pomeriggio nel luna park

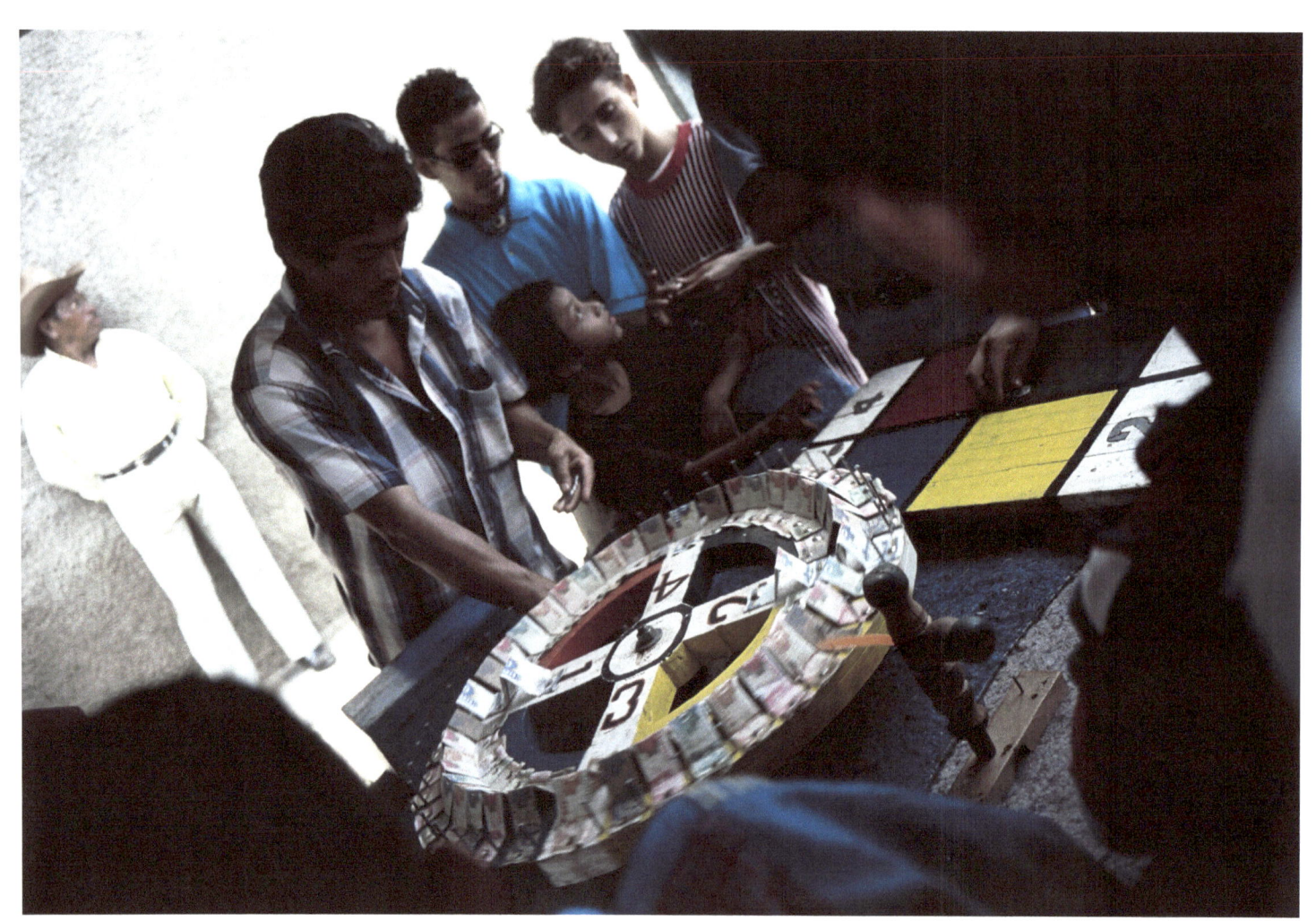

Leon: roulette di strada

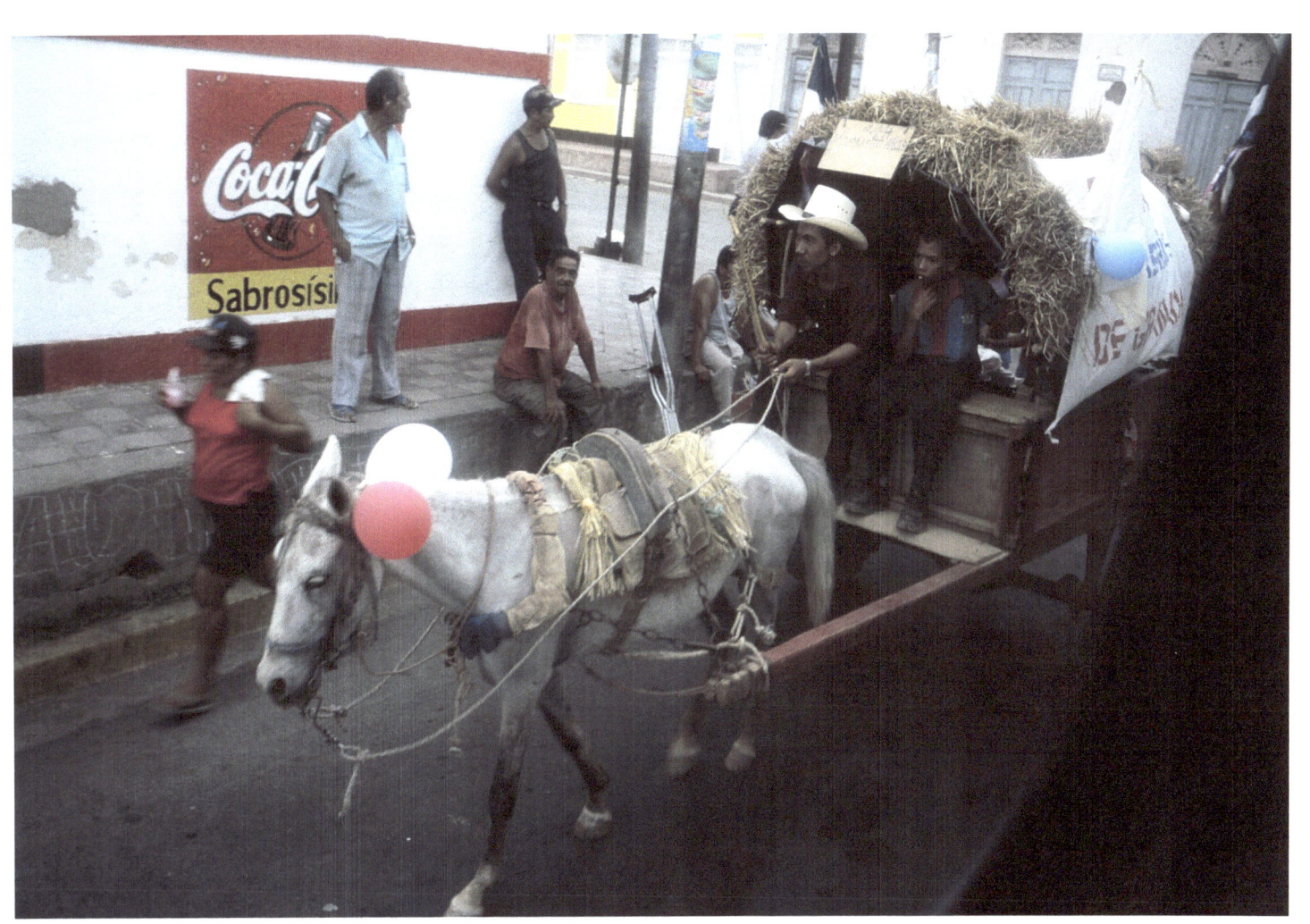

Il traffico di Leon

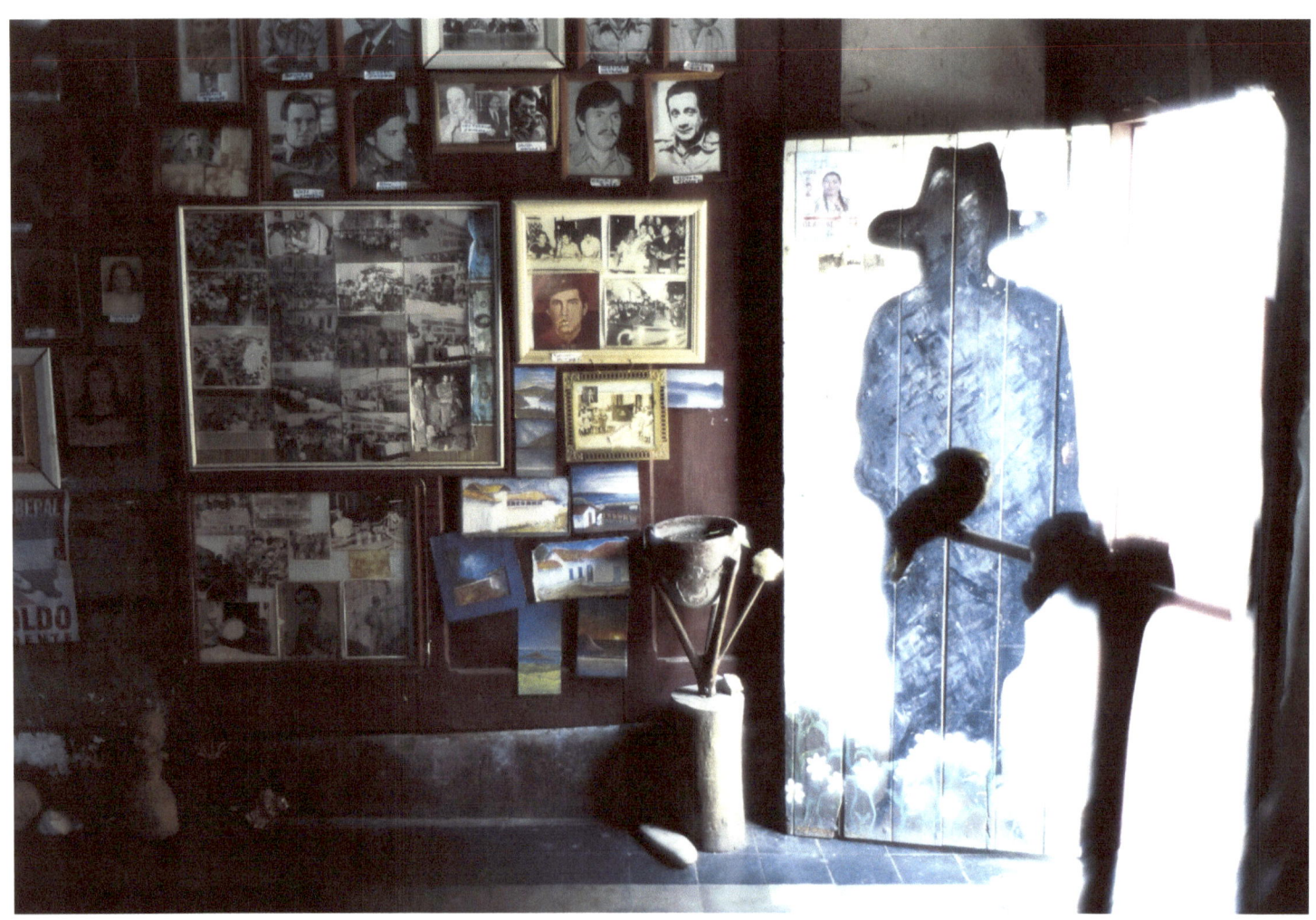

Cosa rimane della rivoluzione Sandinista era chiaro in questo negozio di calzolaio a Leon e nel vicino Club Sandinista. Immagini e statue di Sandino, Cristo e Donna Summer erano appese in un pantheon che, incredibilmente. aveva un senso.

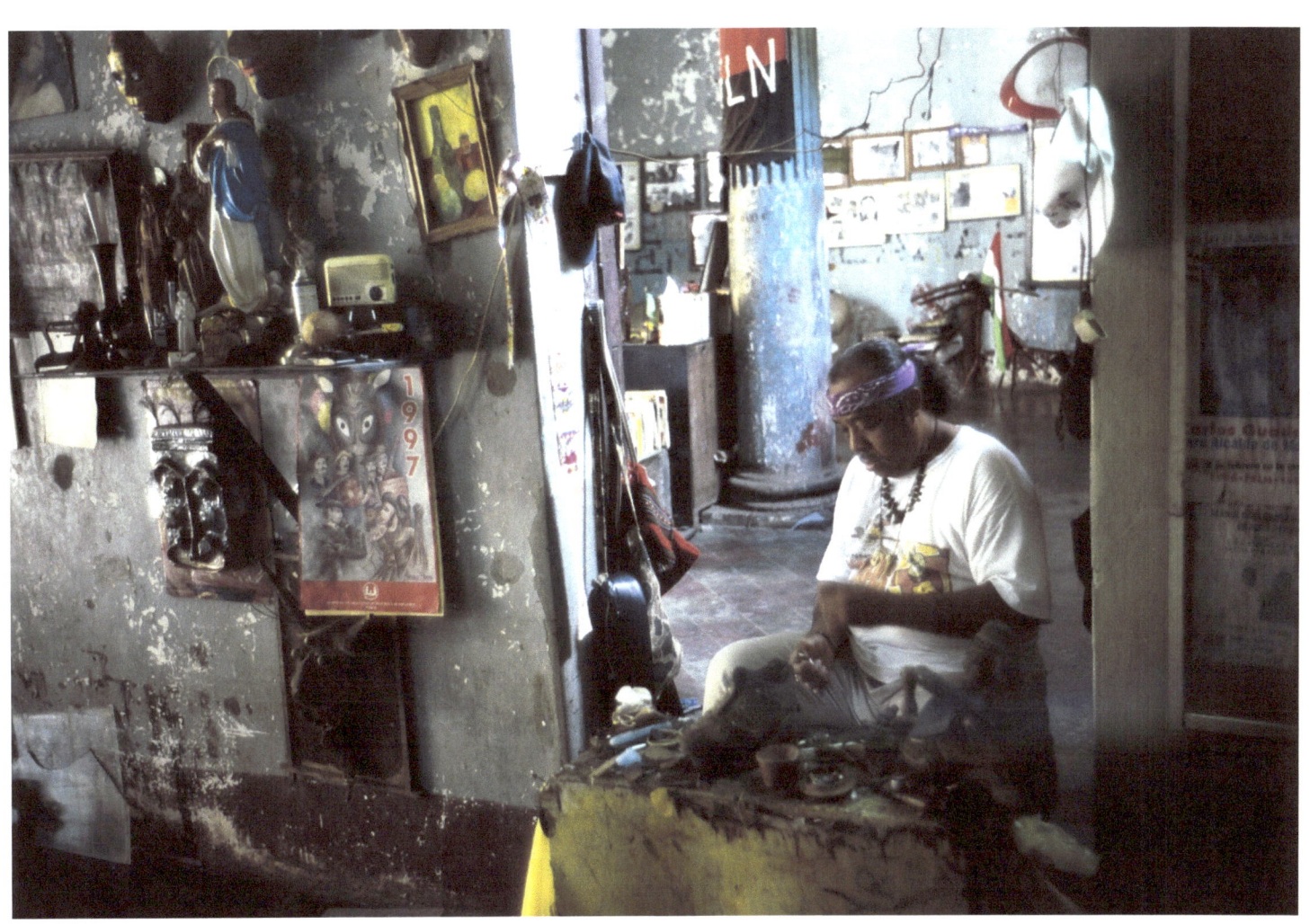

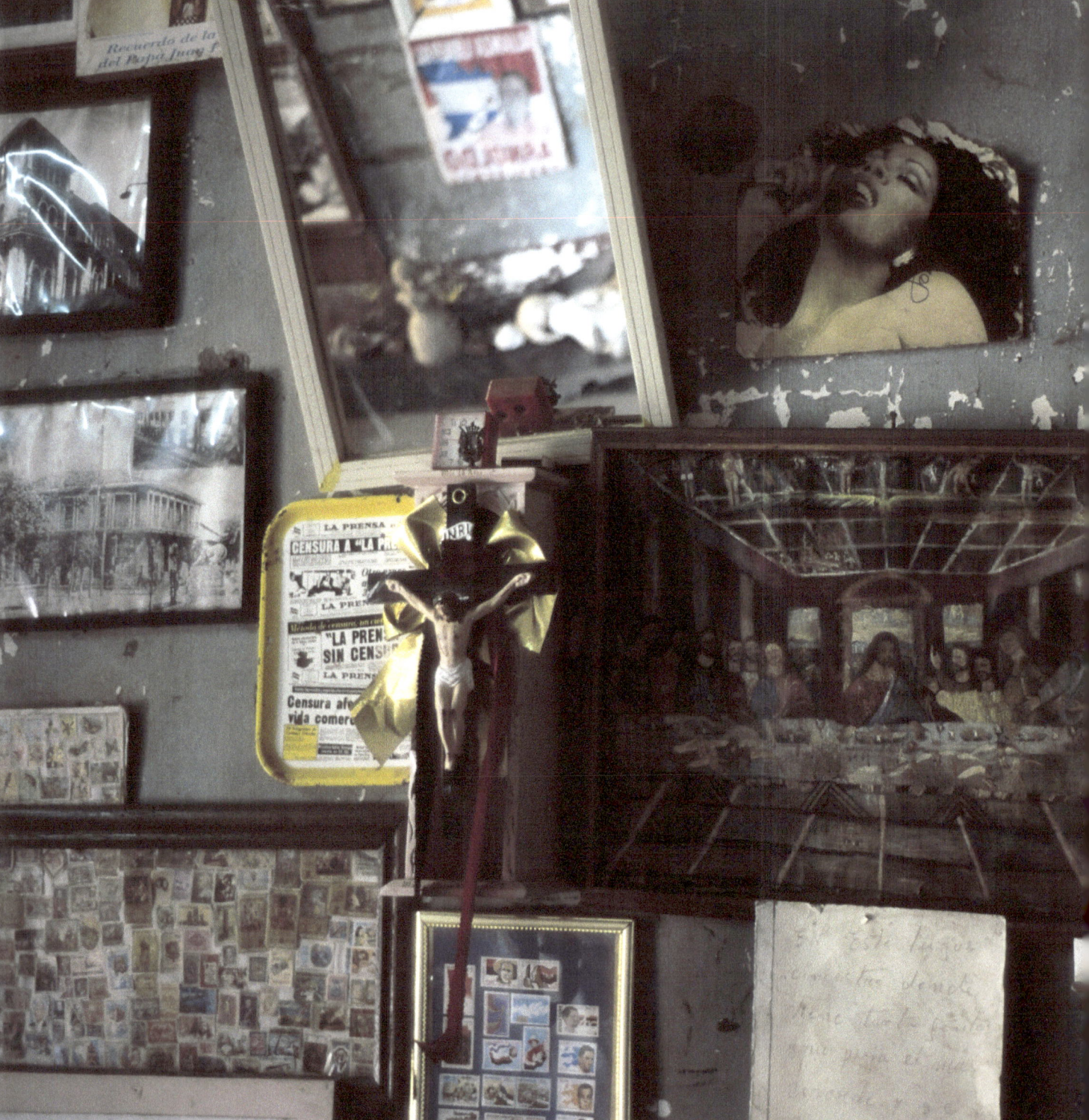

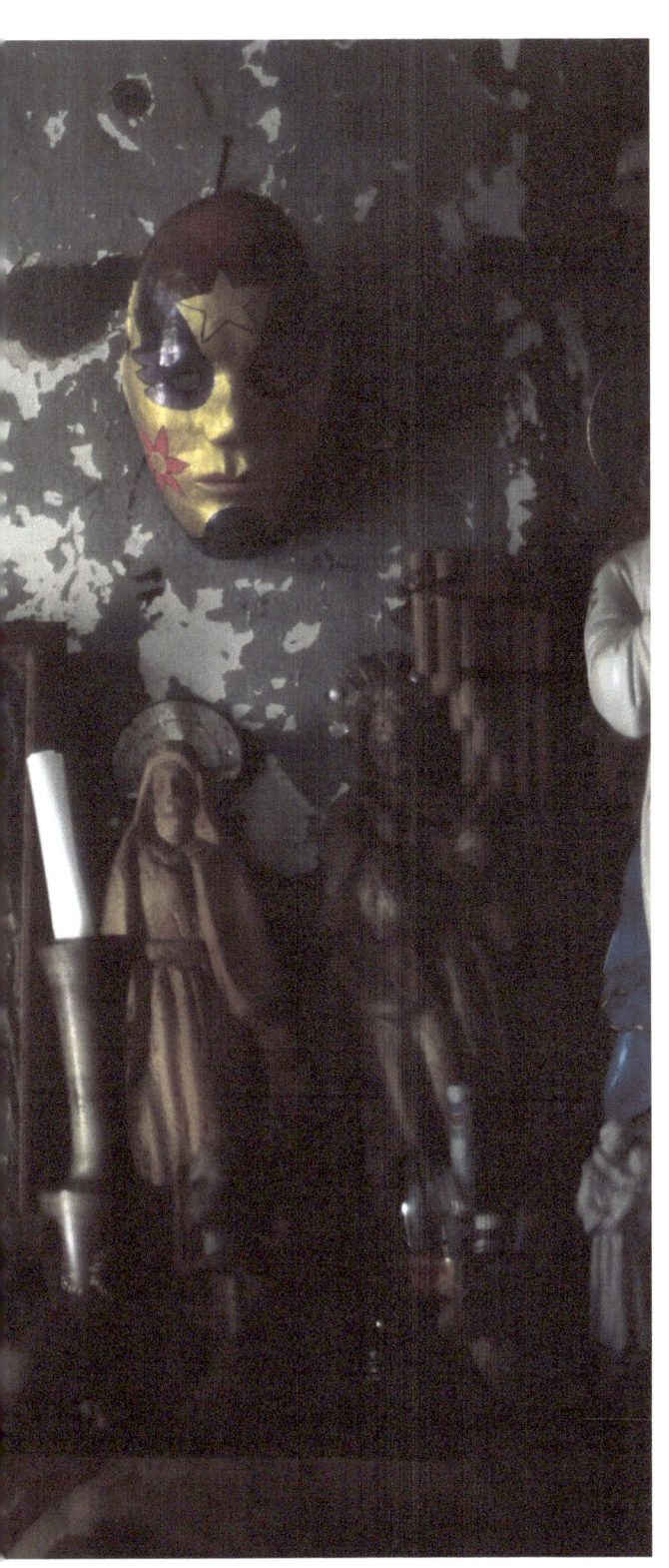

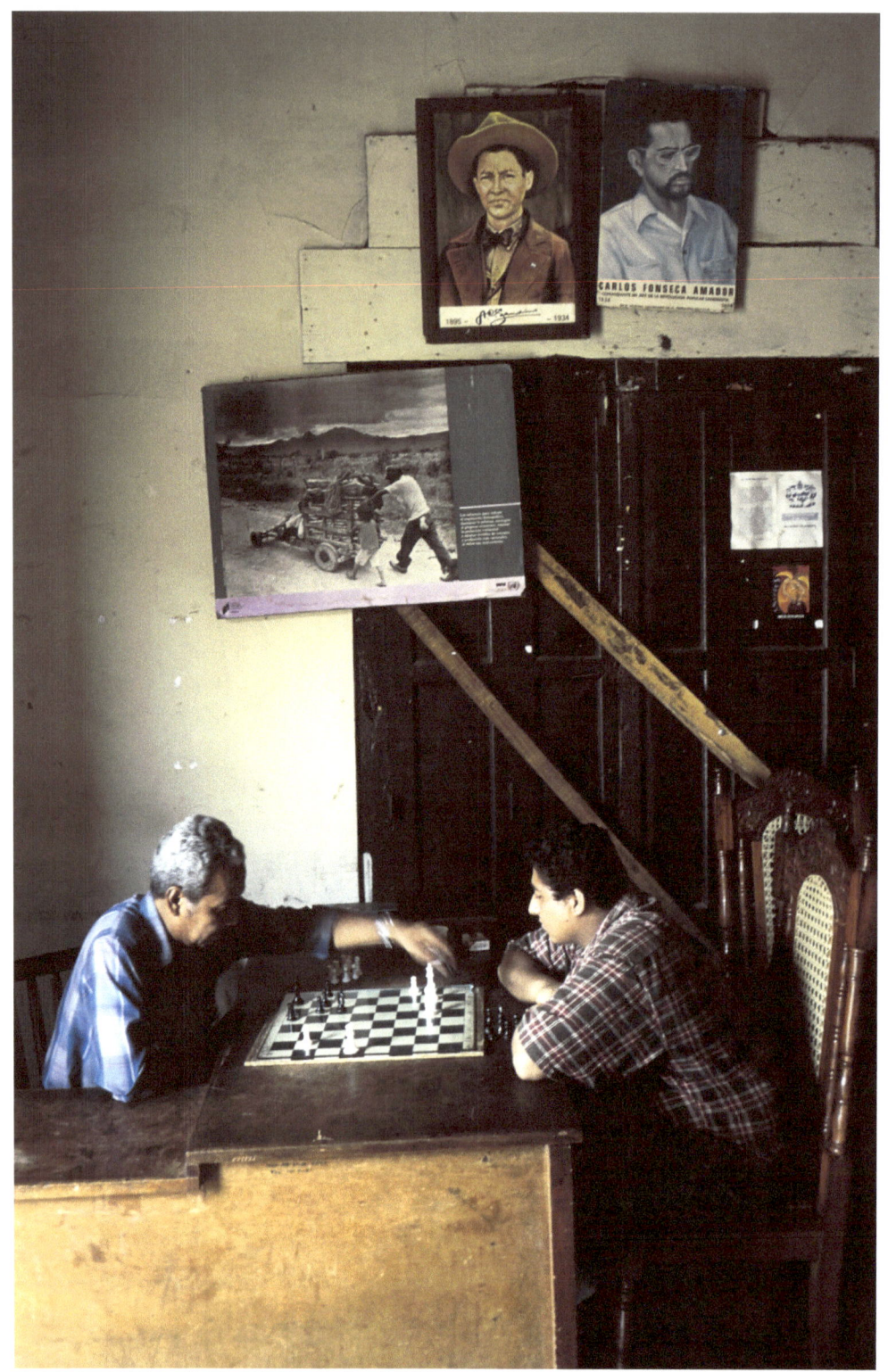

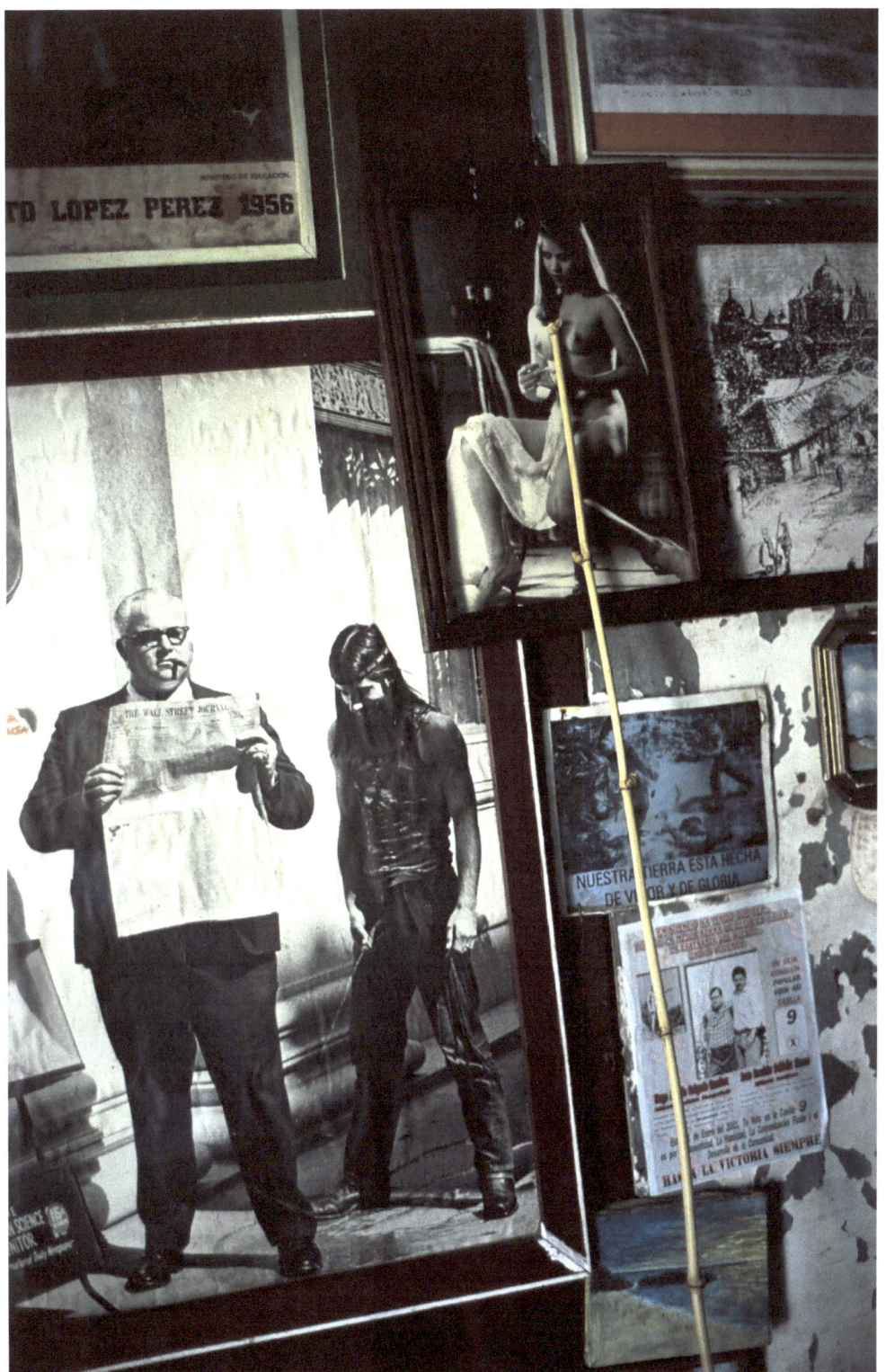

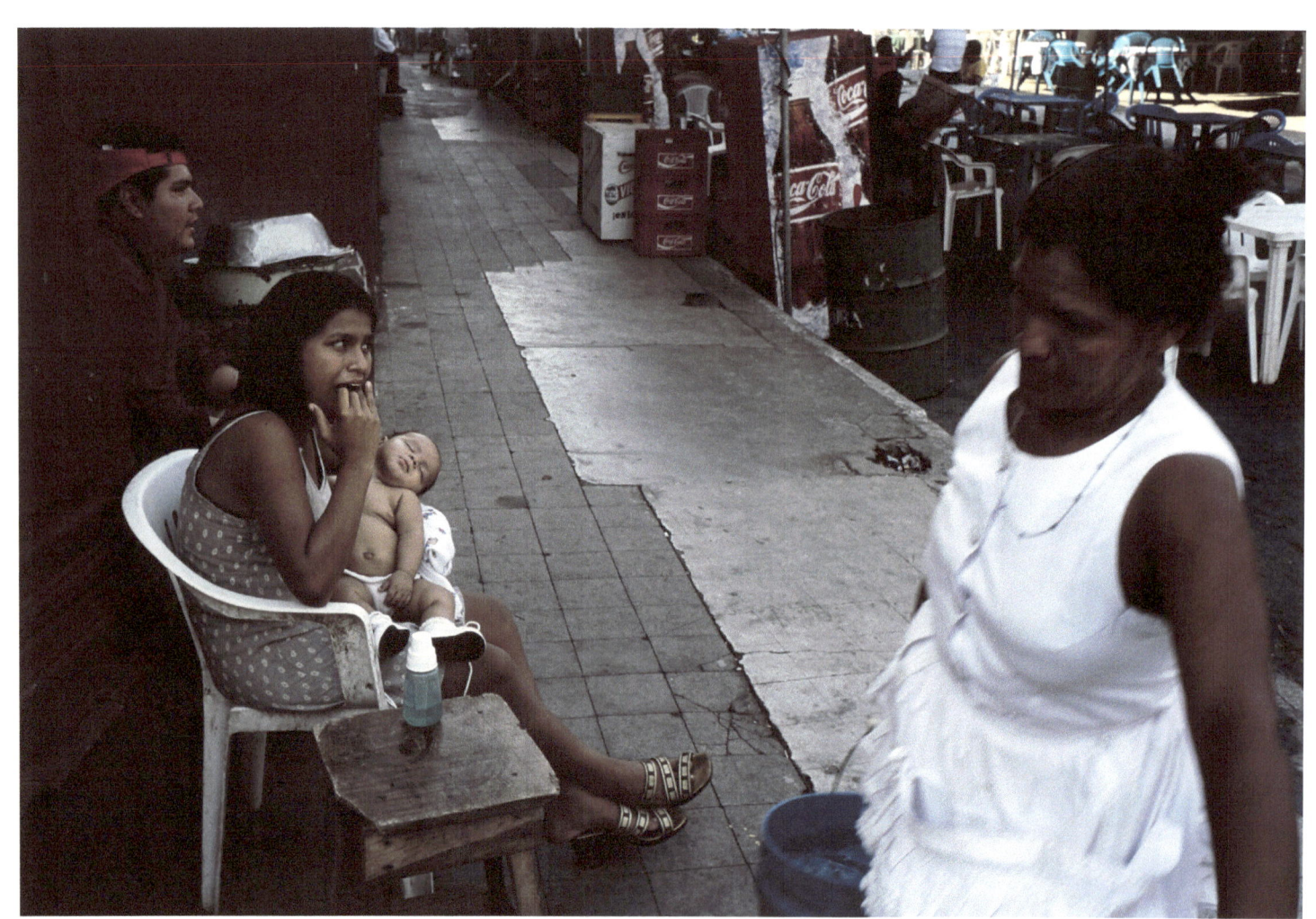

Vita di strada a Leon

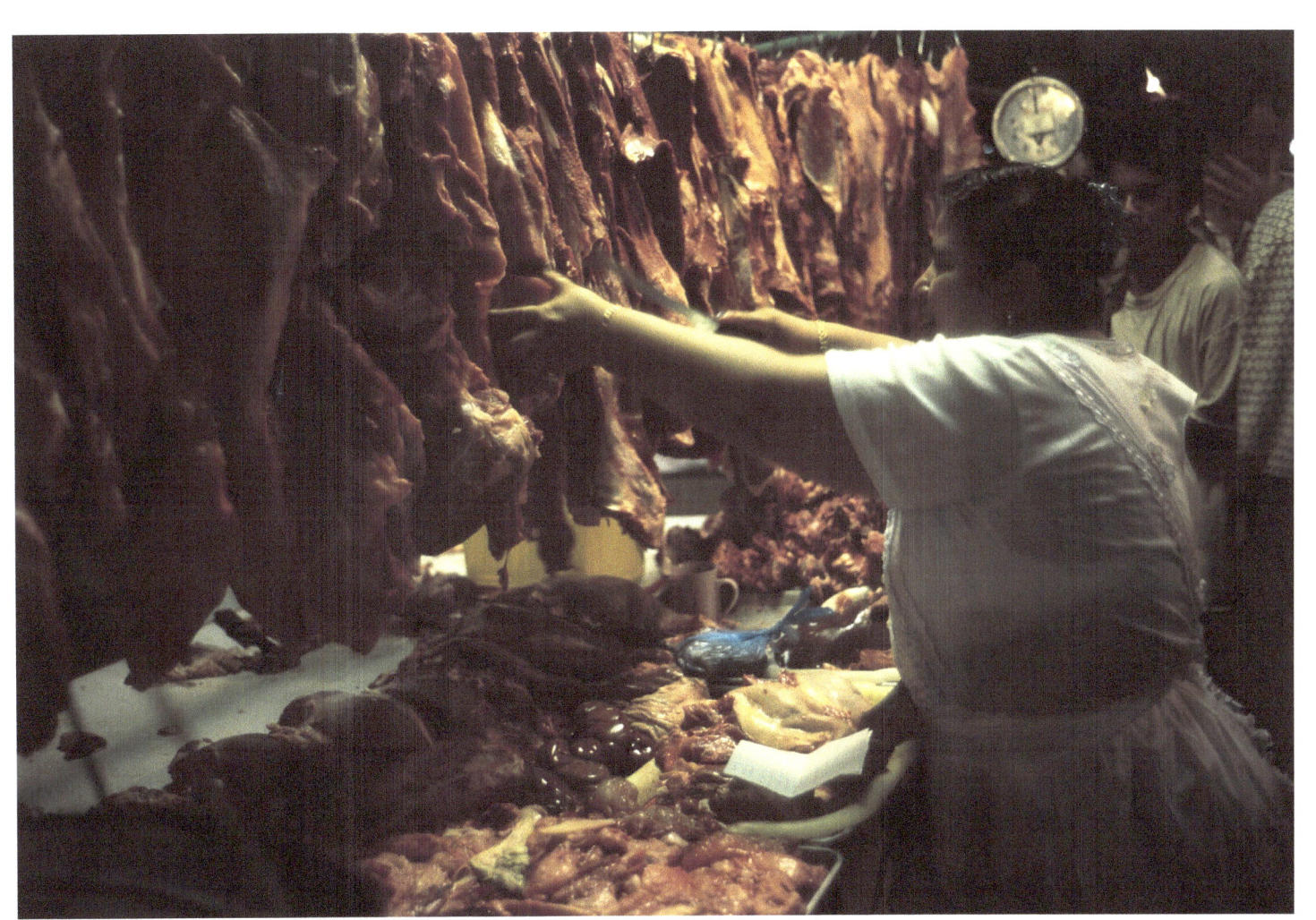

Il mercato di Leon

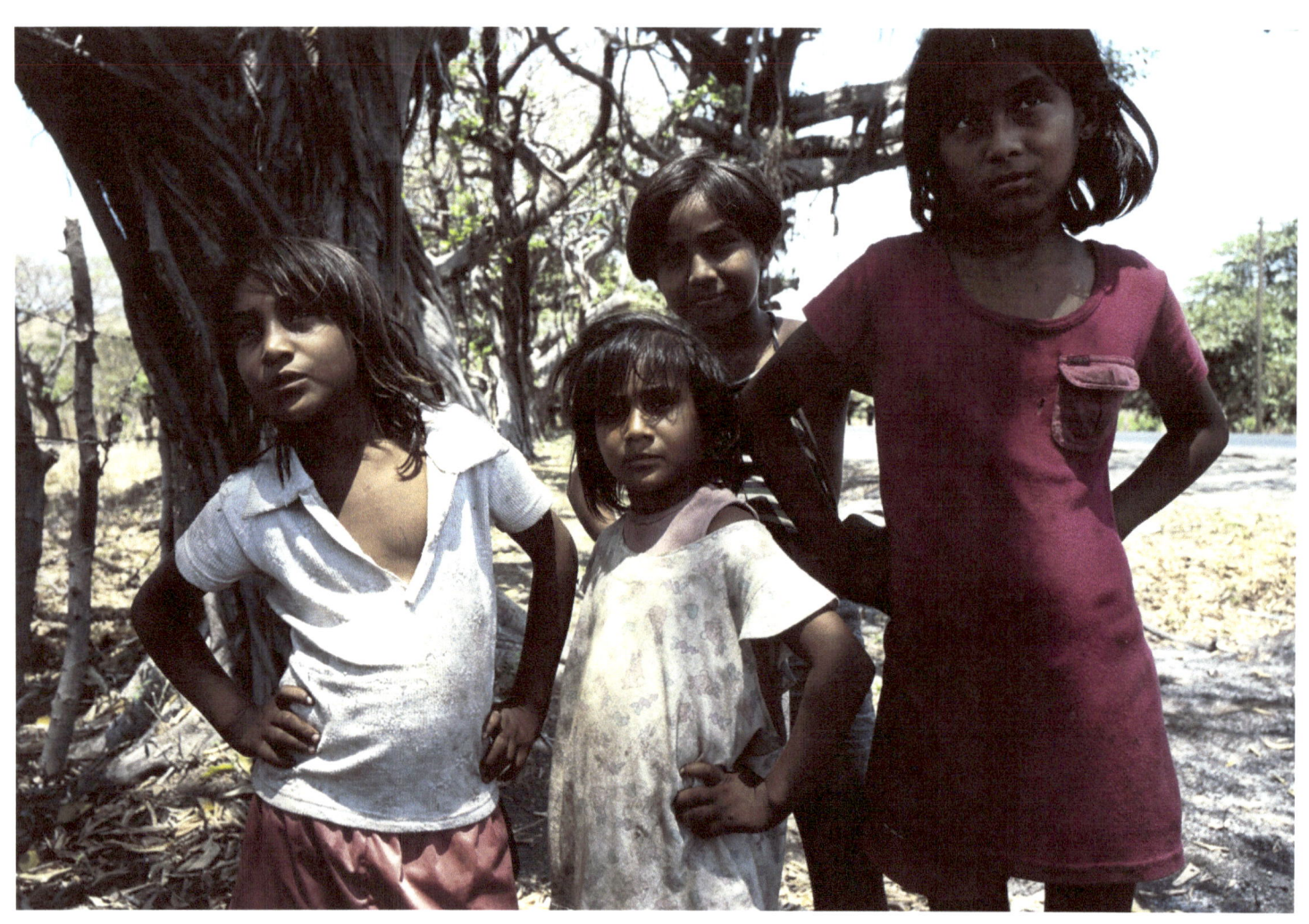

Bambine che vivevano in un poverissimo villaggio lungo la strada Panamericana

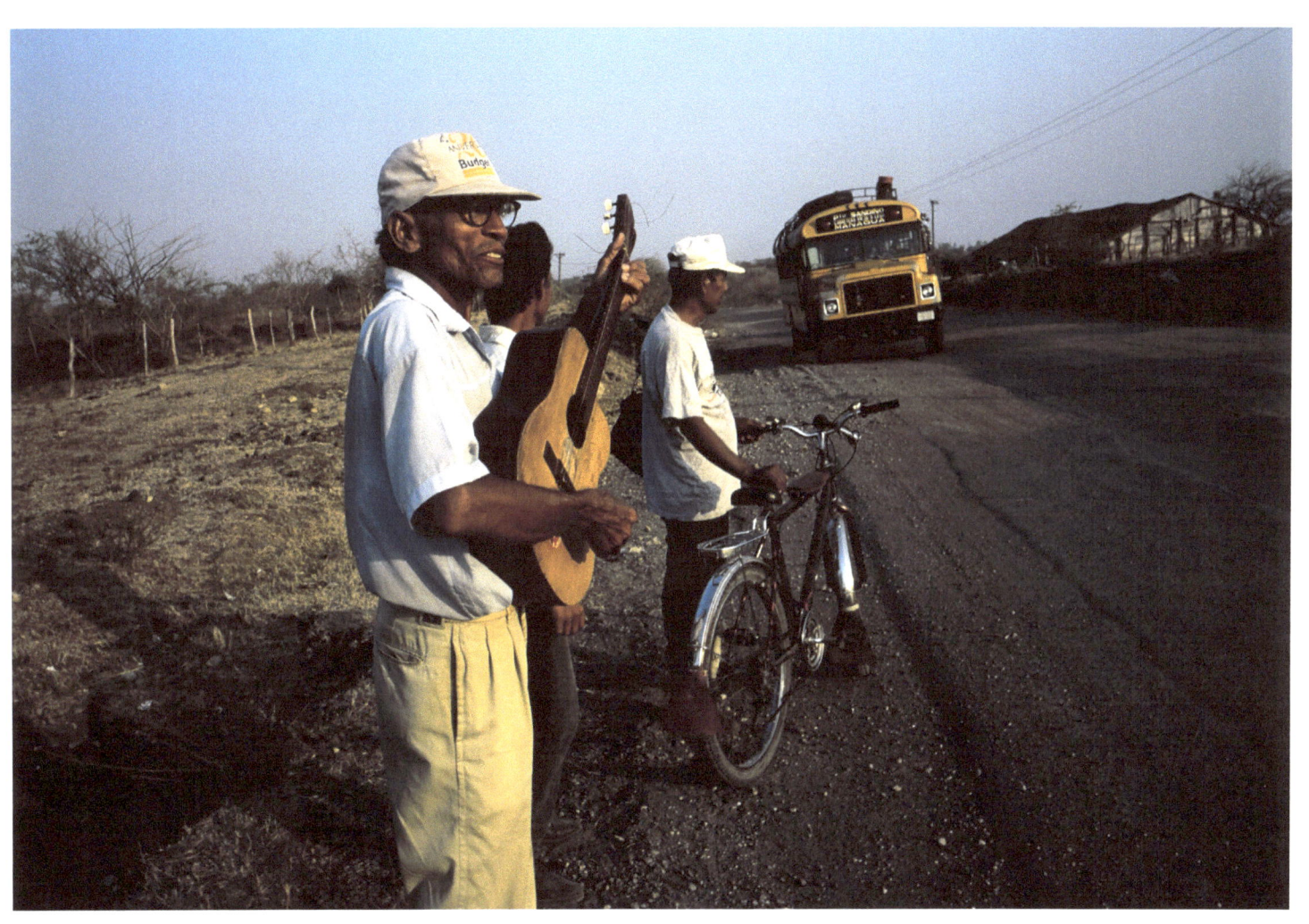

Aspettando l'autobus lungo la strada Panamericana verso l'Honduras

Honduras

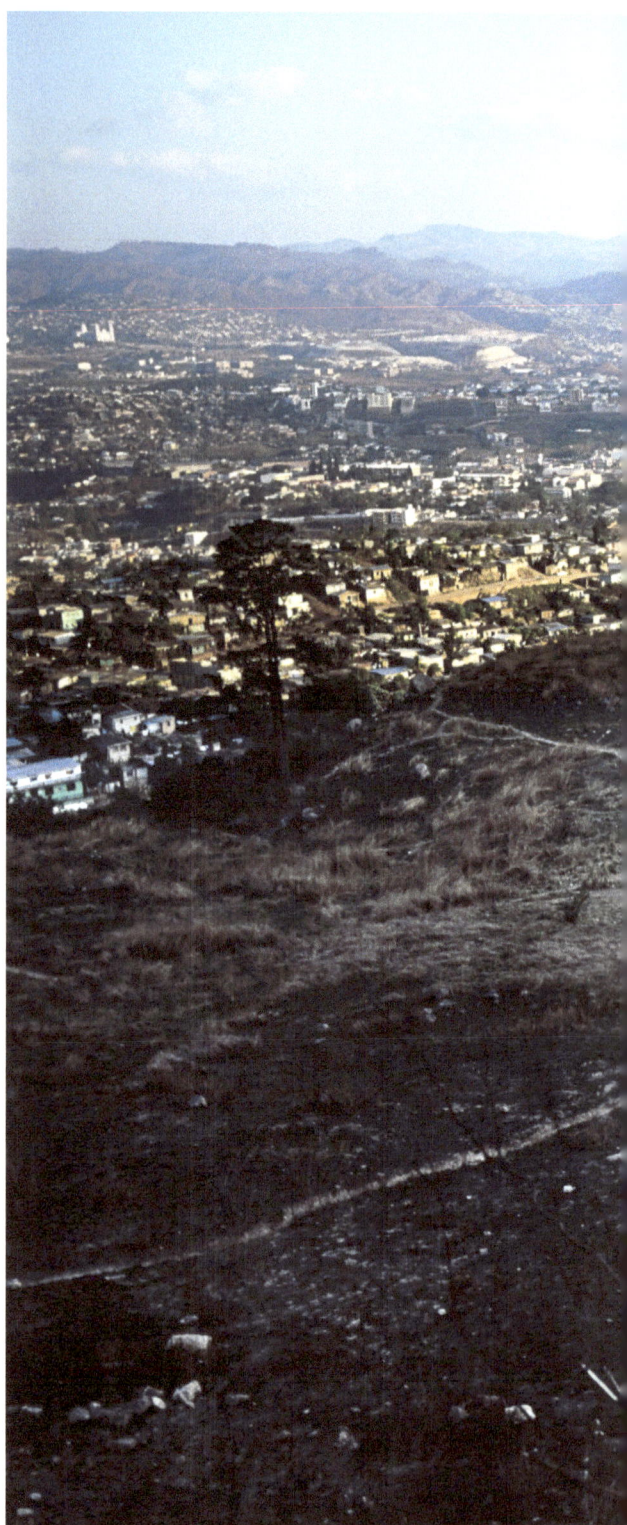

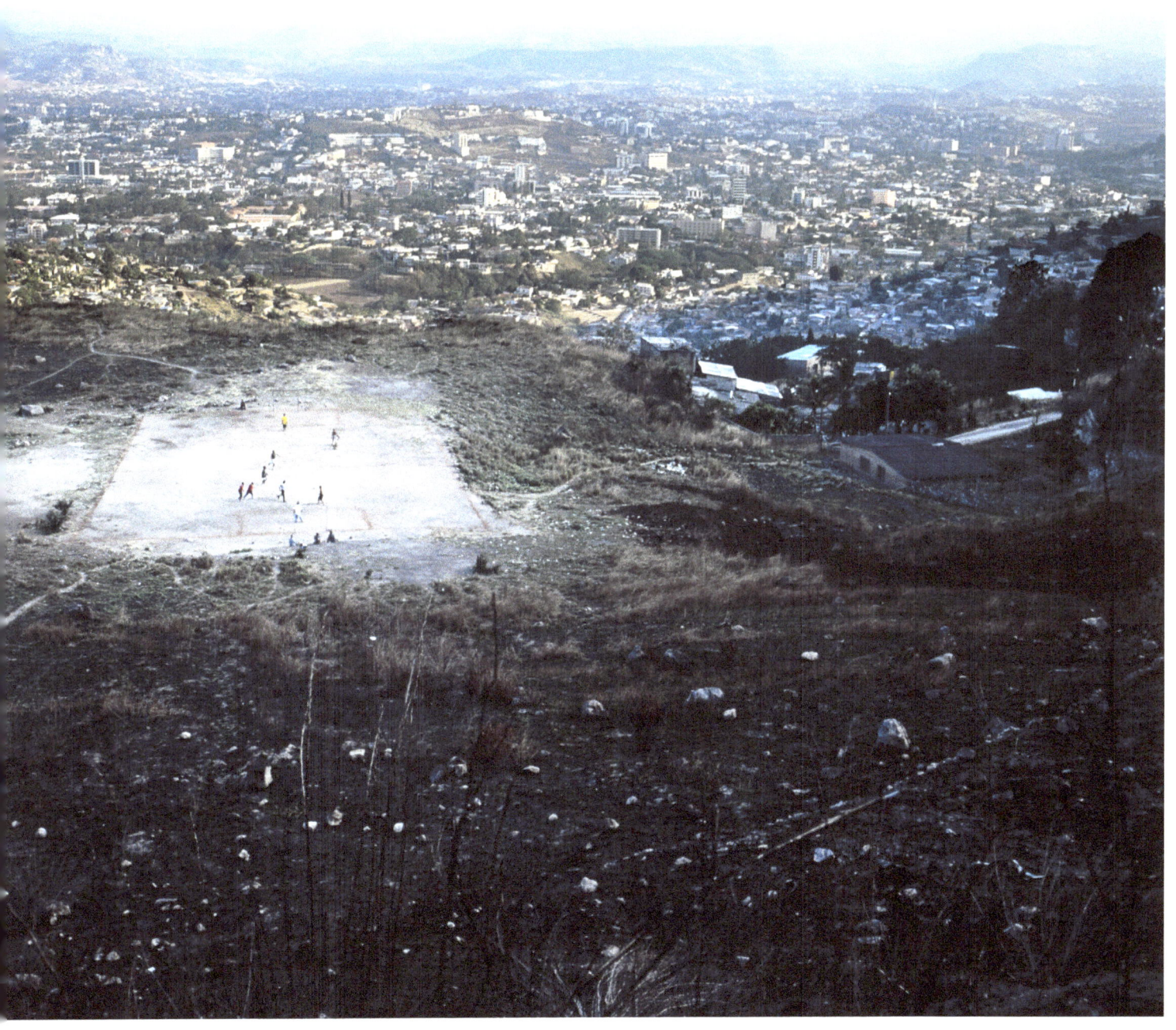

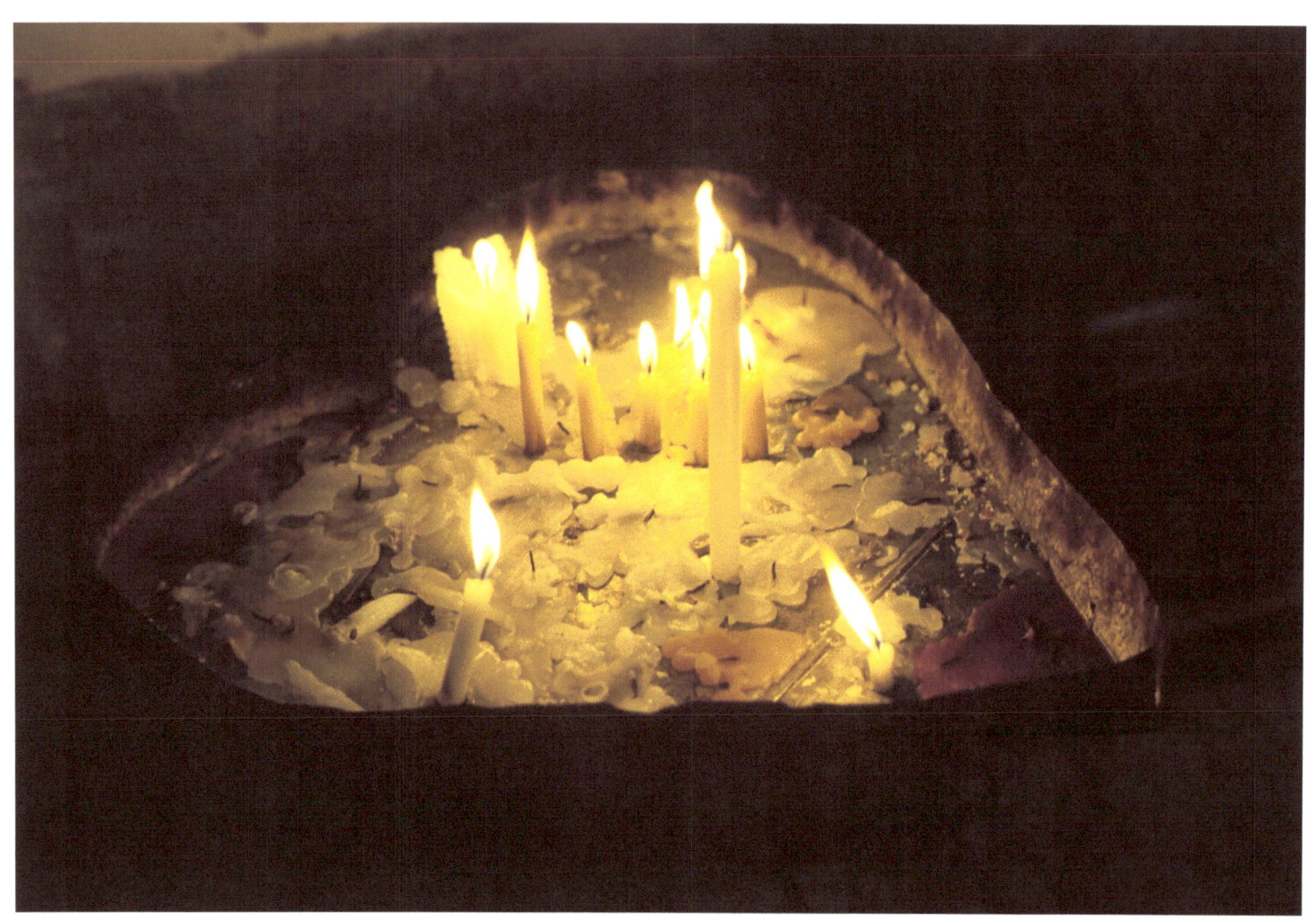

Honduras era ancora più sotto pressione del Nicaragua. Non c'era un singolo negozio senza una guardia armata all'esterno. Era l'esercito più pericoloso al mondo, ben più pericoloso dei criminali da cui dovevano proteggere.

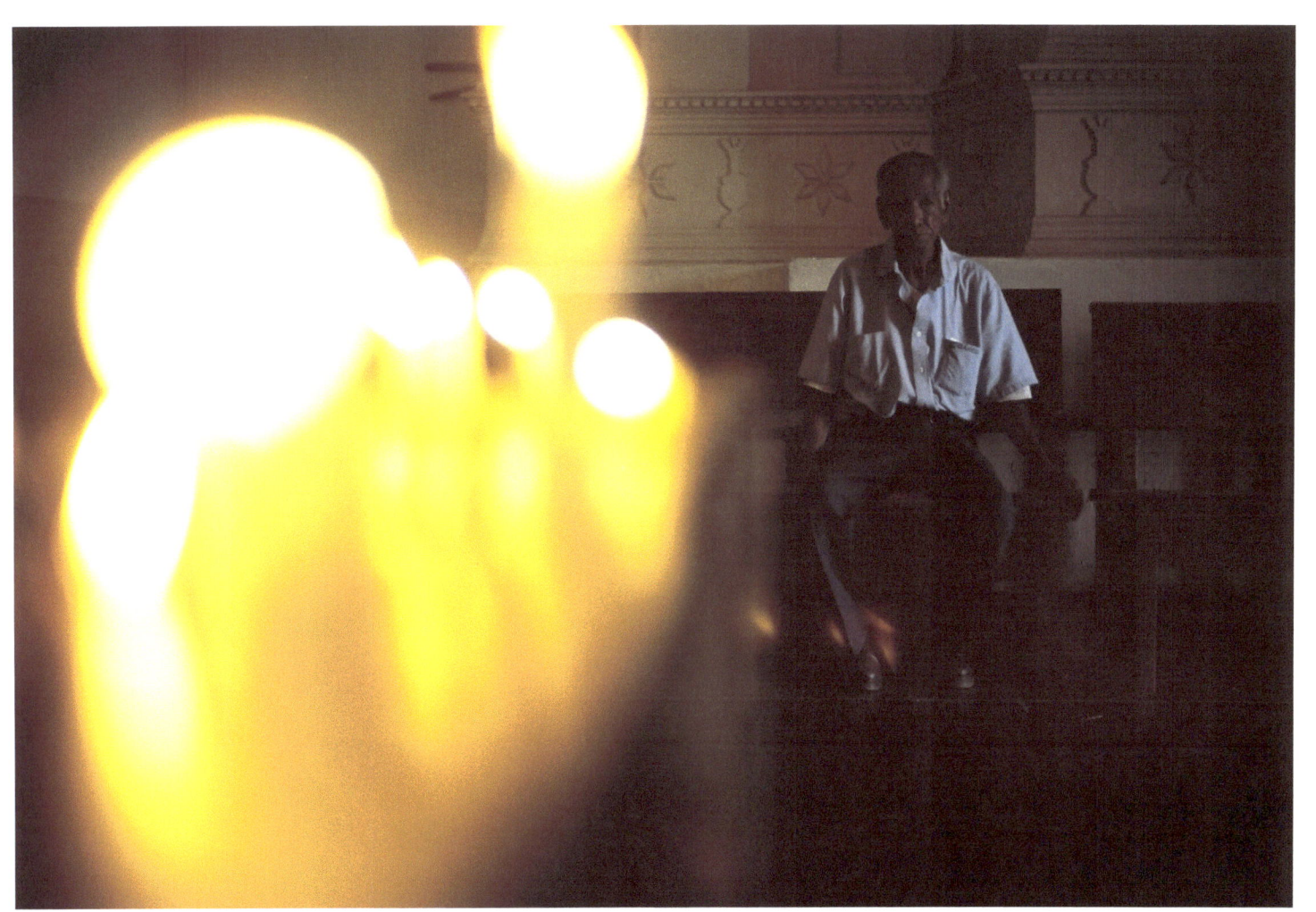

Cattedrale di Tegucigalpa

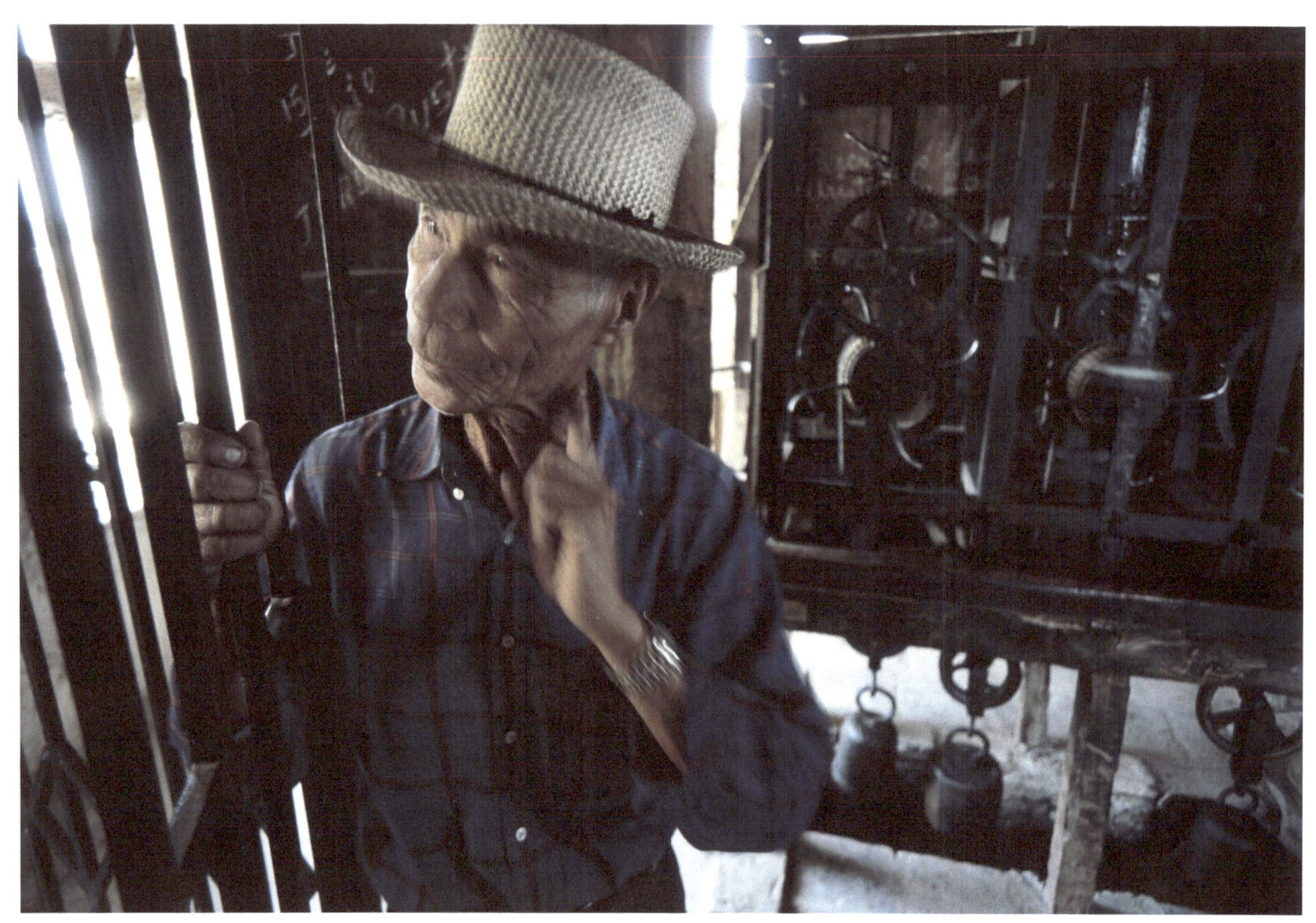

Il guardiano nella Torre dell'Orologio di Tegucigalpa

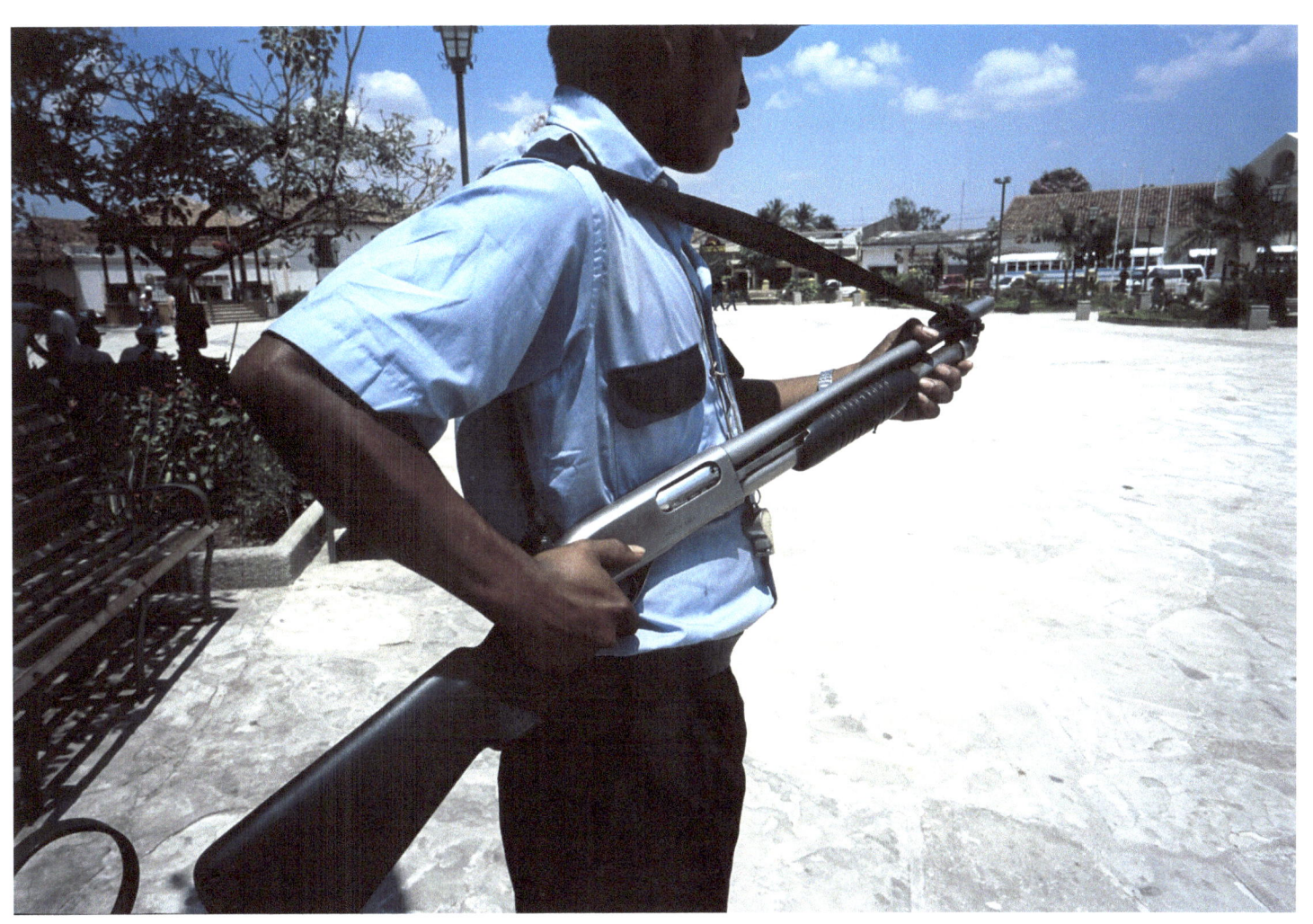

Uno degli innumerevoli vigilantes

El Salvador

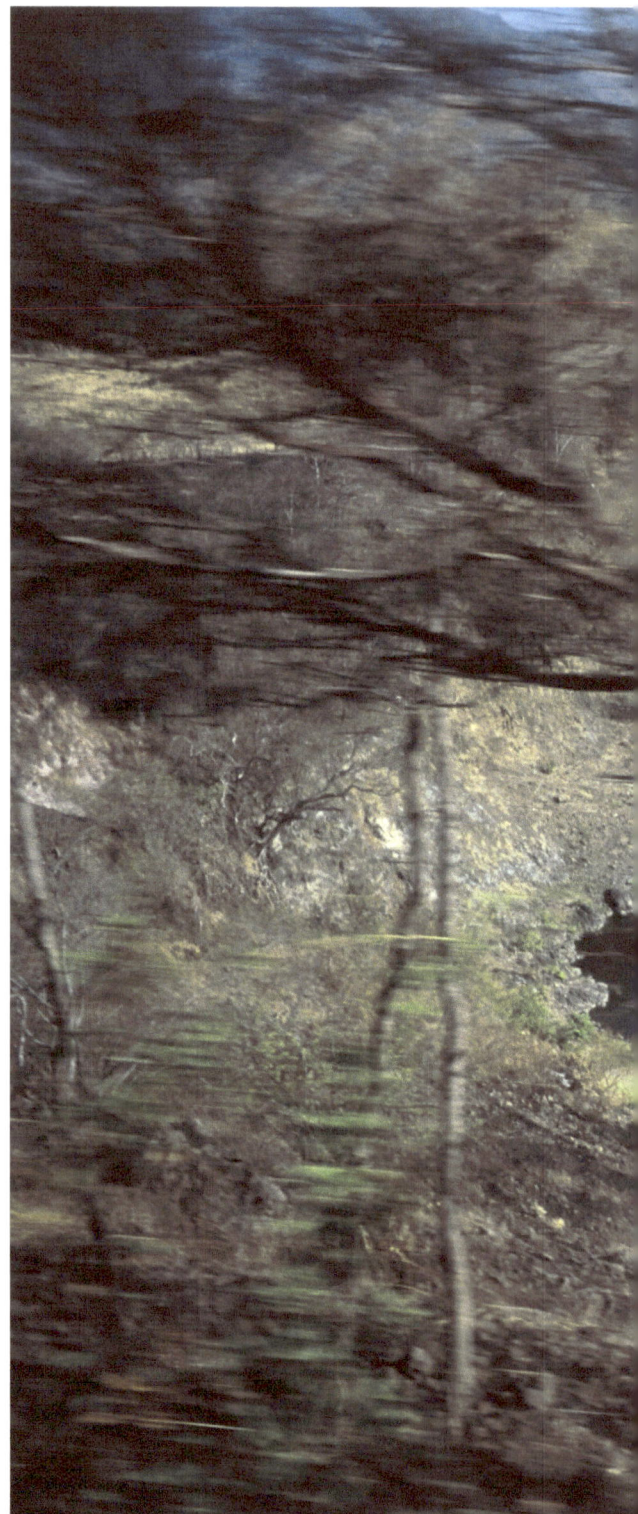

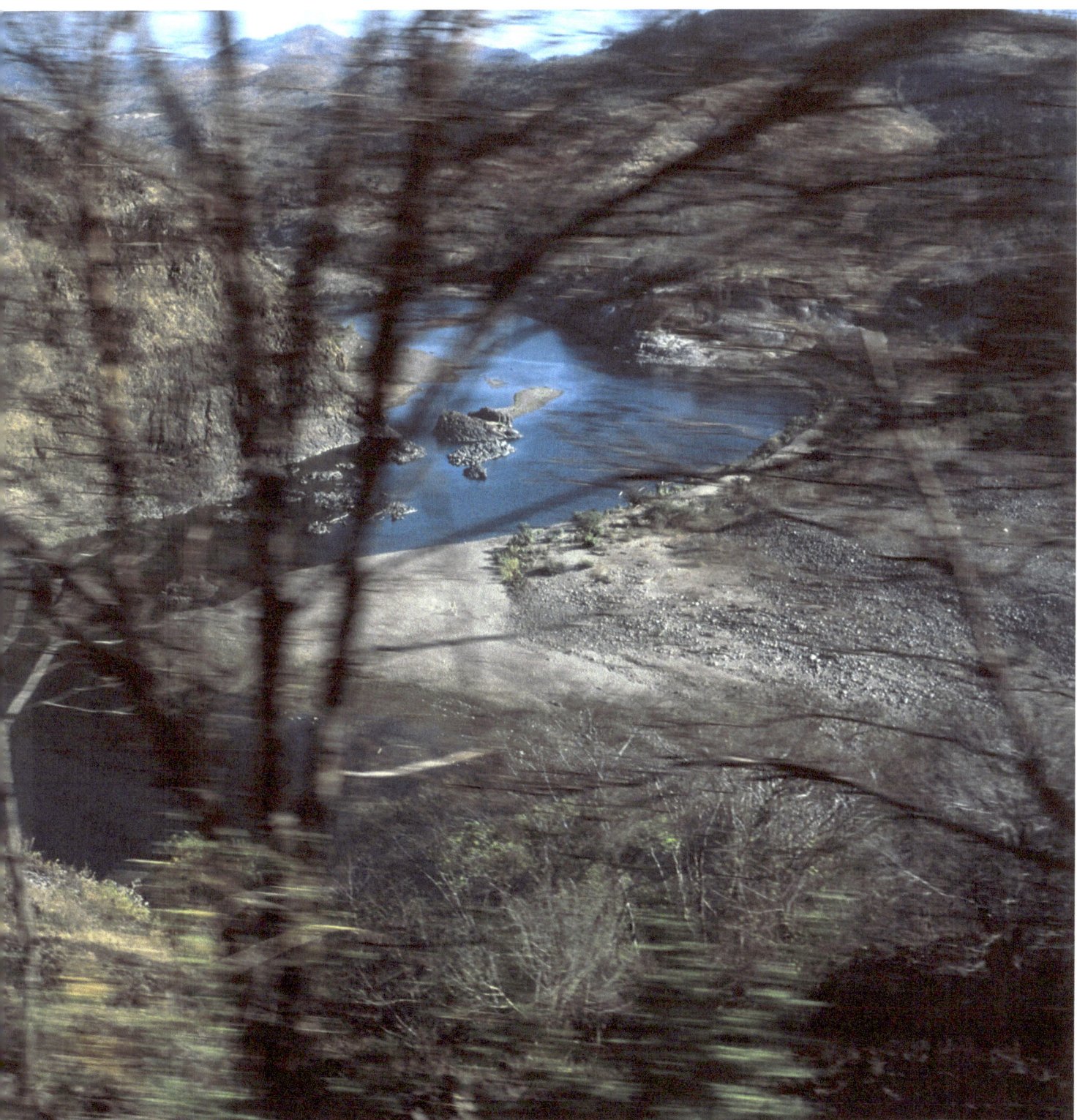

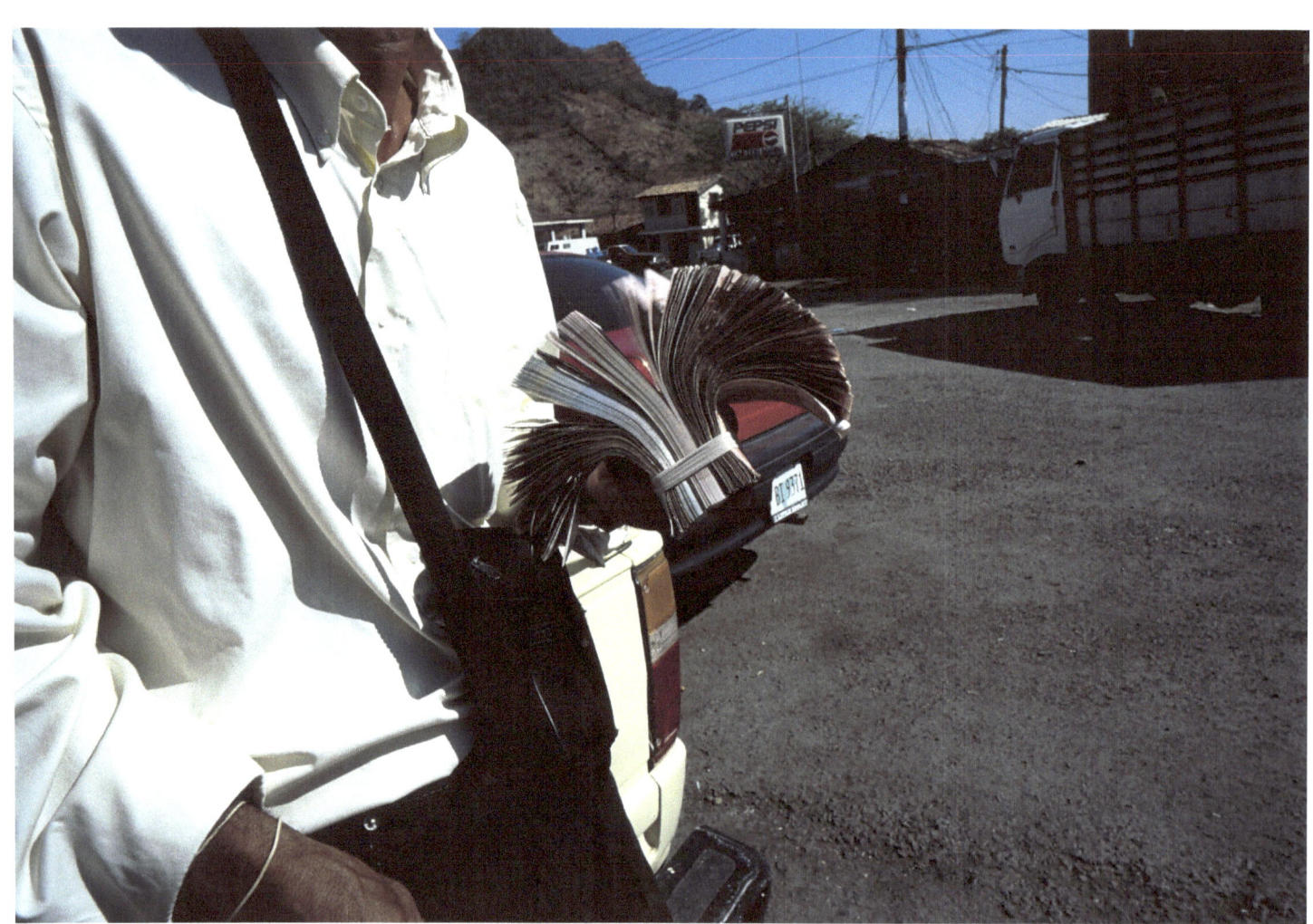

E poi arrivammo nel El Salvador, il paese più povero sul nostro itinerario. La povertà era la condizione più comune. Il pericolo era ancora più avvertibile. In media una persona veniva rapita per chiedere un riscatto ogni giorno: solo la metà tornava a casa senza conseguenze.

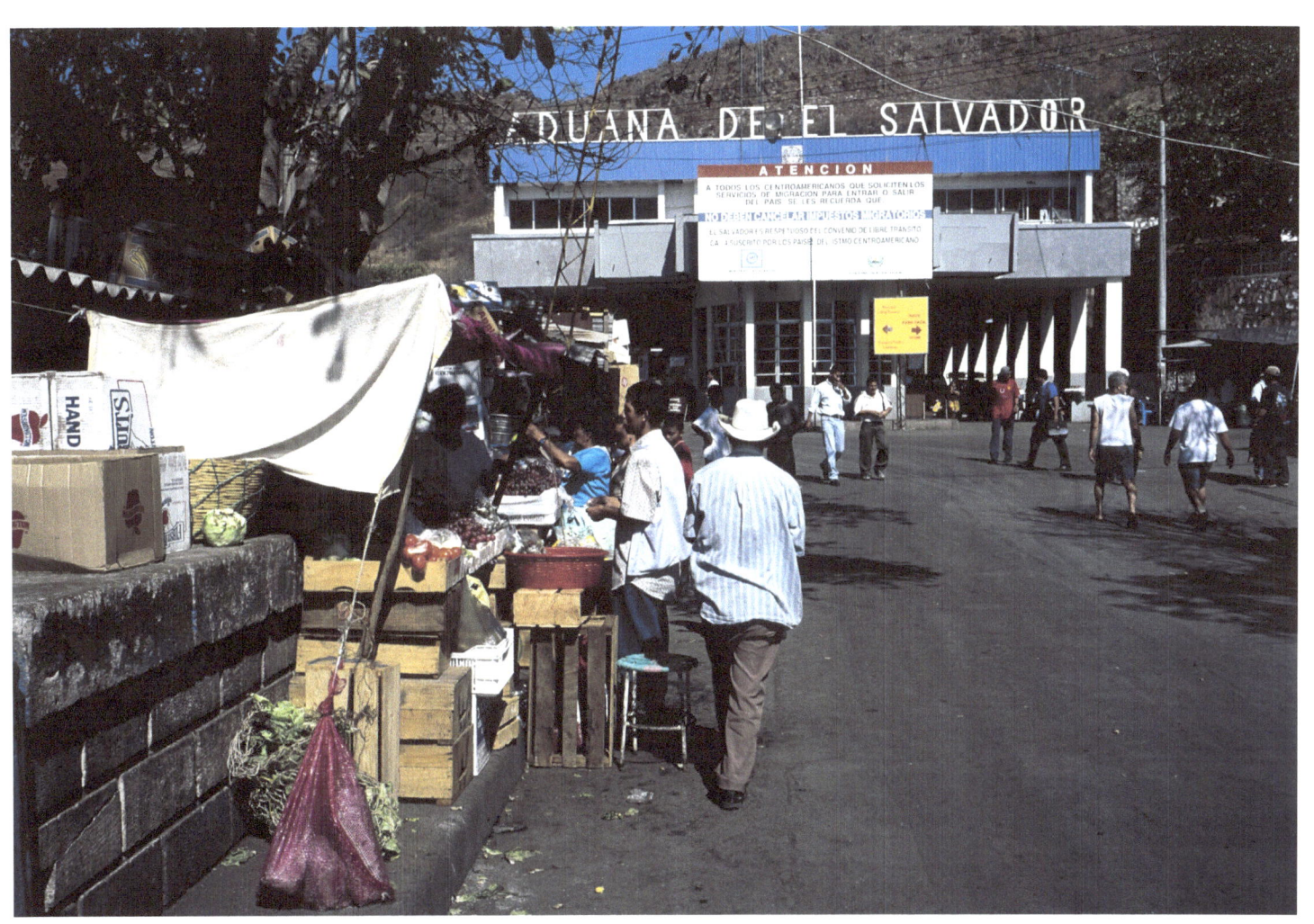

Il confine Honduras-El Salvador

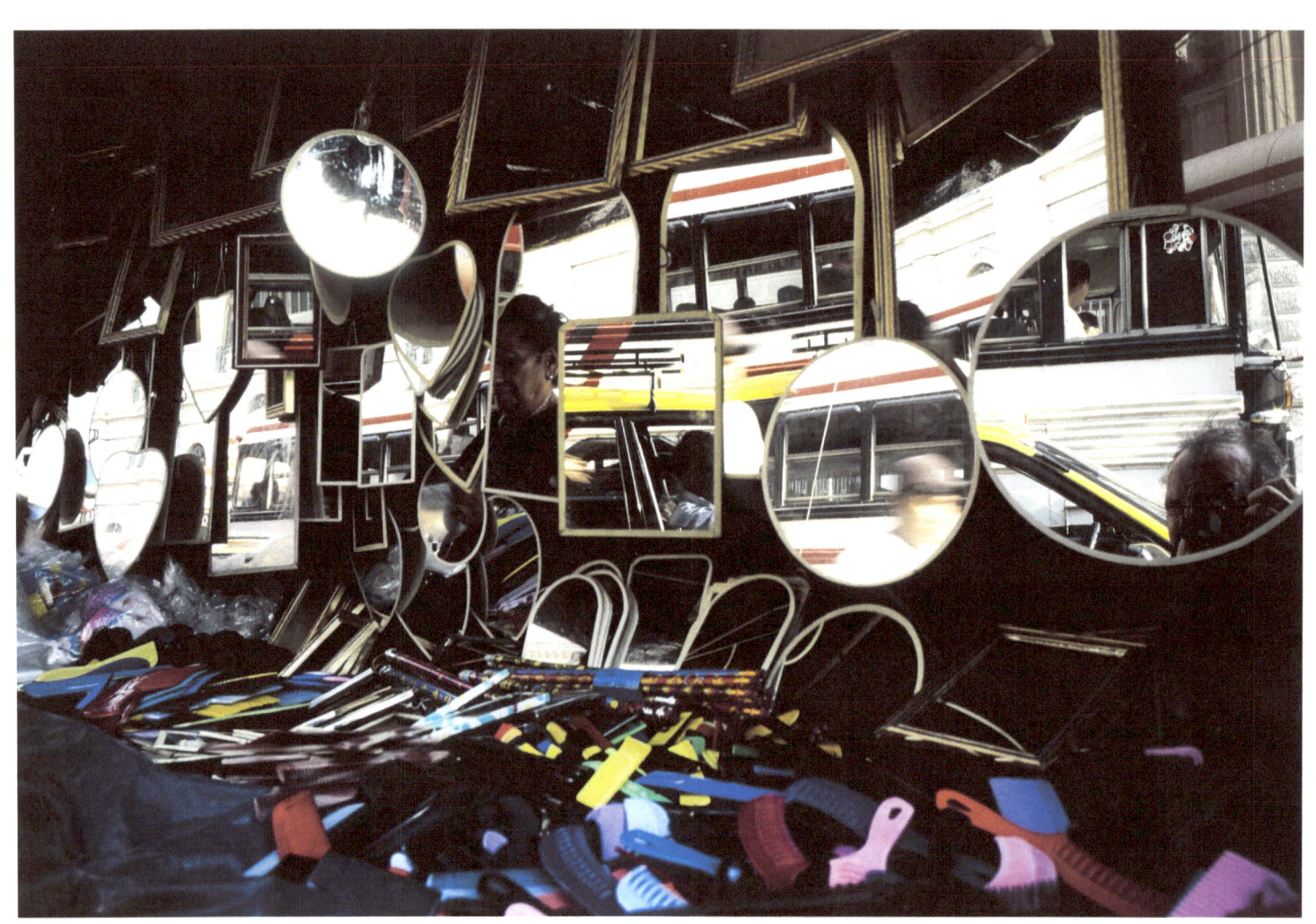

San Salvador

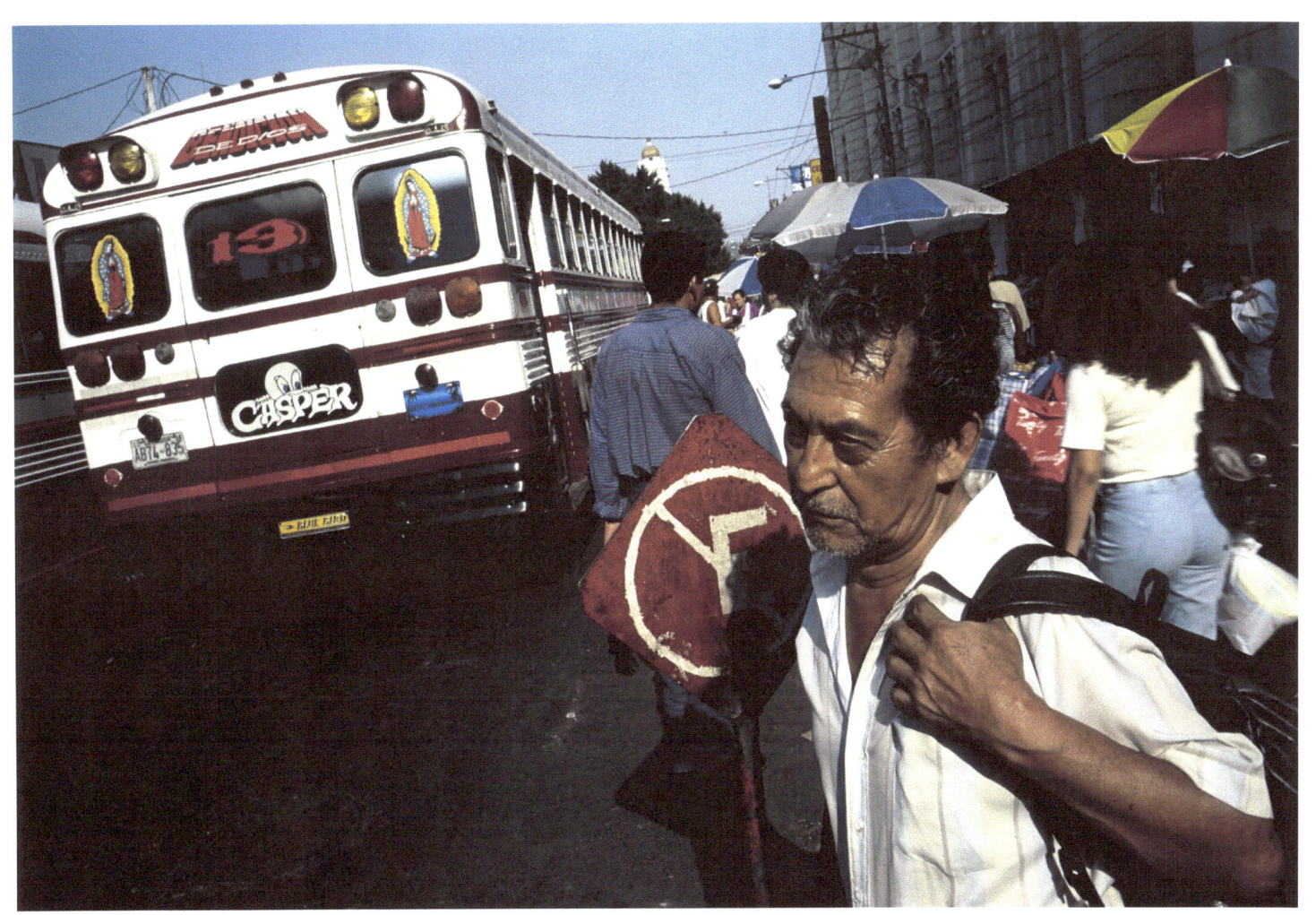

San Salvador

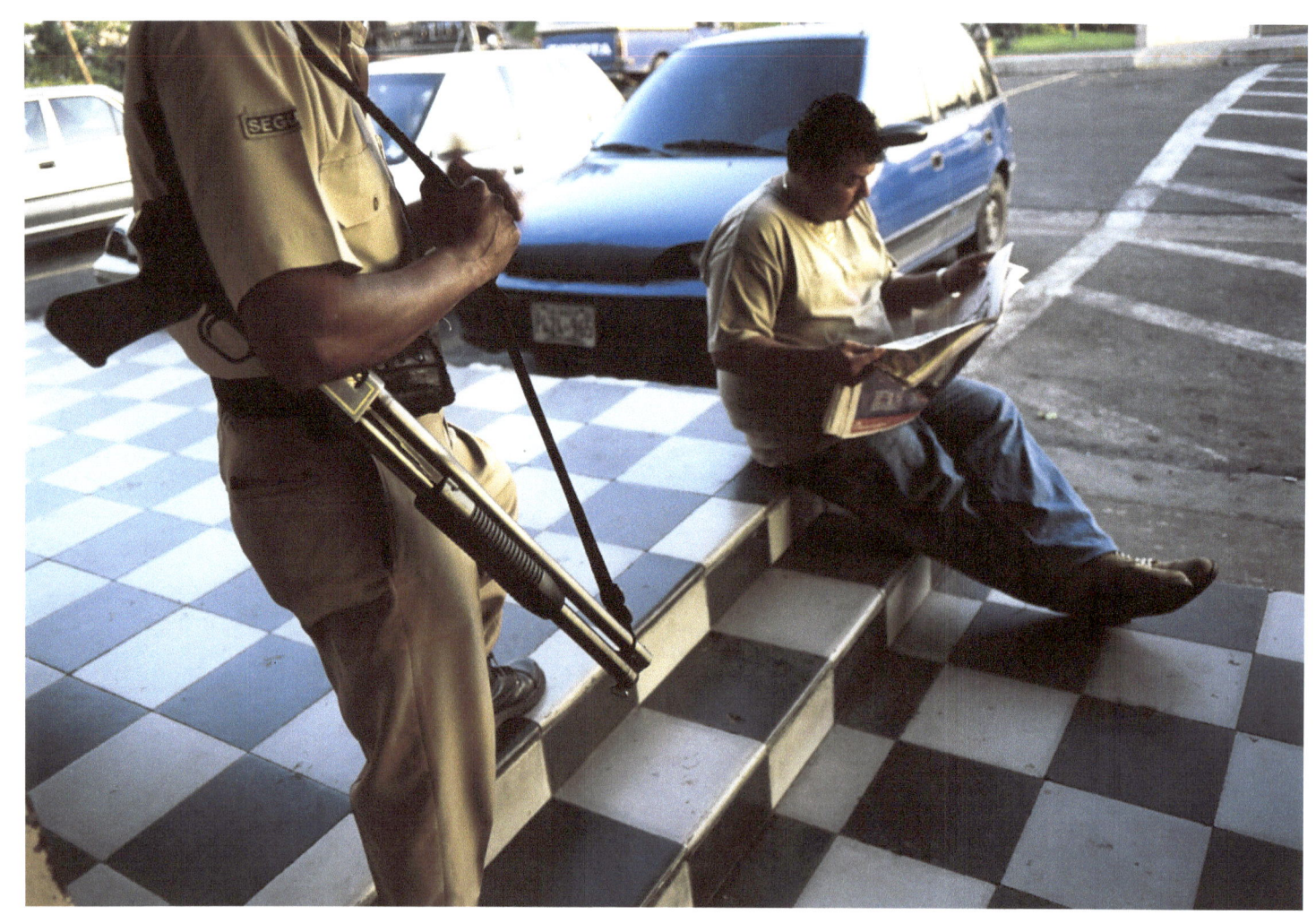

Ancora l'inutile "security" in San Salvador

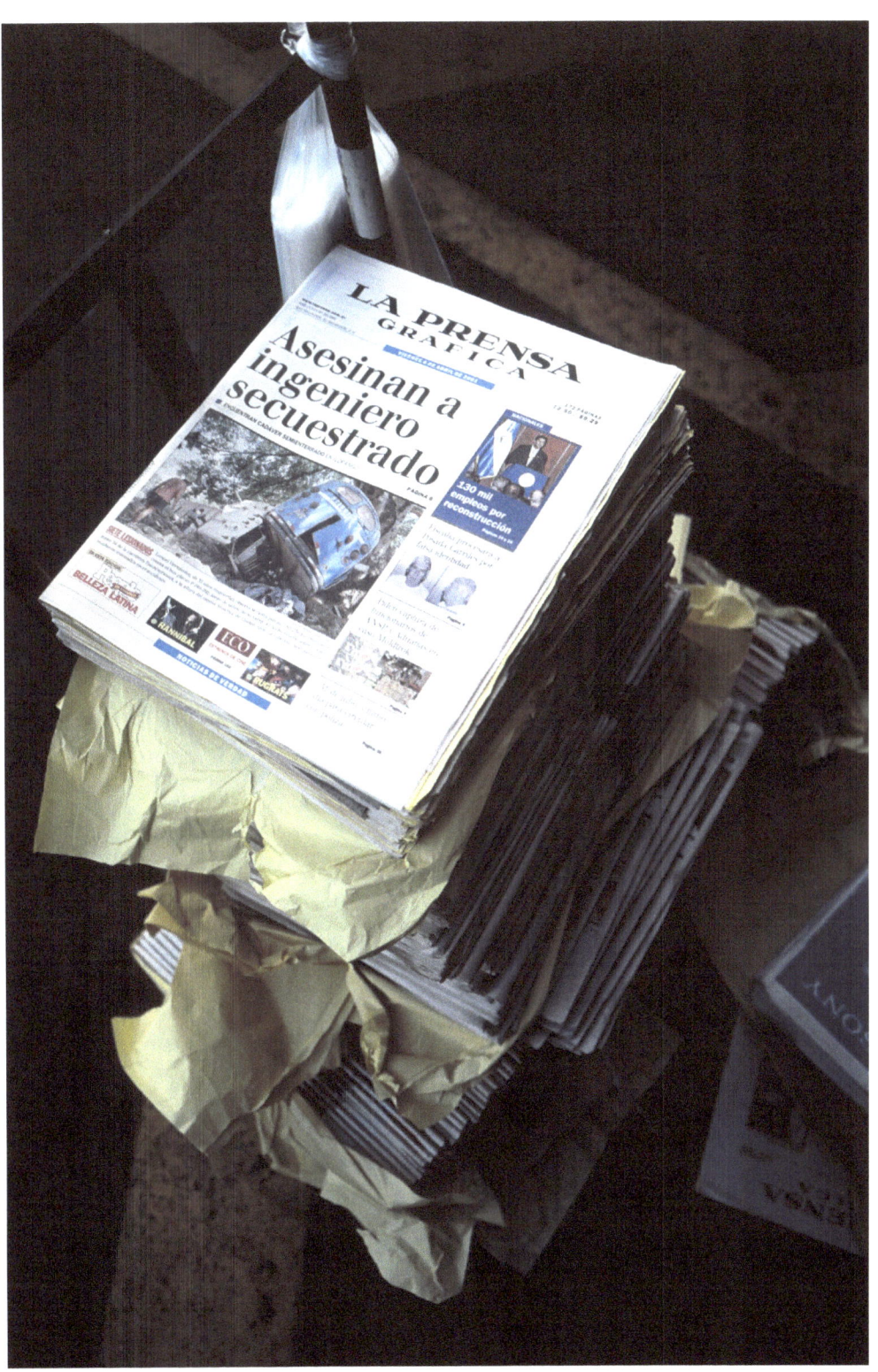

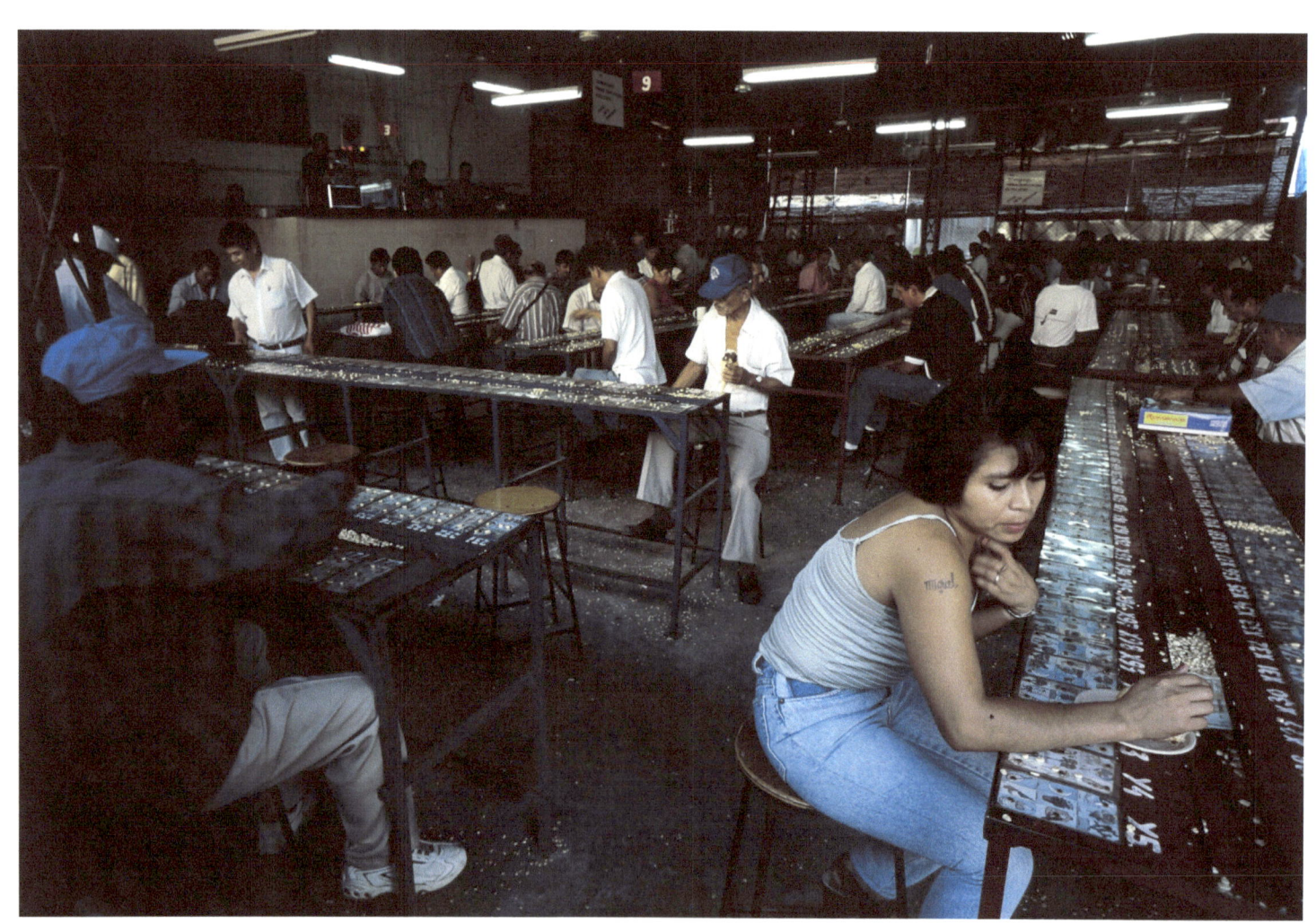

Bingo in San Salvador

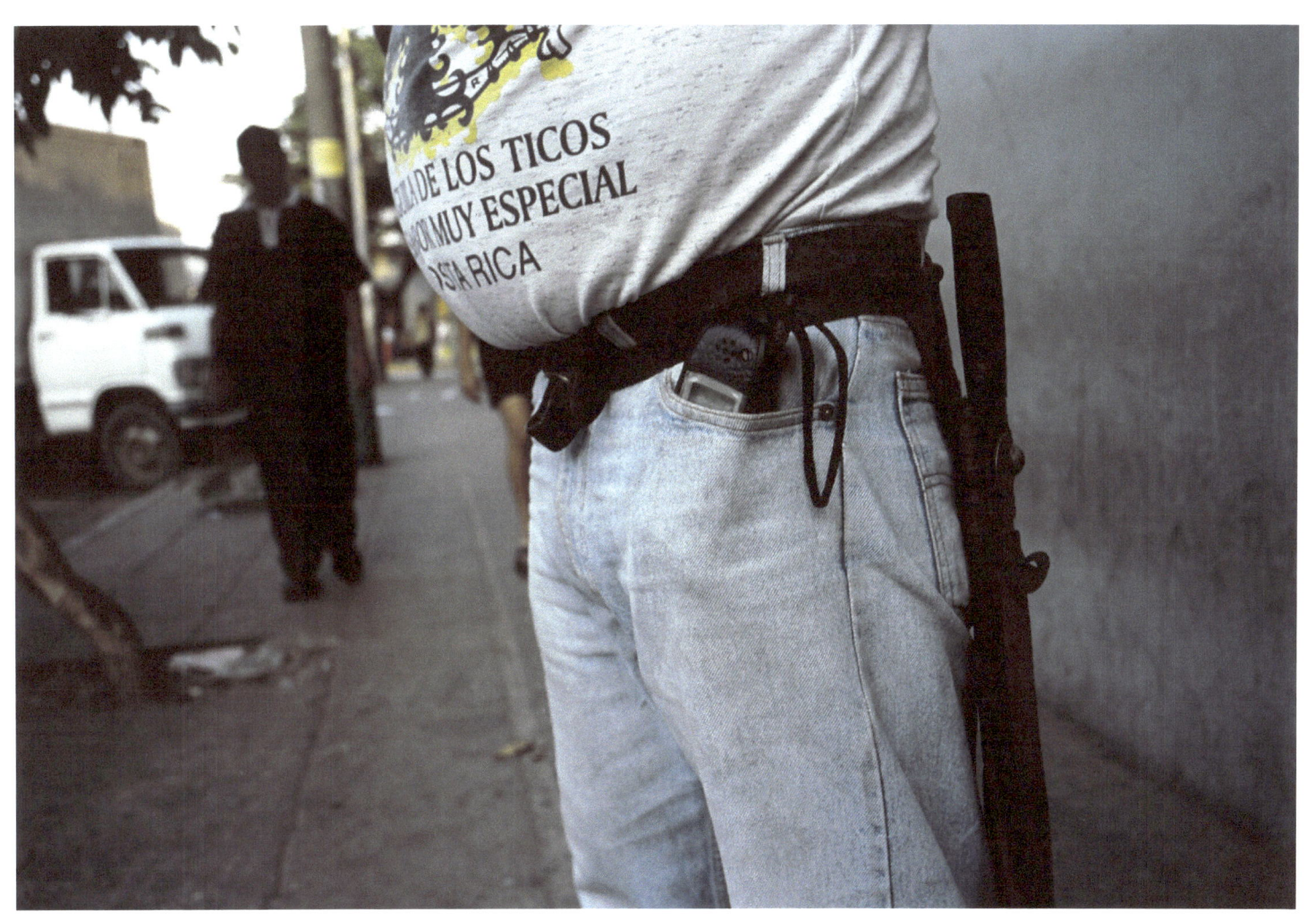

Un vigilantes, disarmato, in San Salvador

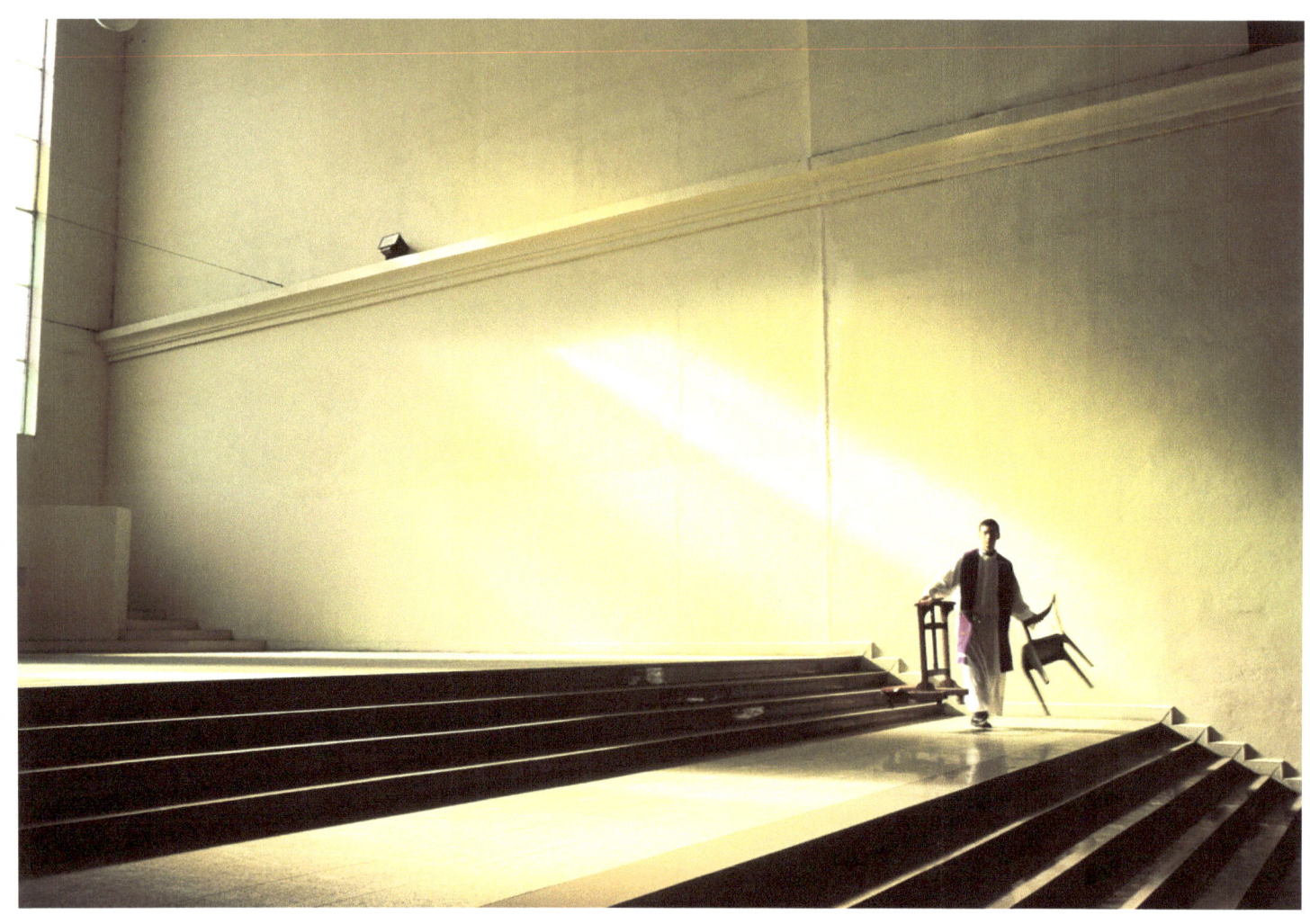

La chiesa, ancora fedele alla memoria di Monsignor Romero, riveste un ruolo sociale attivo

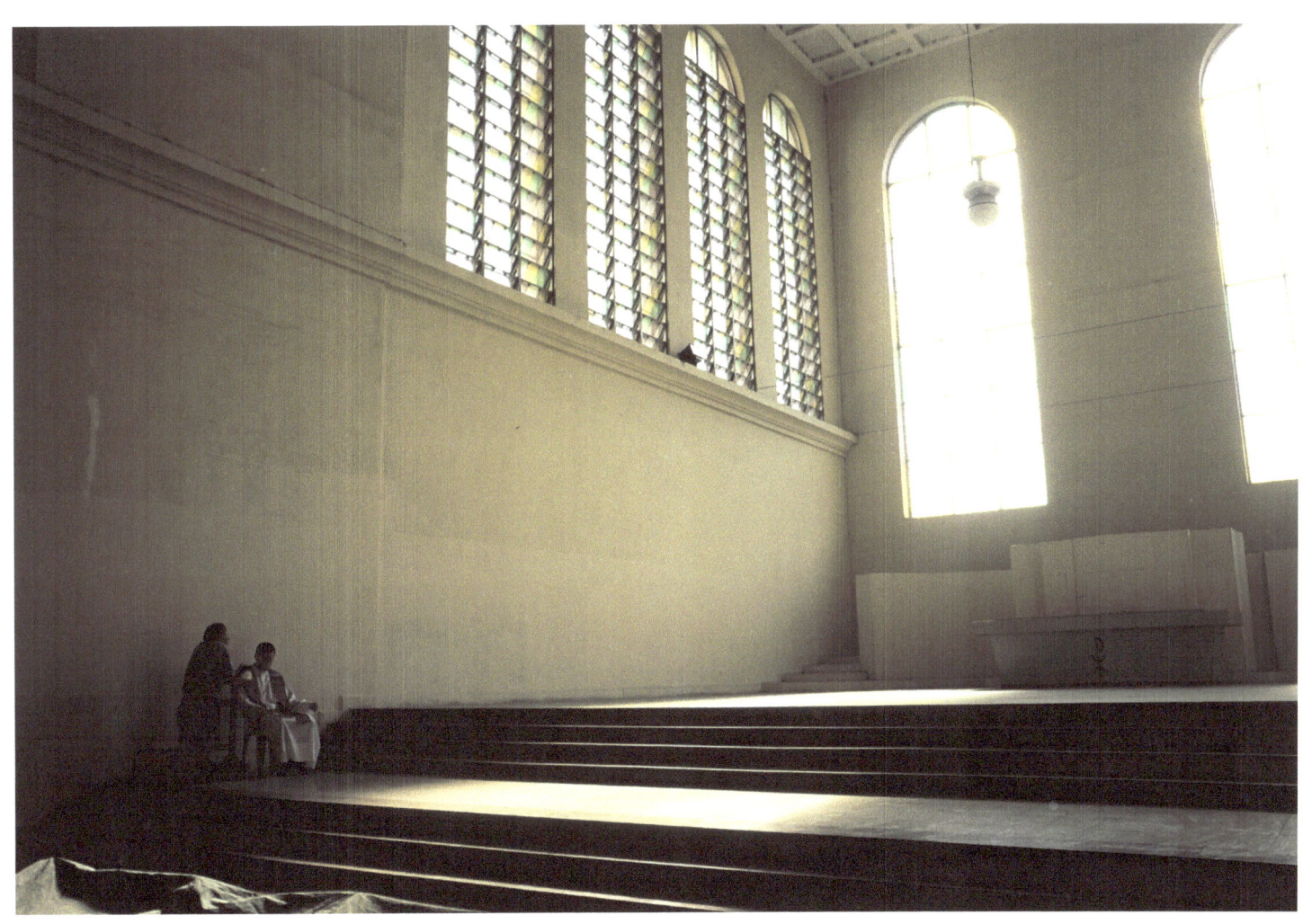

Confessione in San Salvador

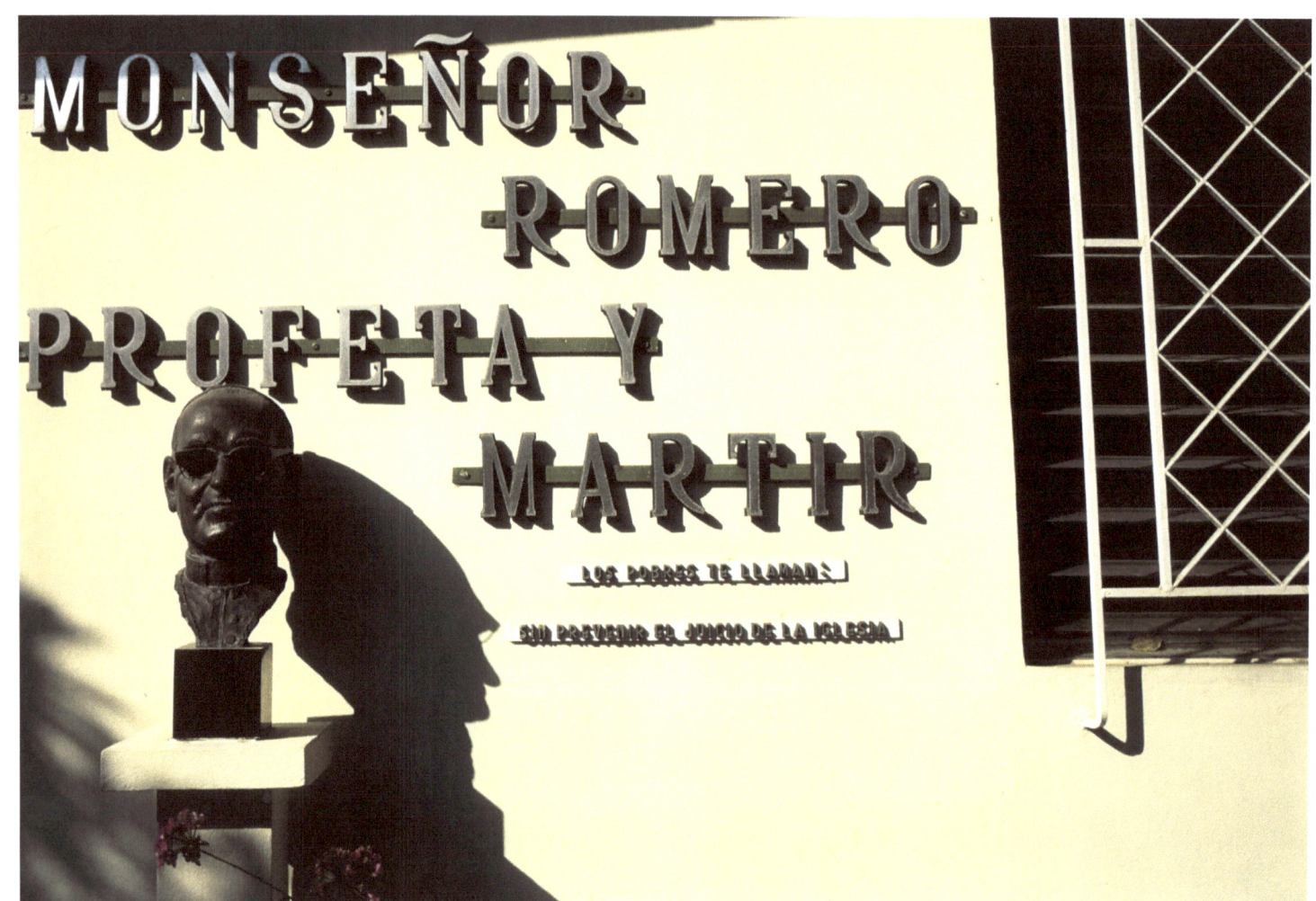

La chiesa dove fu ucciso Monsignor Romero

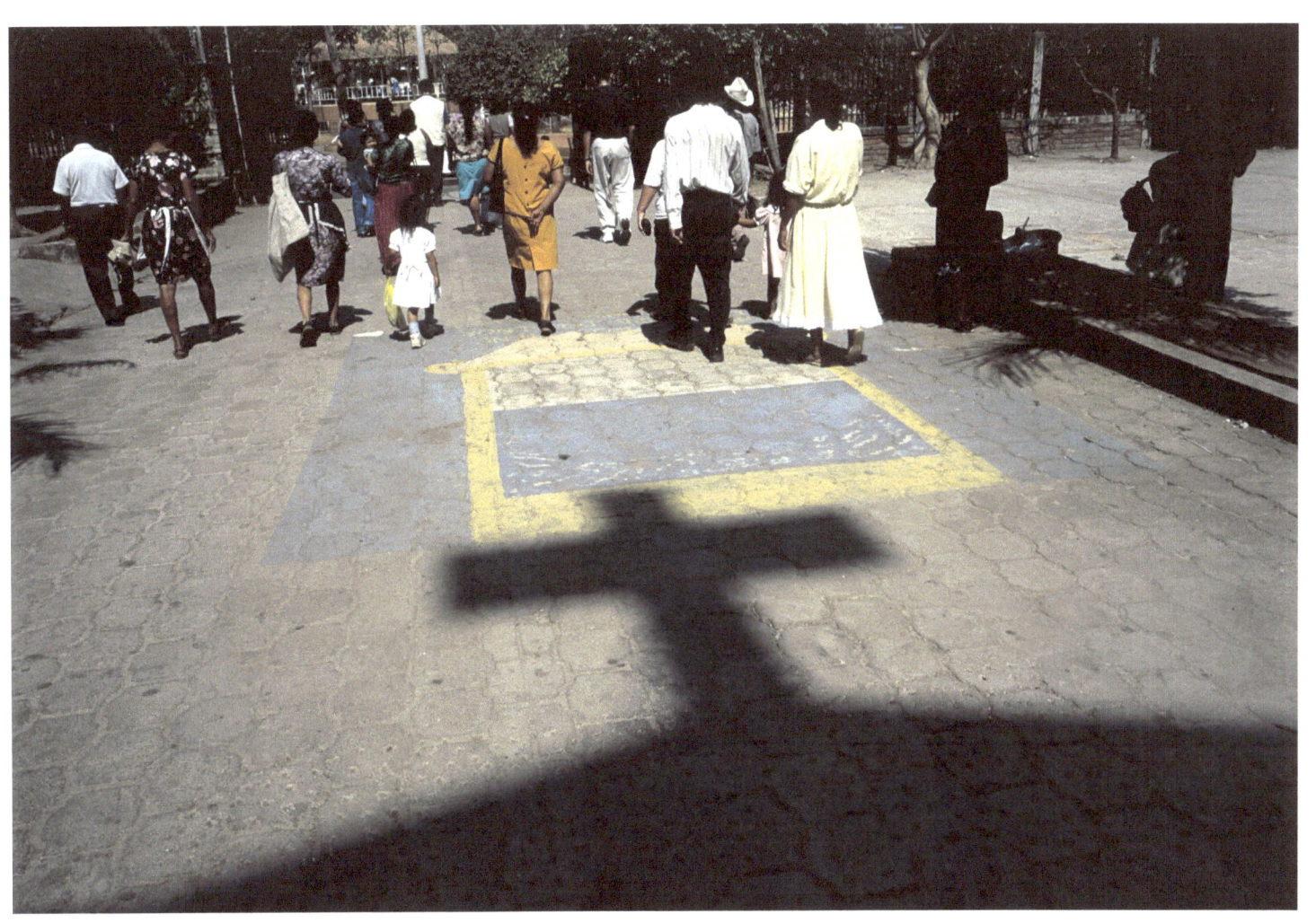

Dopo la messa domenicale a San Salvador

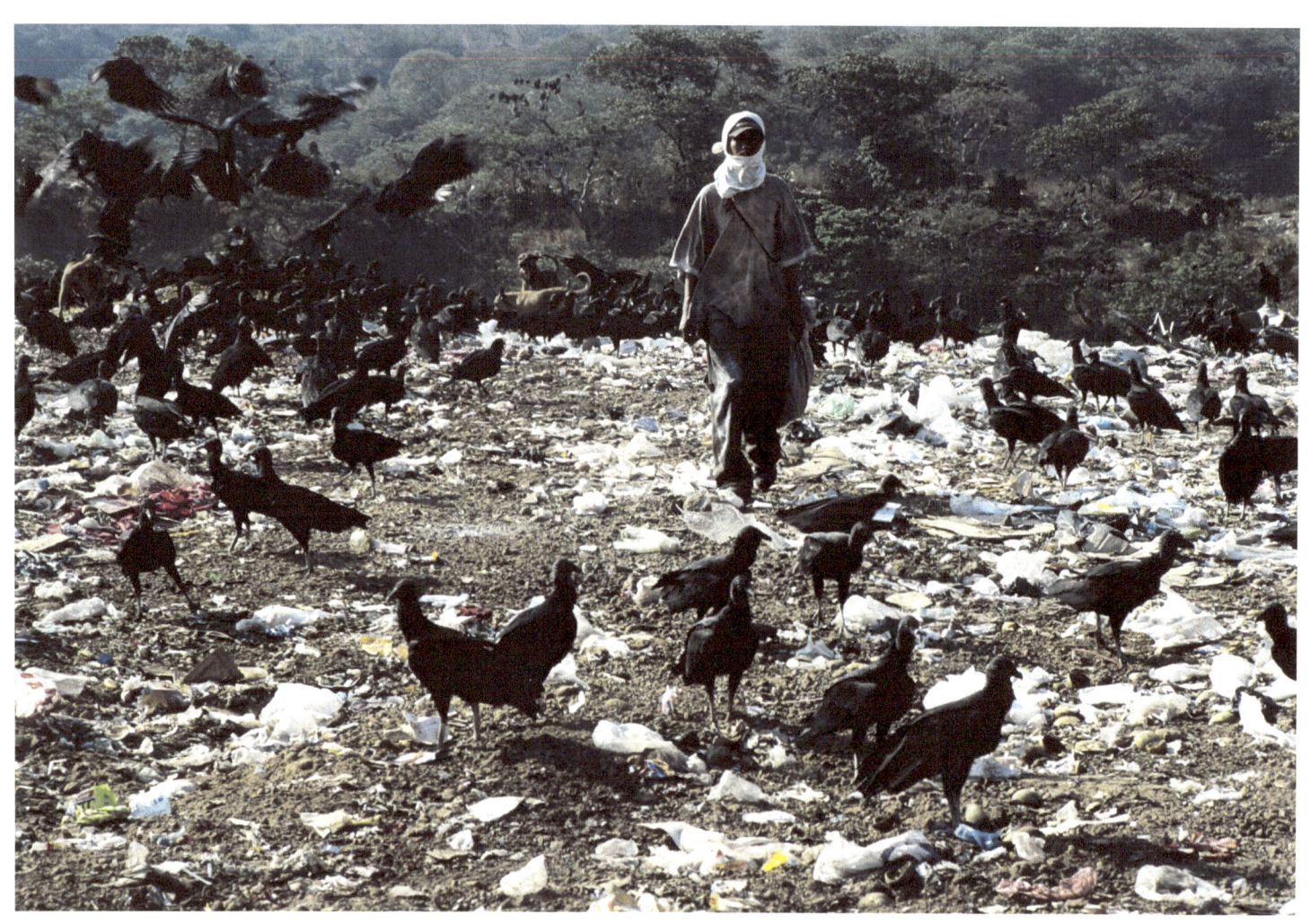

Lo scarico rifiuti di San Salvador, popolato come la città stessa

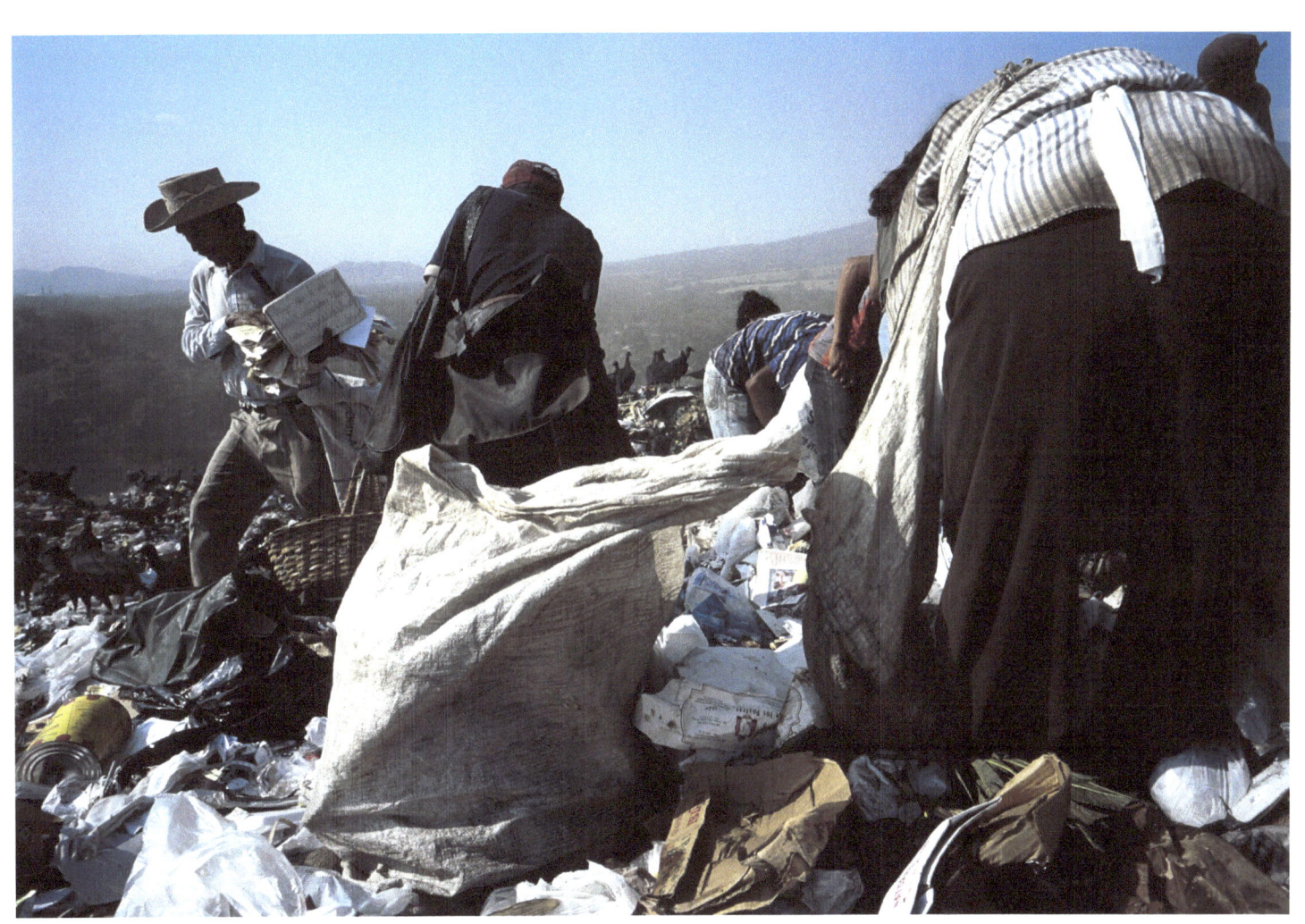
Lo scarico rifiuti di San Salvador

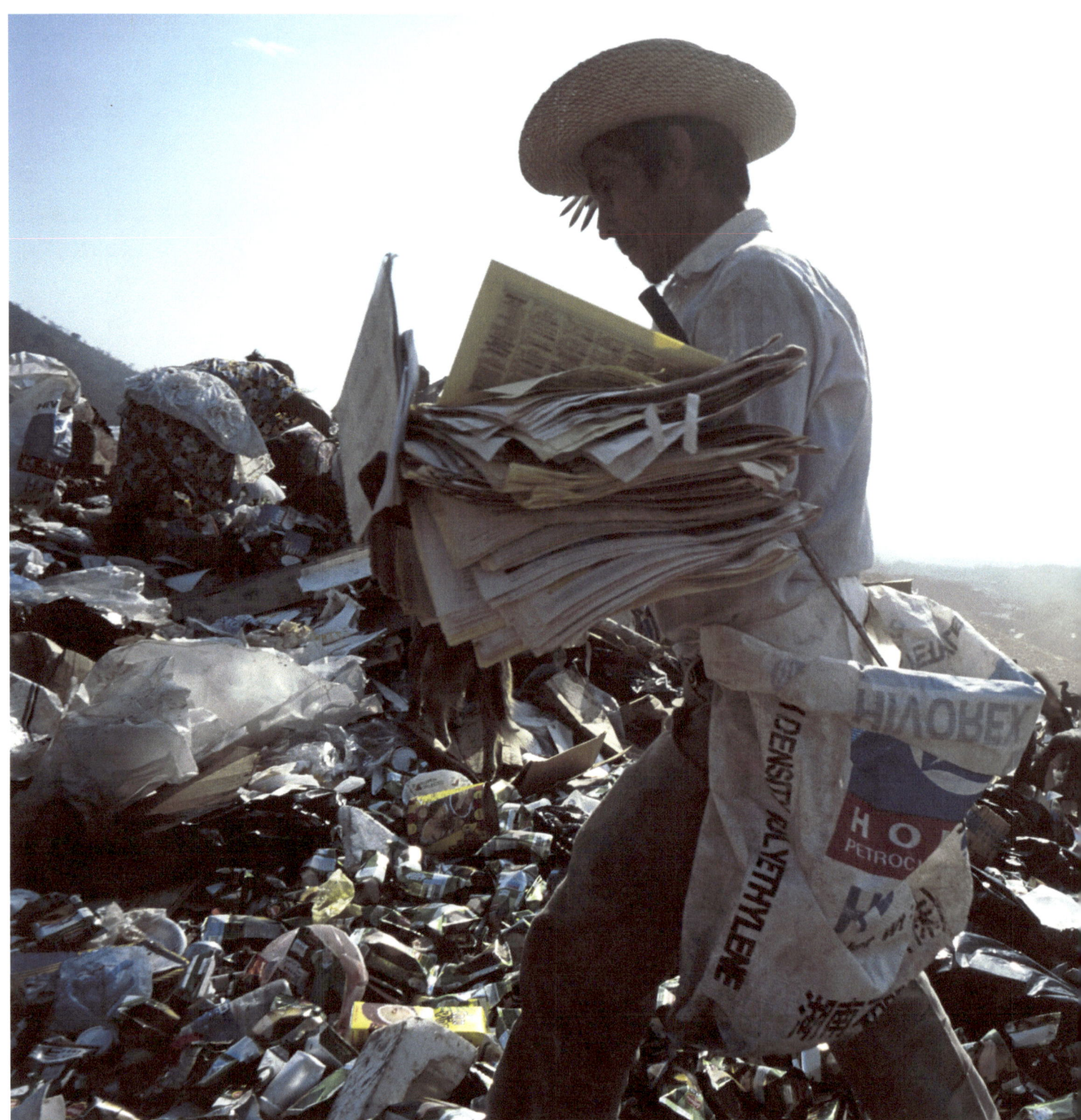

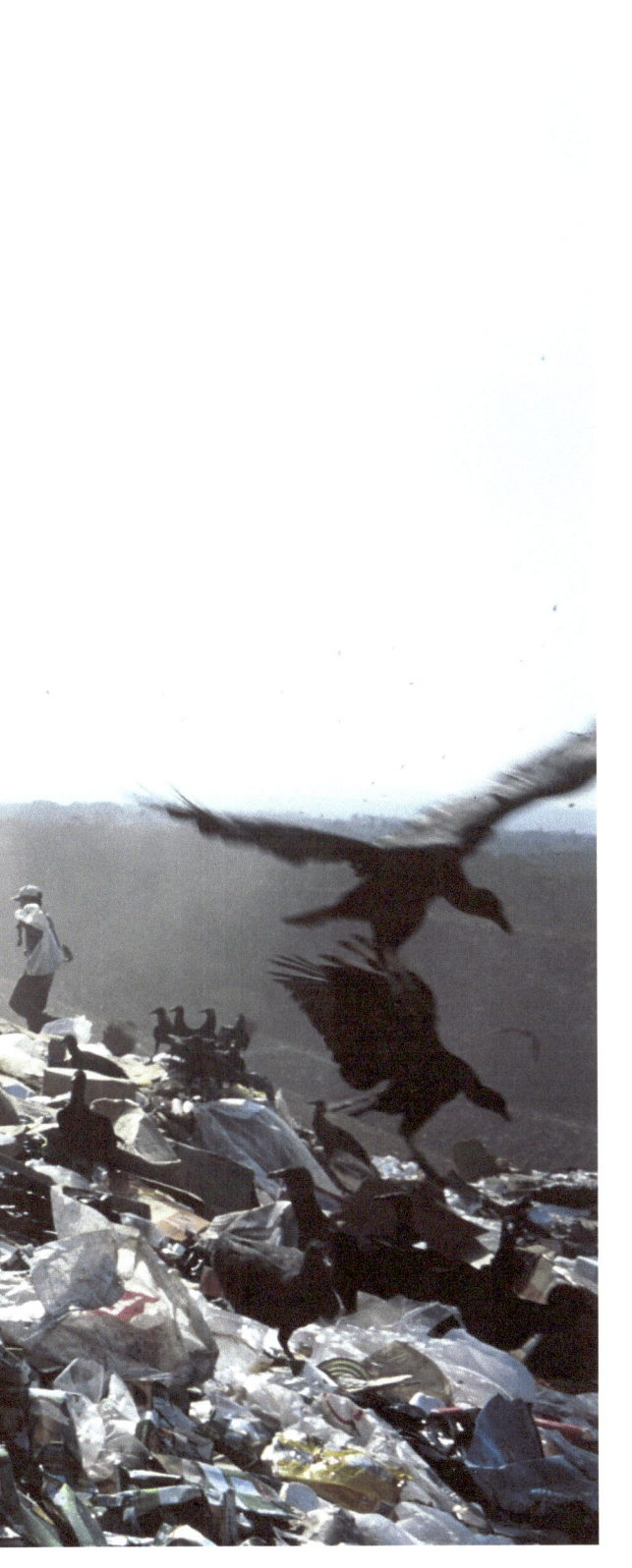

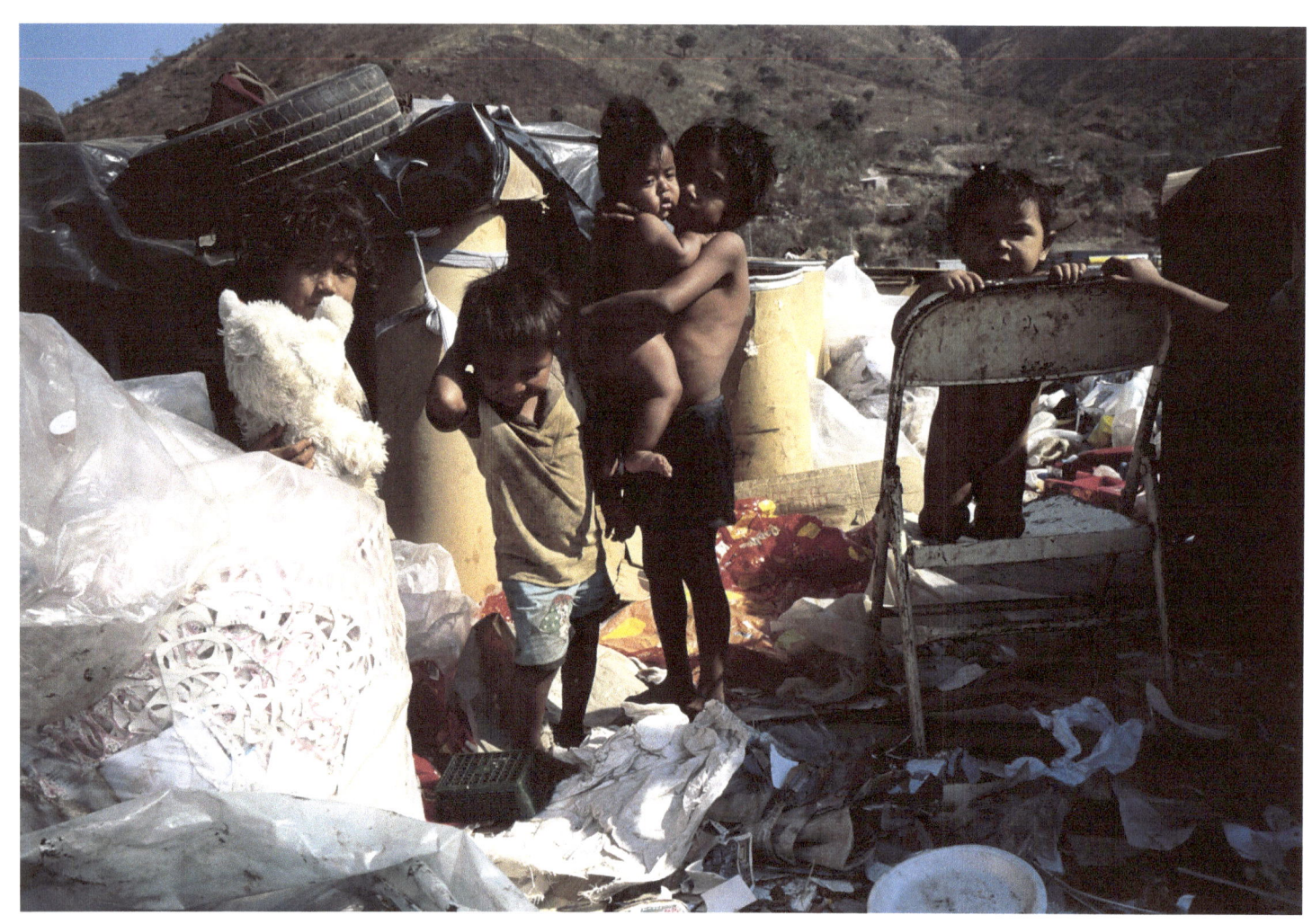

Lo scarico rifiuti di San Salvador

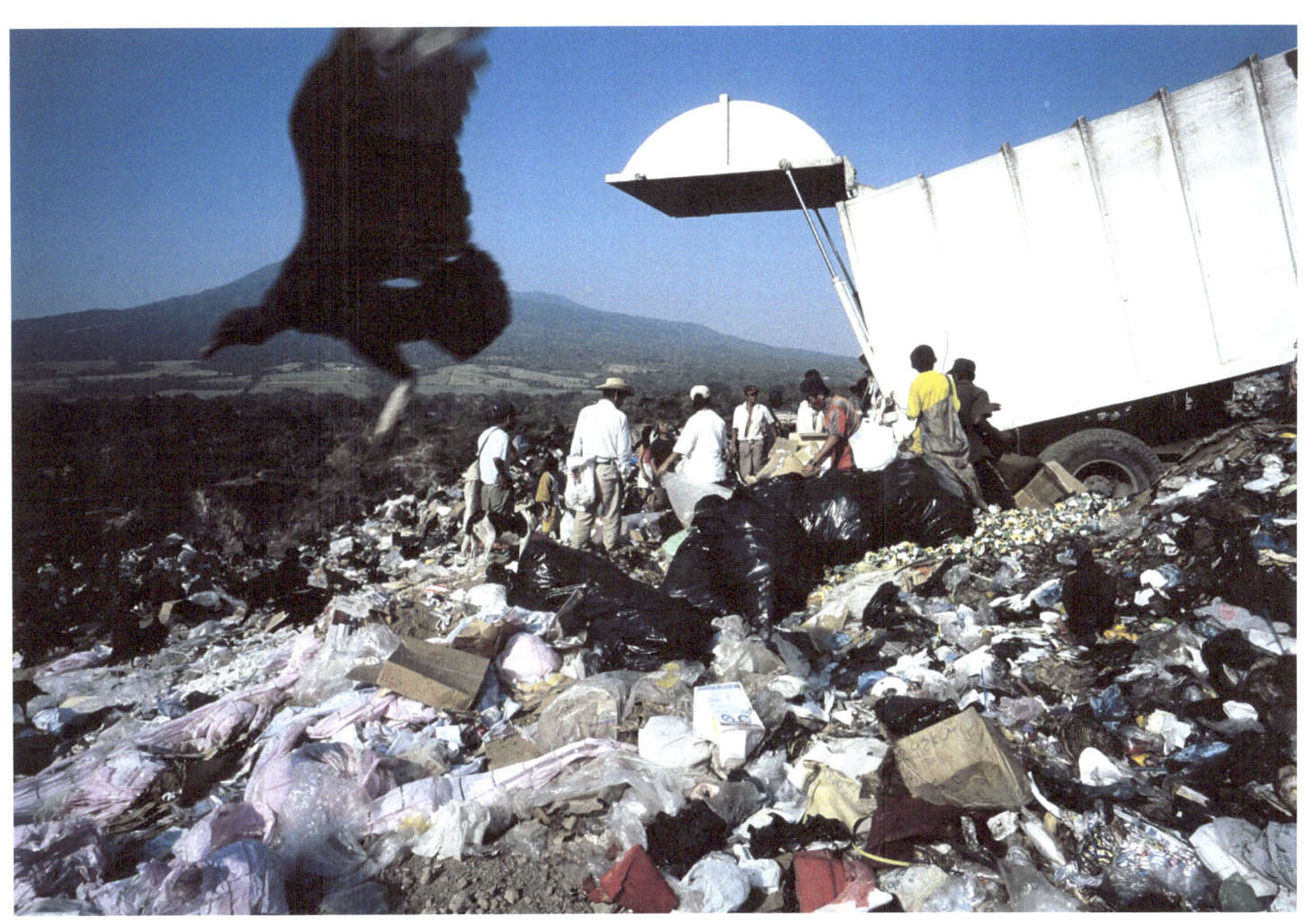

Lo scarico rifiuti di San Salvador

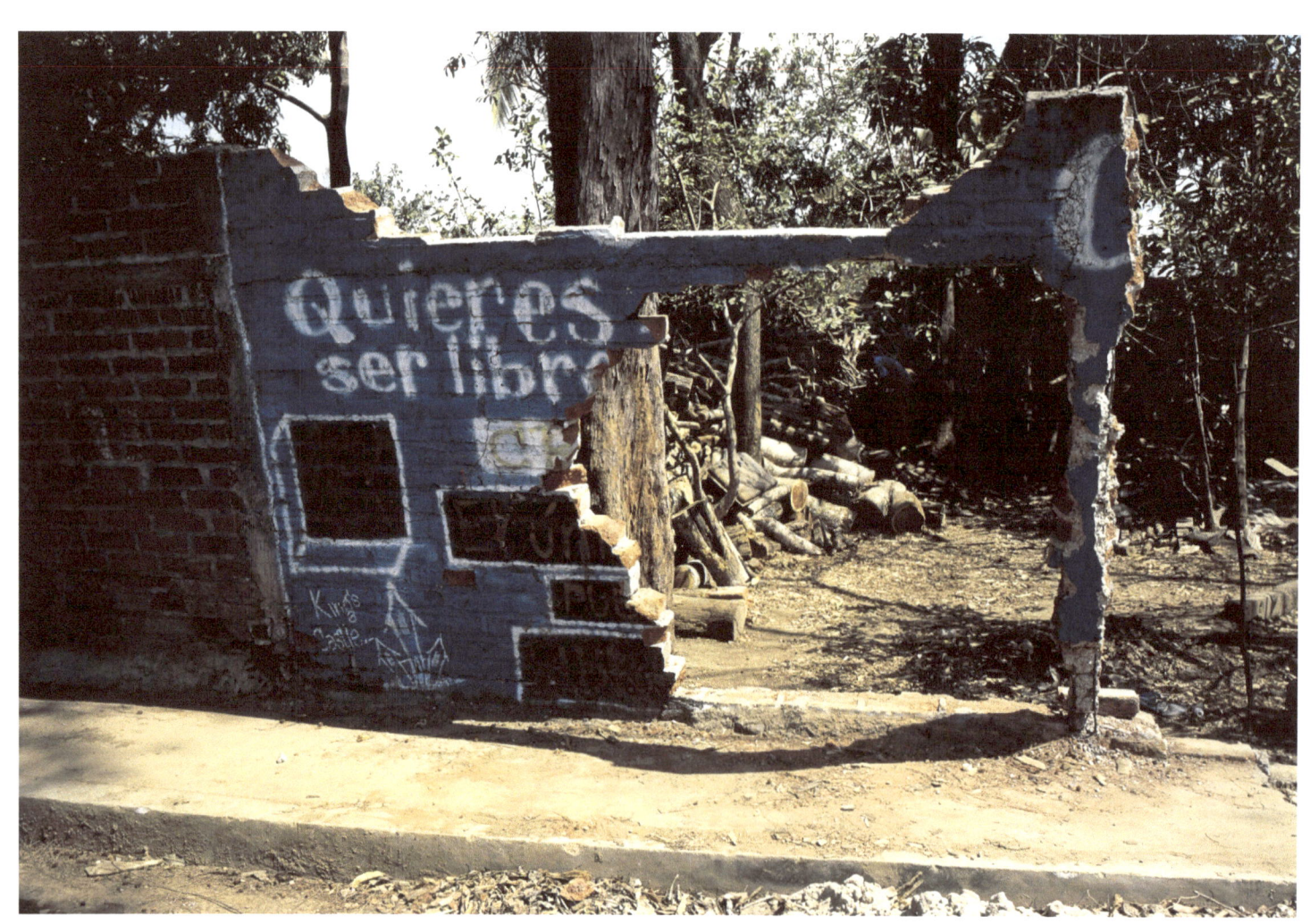

Santa Ana, appena dopo un terremoto

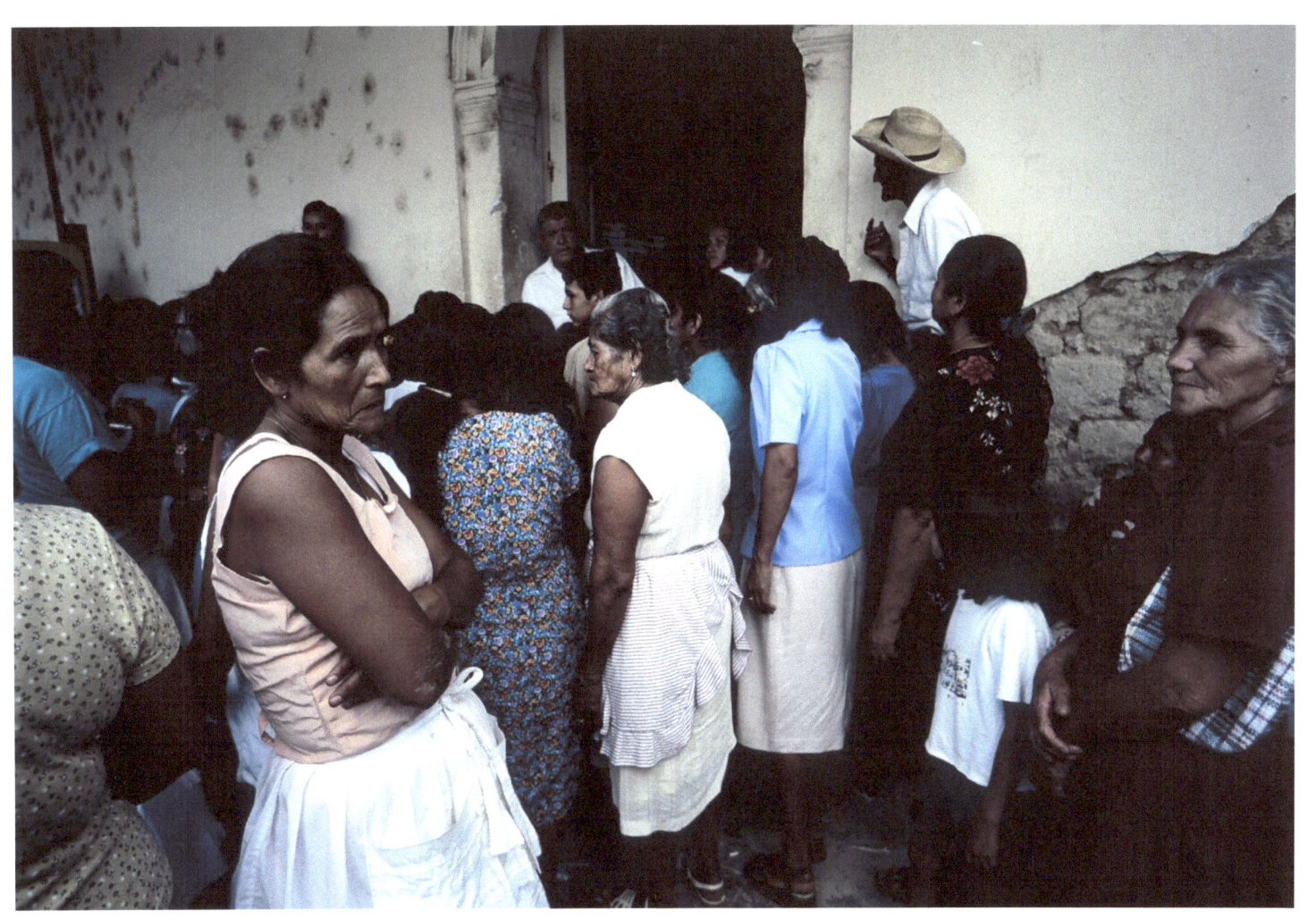
Santa Ana, in attesa di aiuto dopo il terremoto

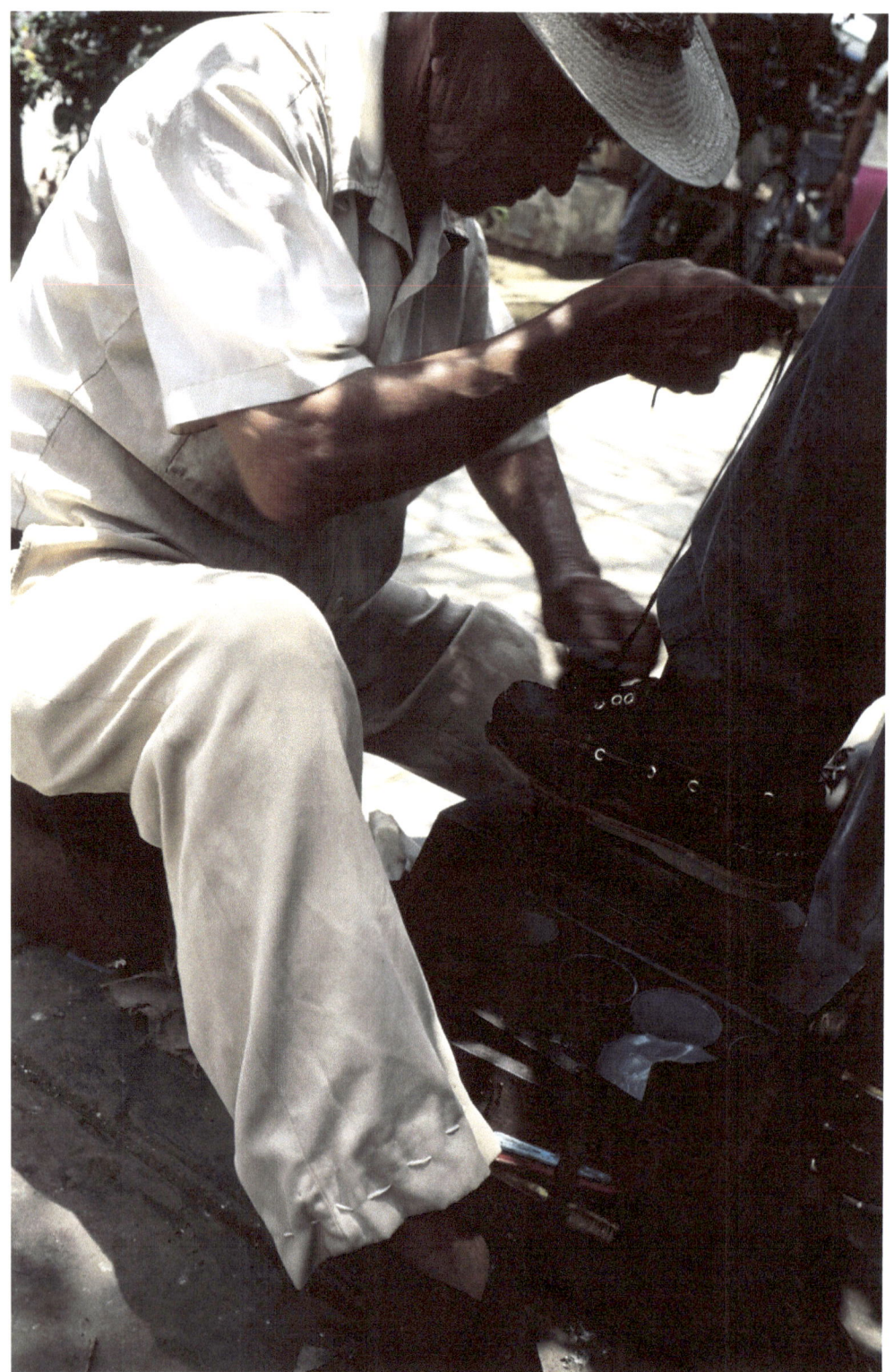

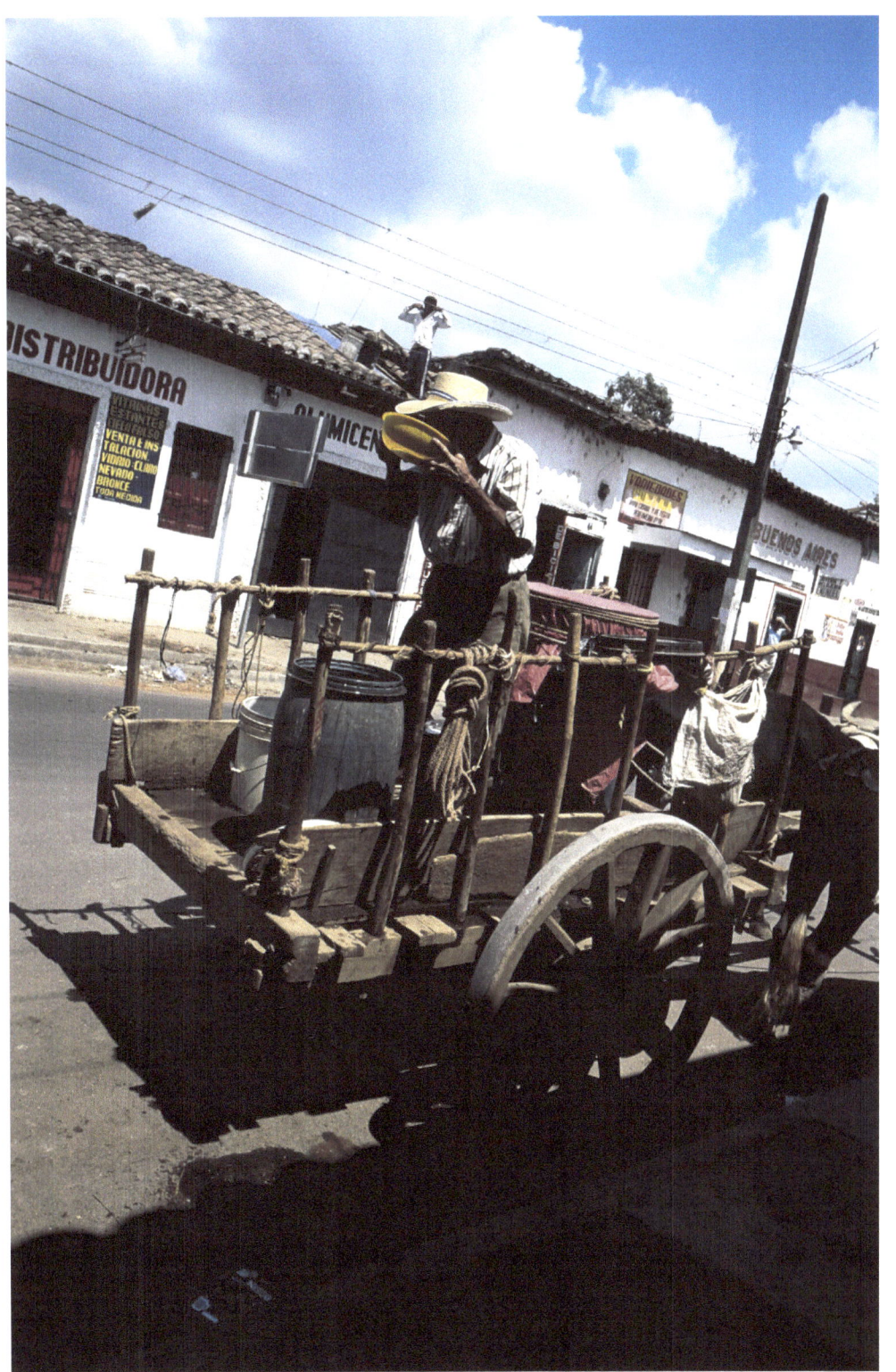

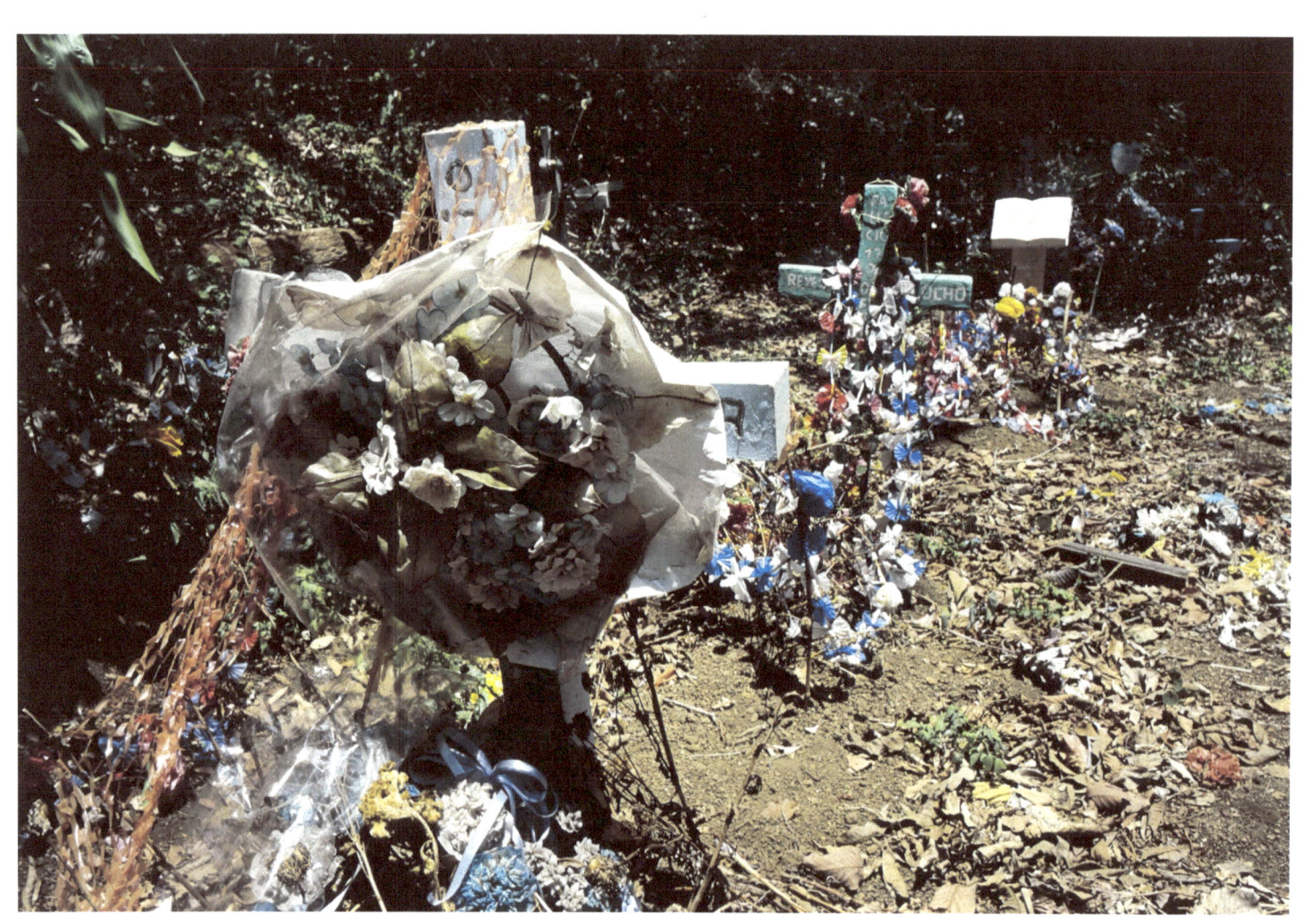

(Pagine precedenti) A Santa Ana, chiedo al lustrascarpe: "Cosa facevi prima?" "Il guerrigliero.."

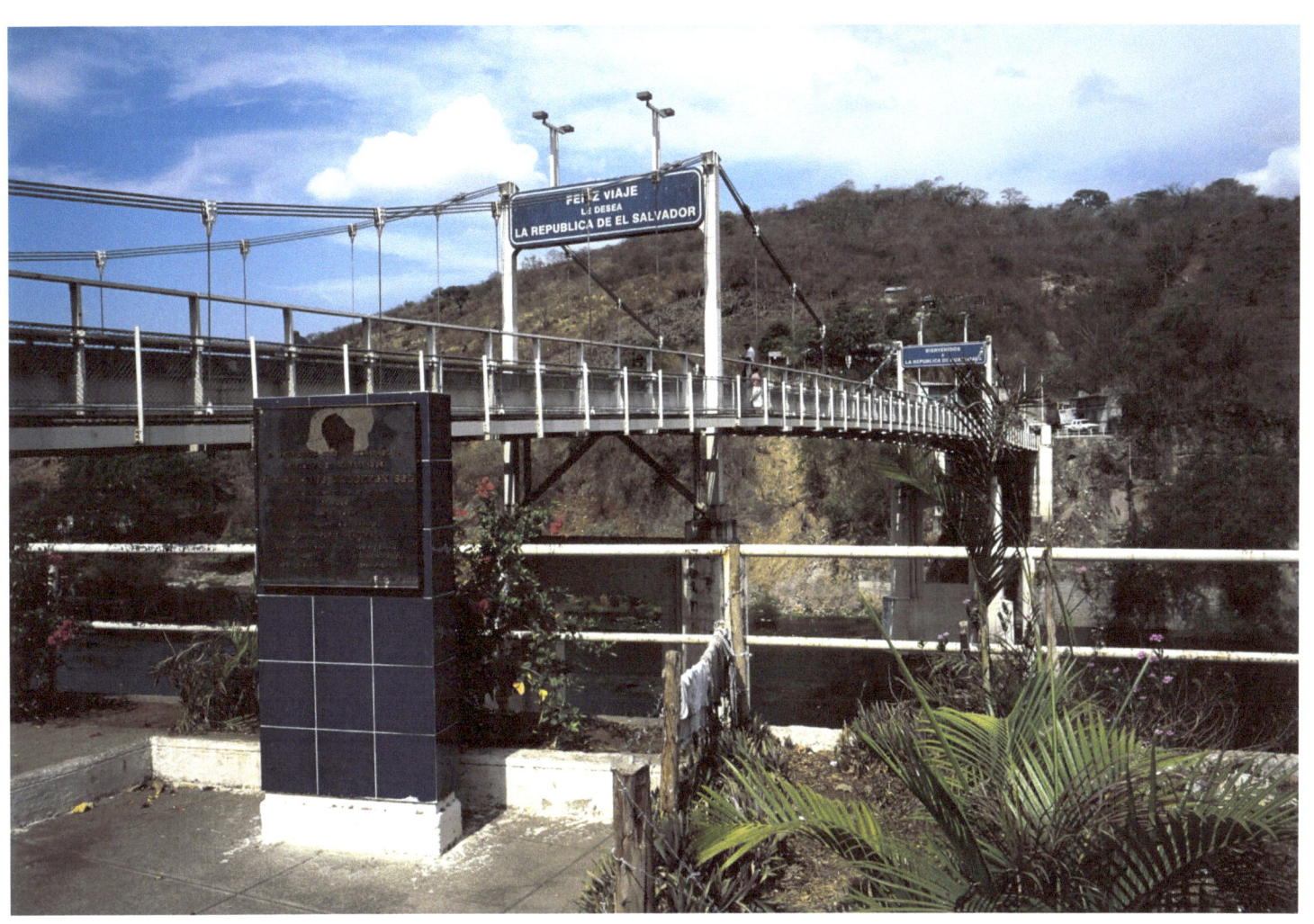

Ponte sul confine tra El Salvador e Guatemala

Guatemala

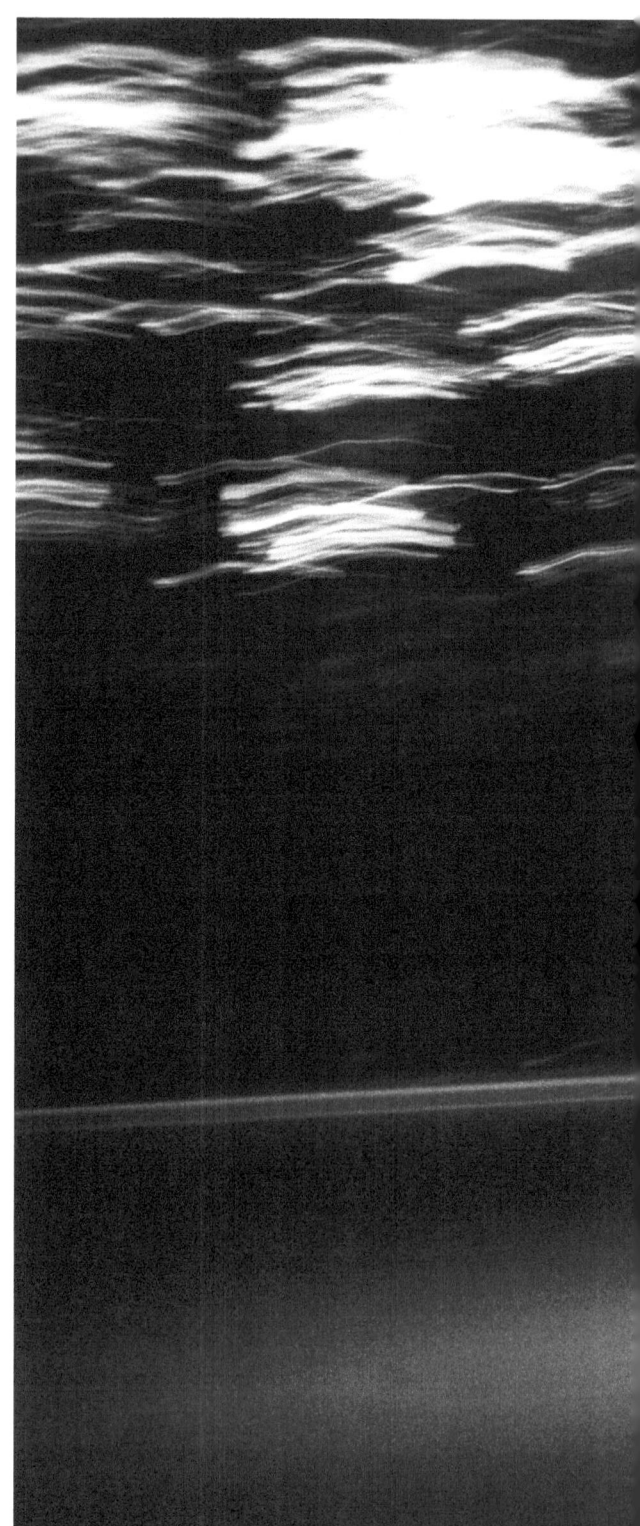

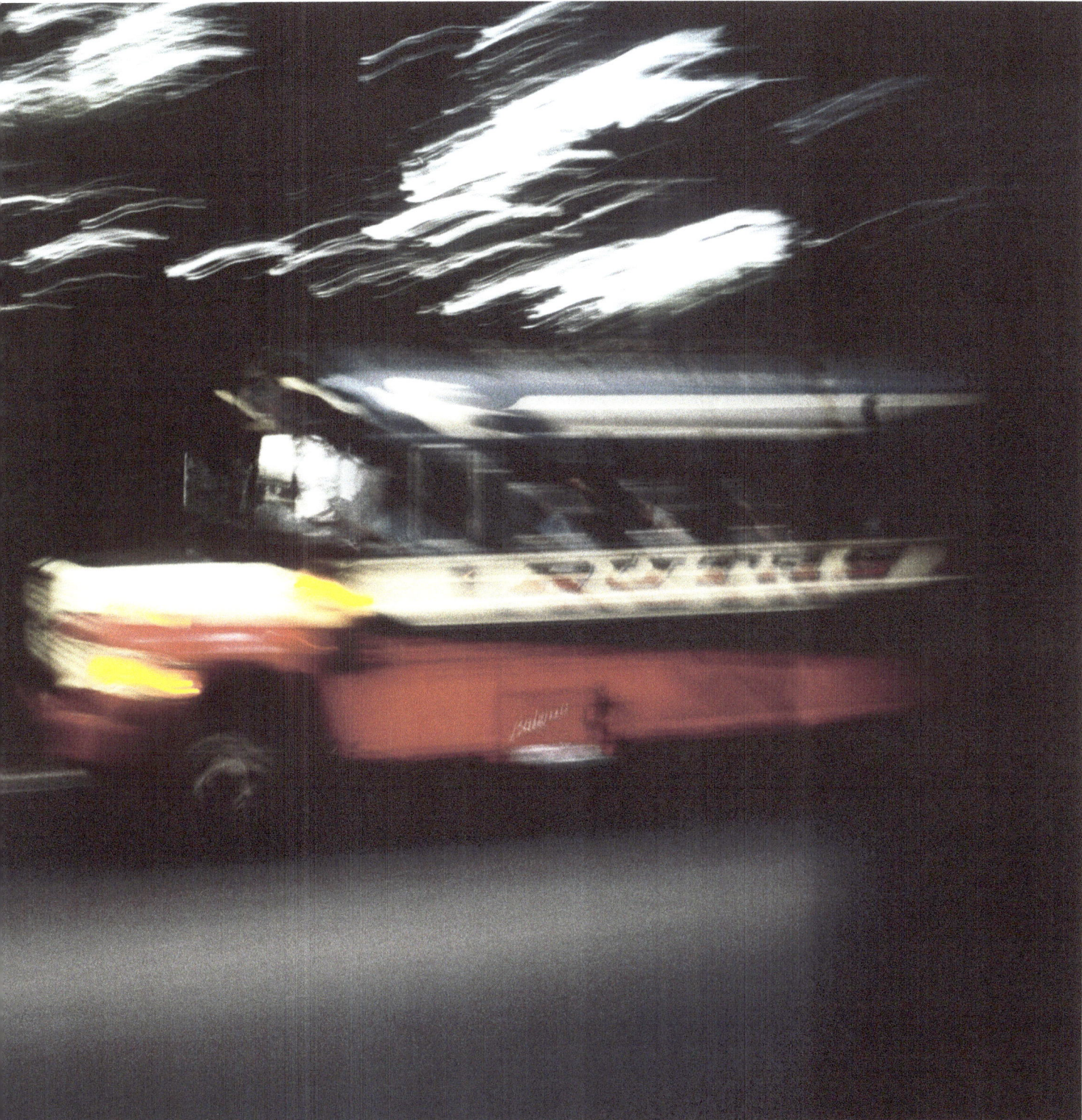

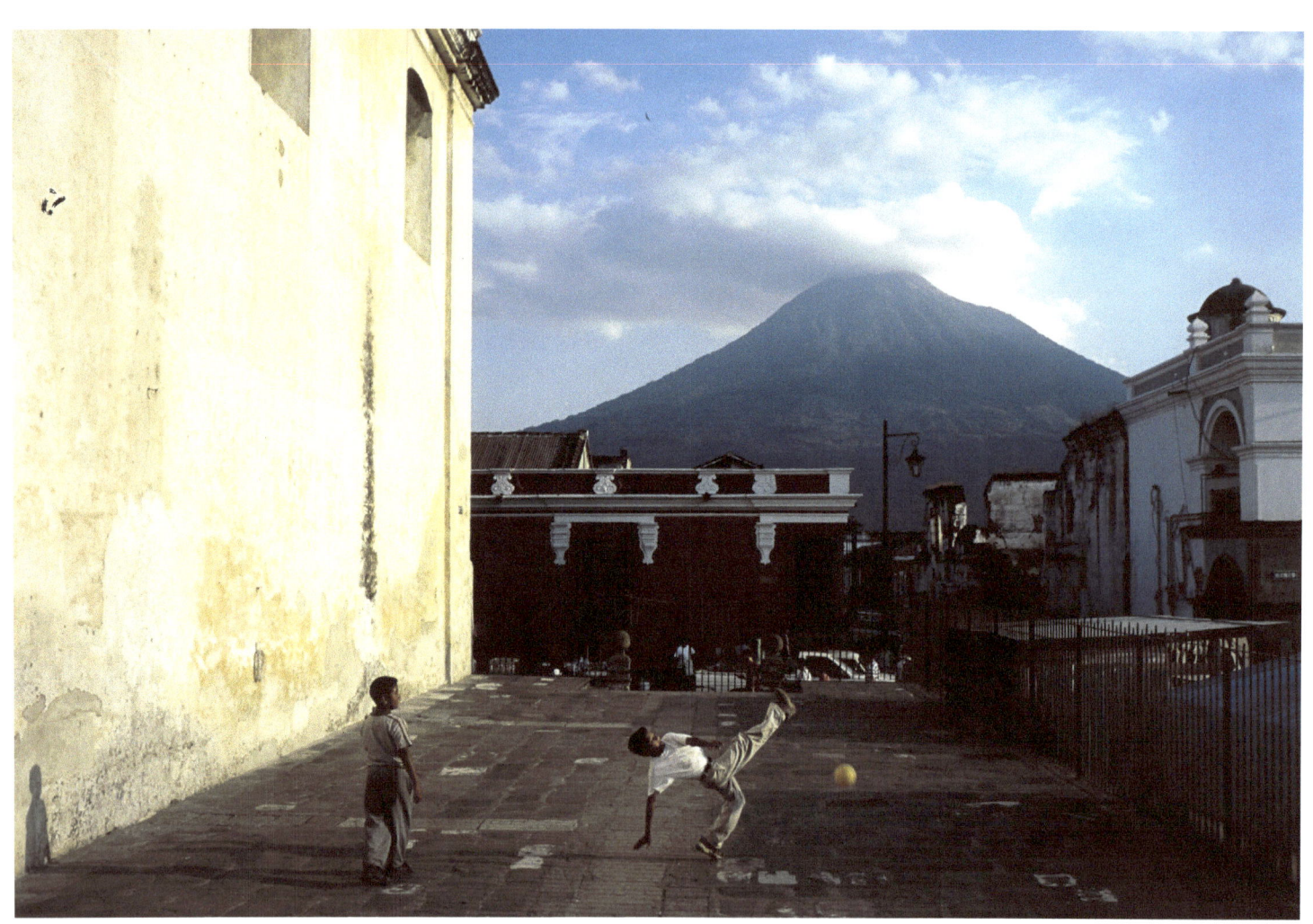

Arrivammo in Guatemala durante la Settimana Santa. Questo periodo è il climax per la società più sincretica in America Latina,, quando cristianesimo e animismo Maya si mescolano, reagiscono e esplodono nei fumi dell'incenso.

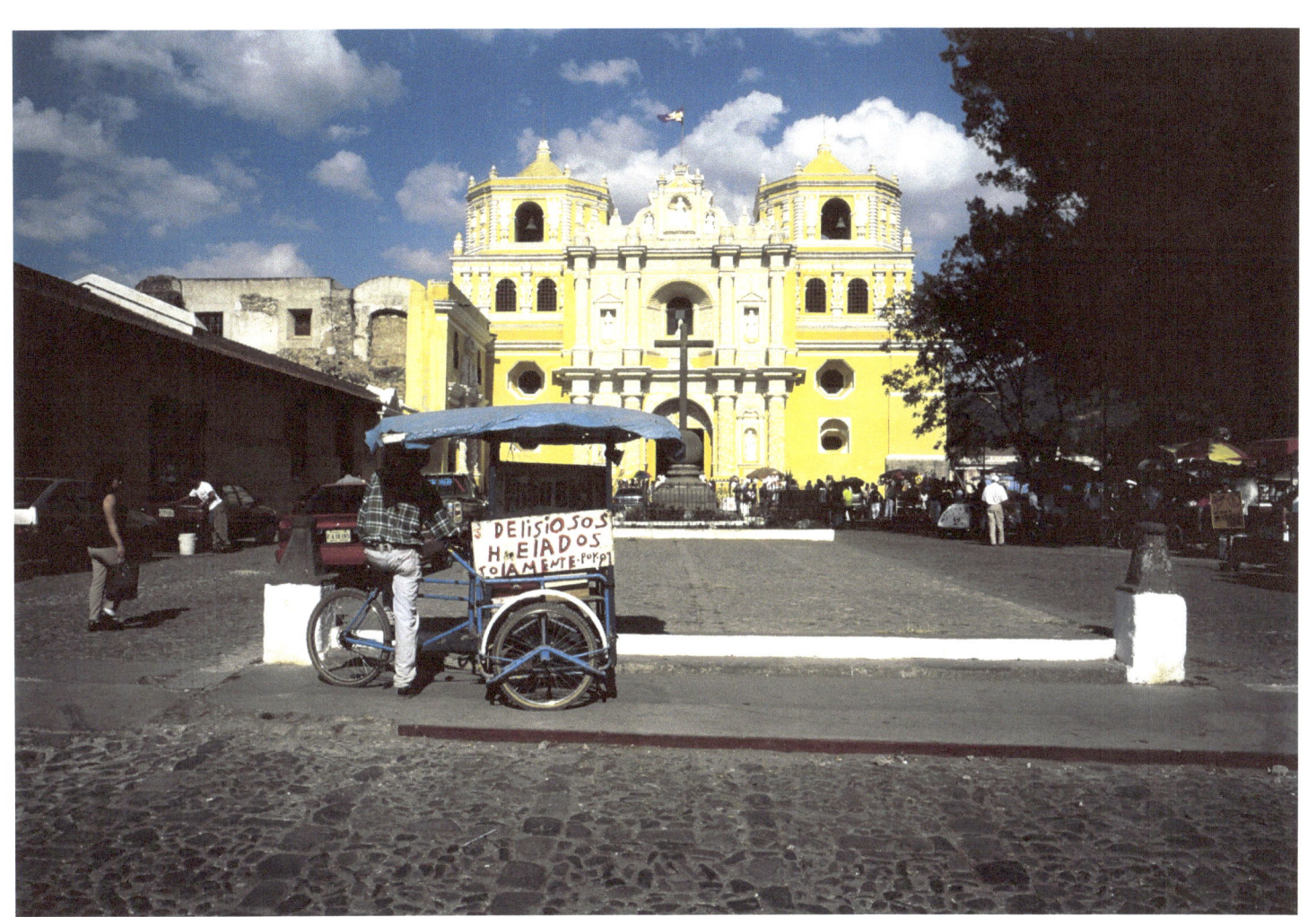

Antigua Guatemala

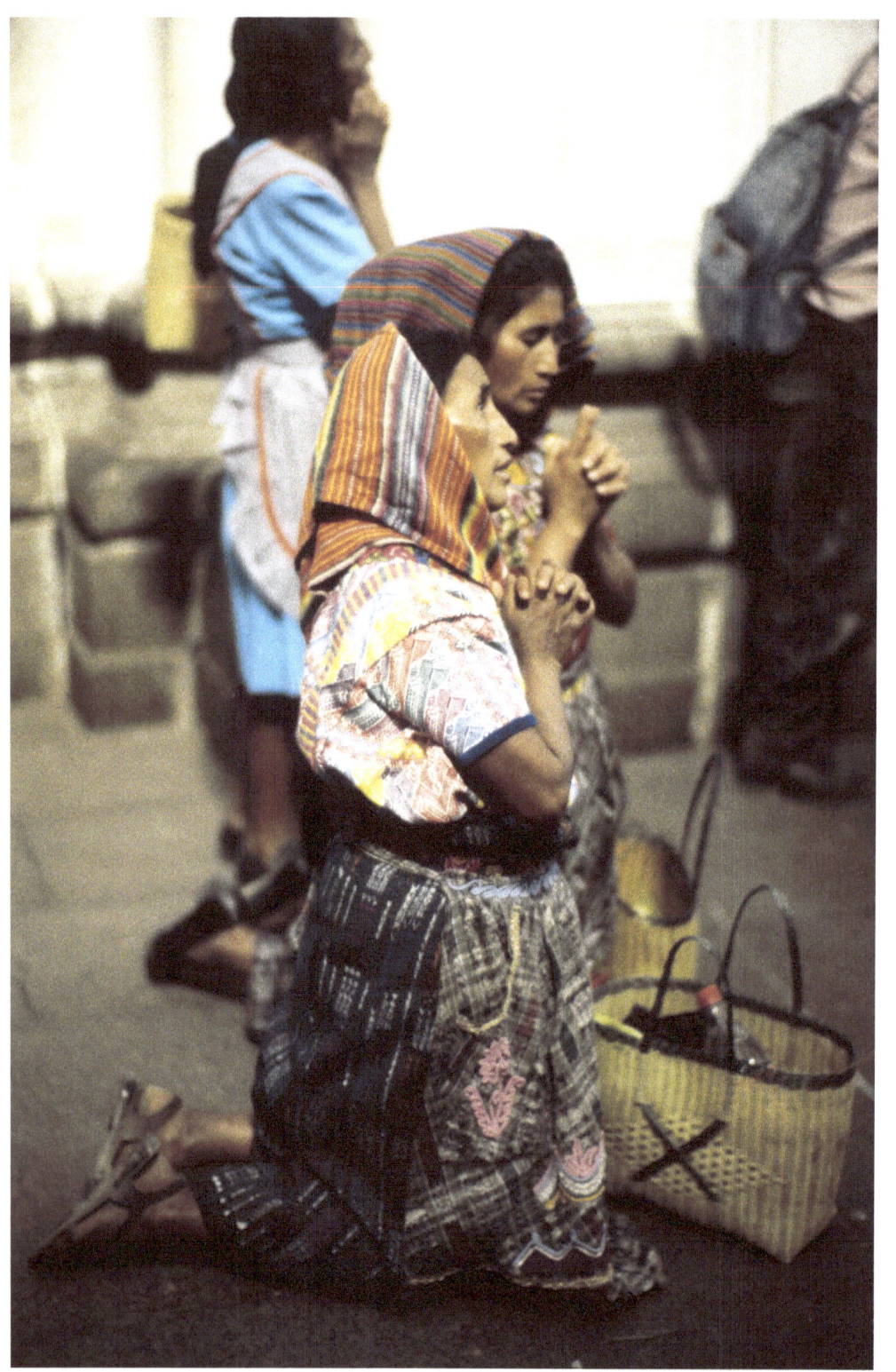

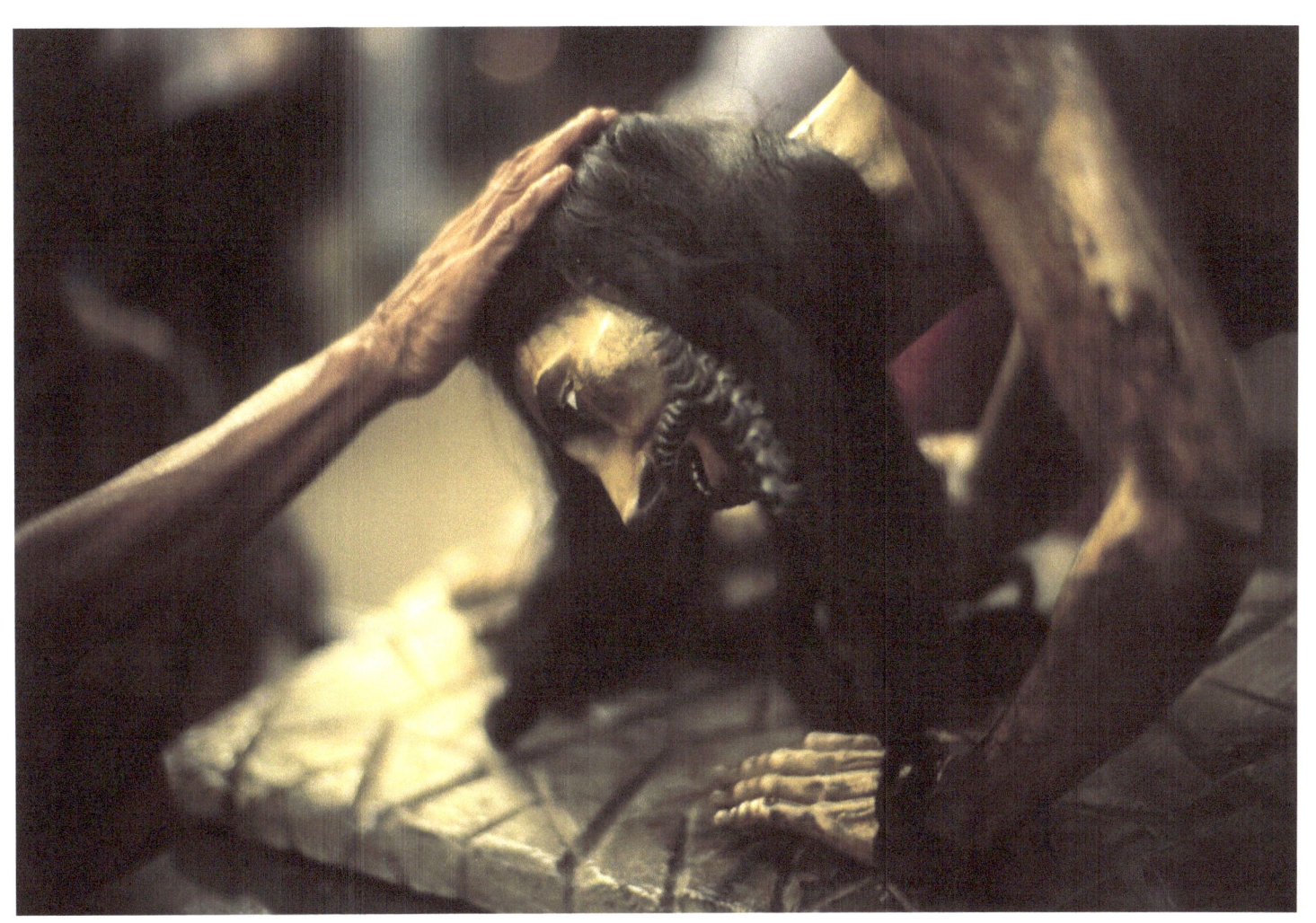

Antigua Guatemala, preghiere nella Cattedrale

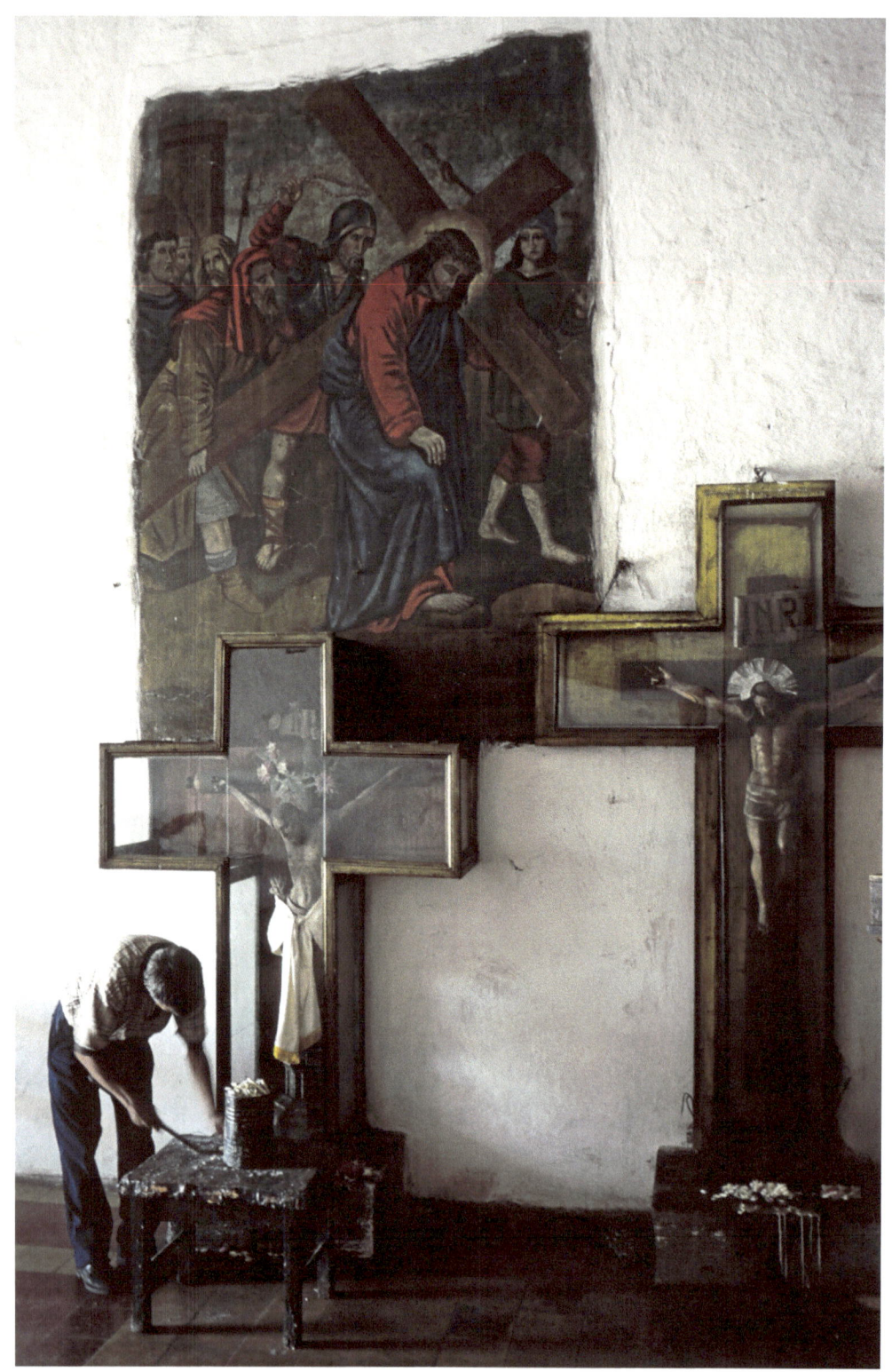

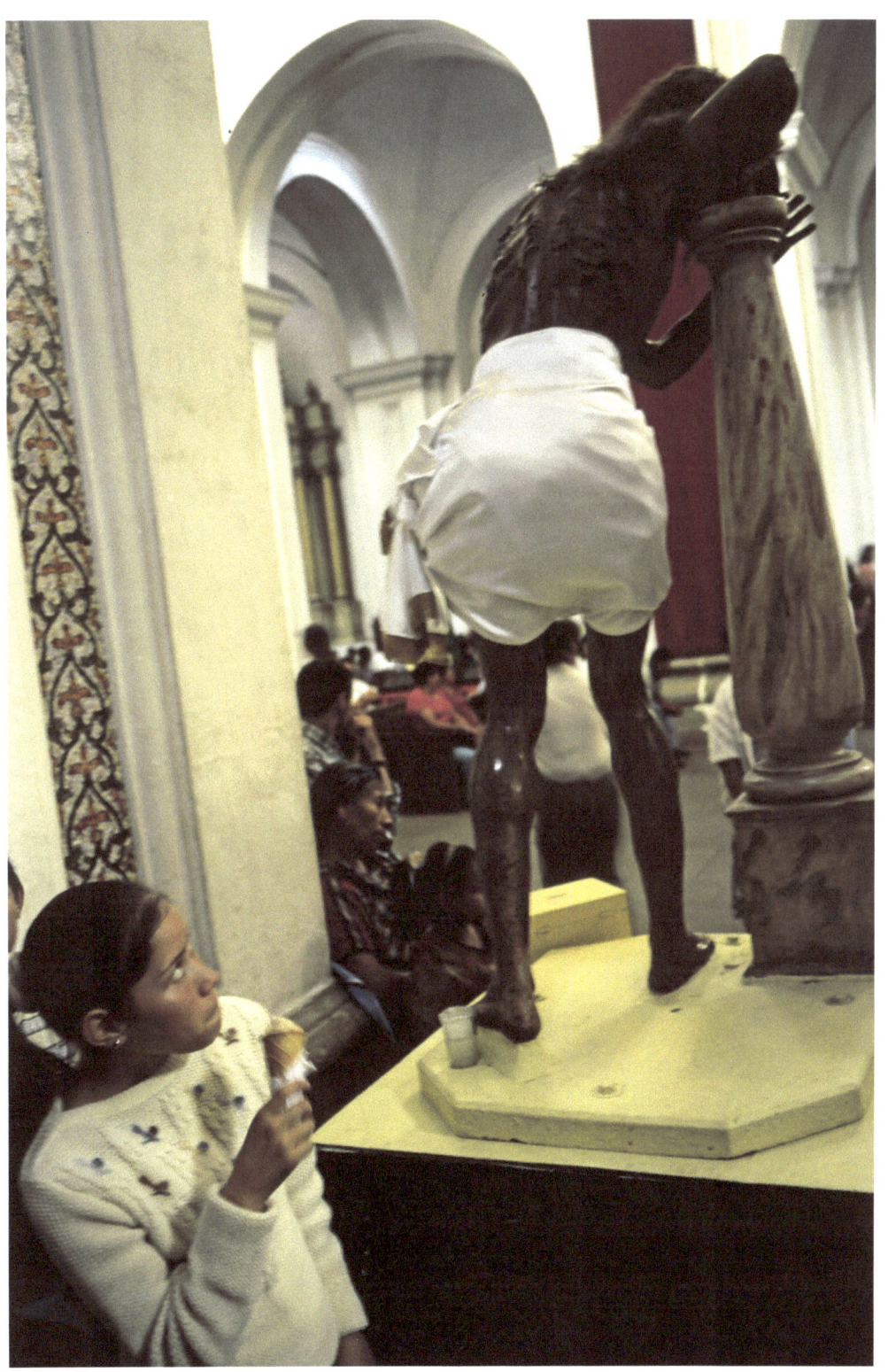

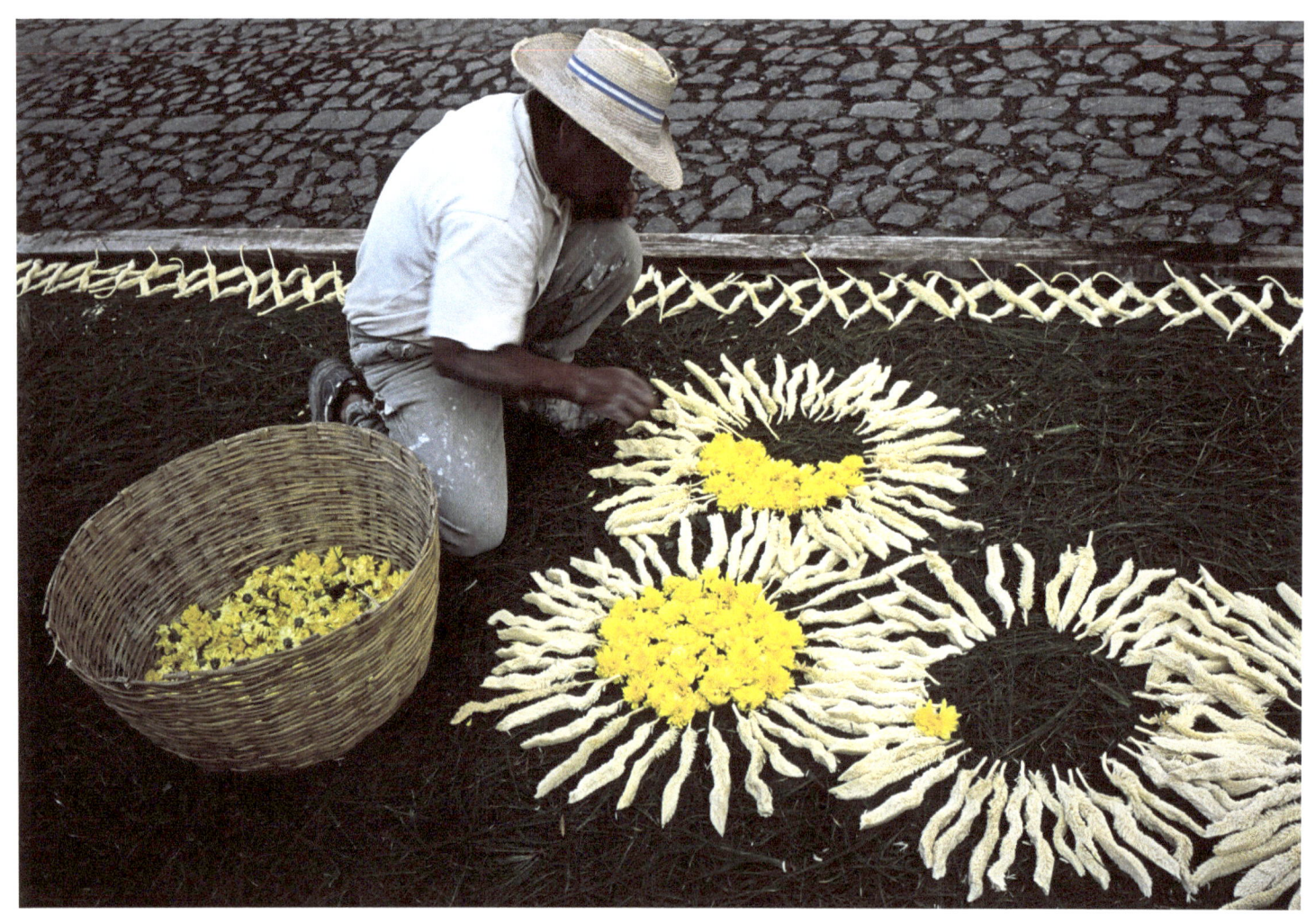

Antigua Guatemala, processioni della Settimana Santa, preparazione dei letti di fiori

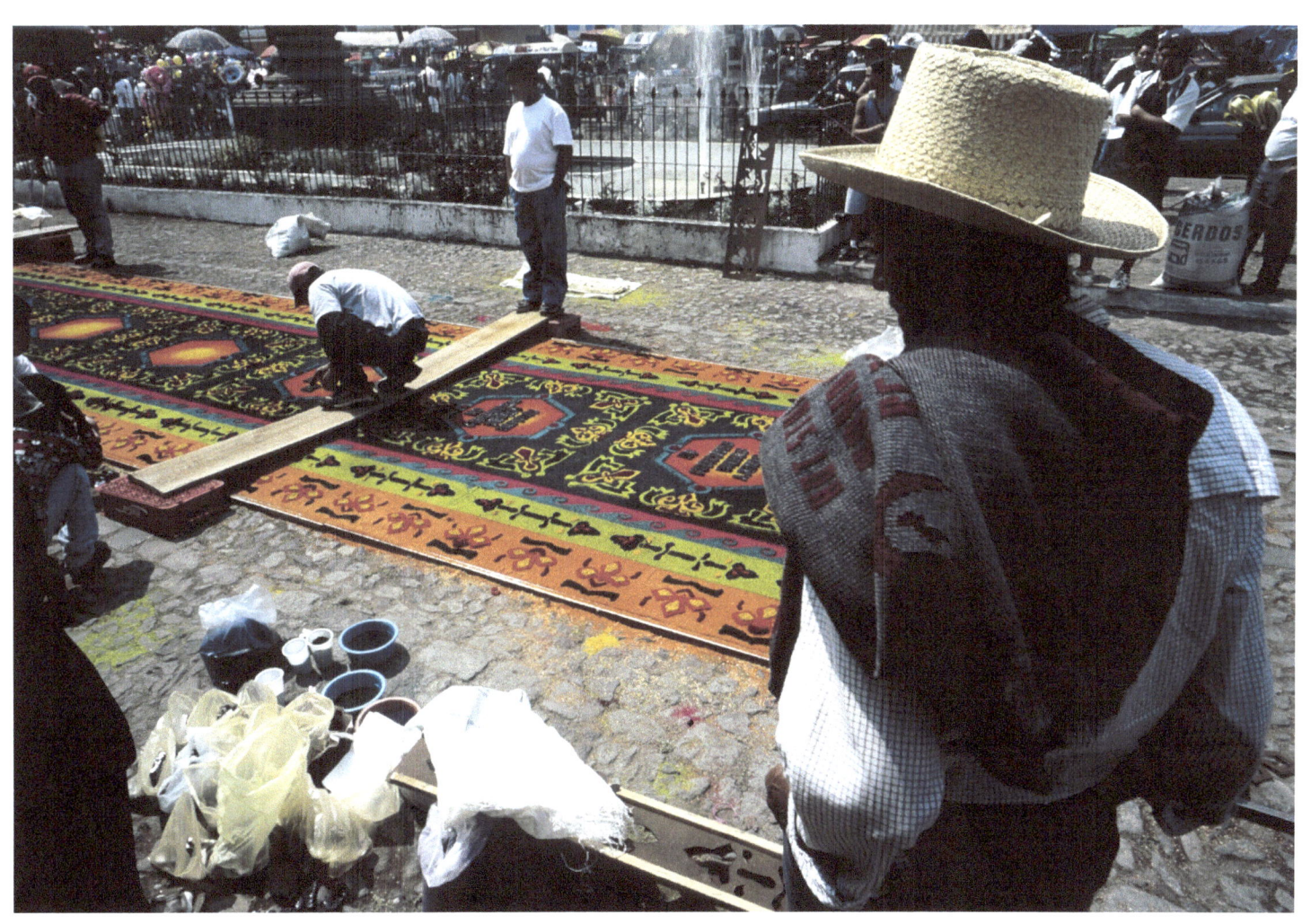
Antigua Guatemala, processioni della Settimana Santa, preparazione dei letti di fiori

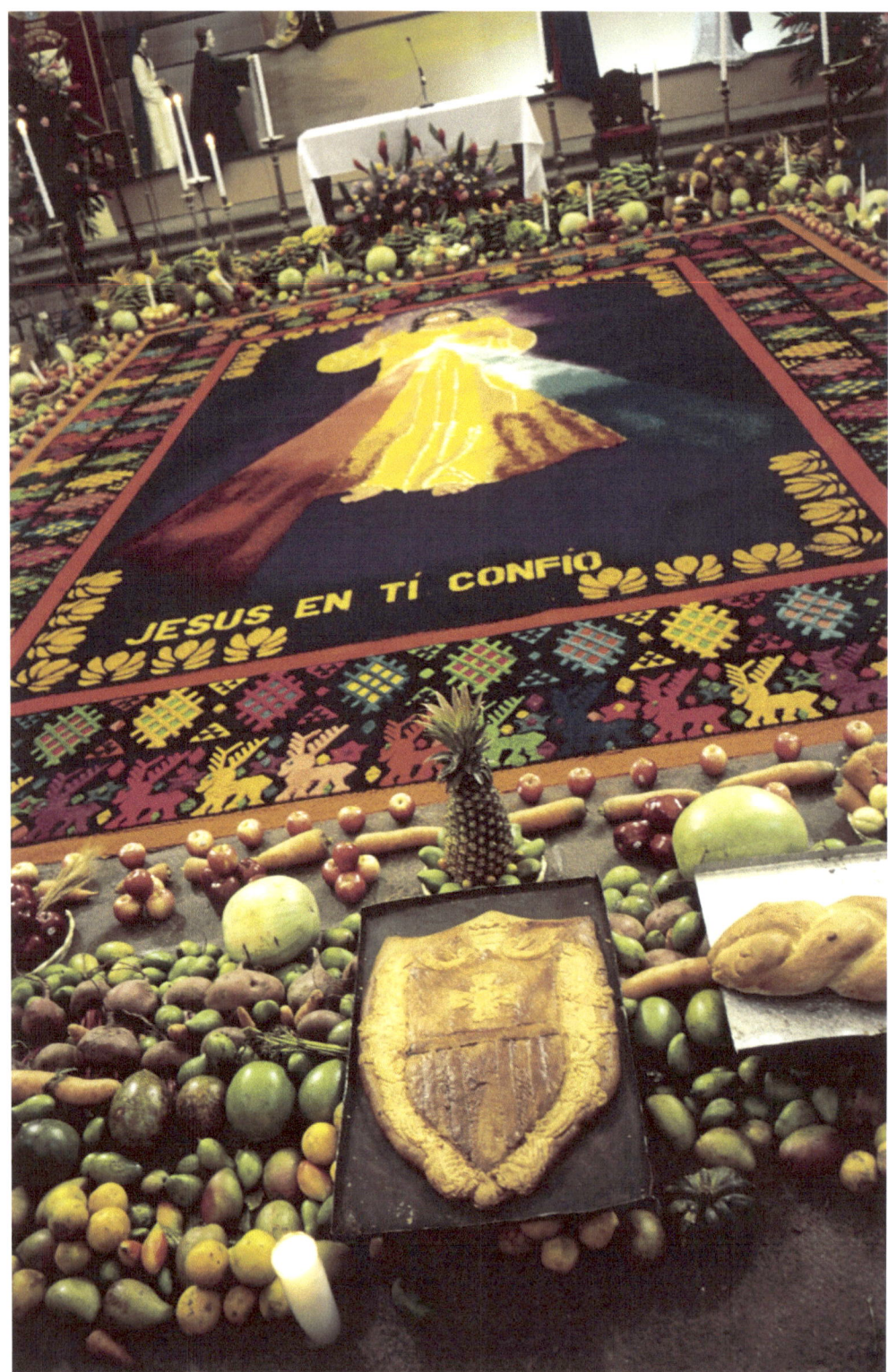

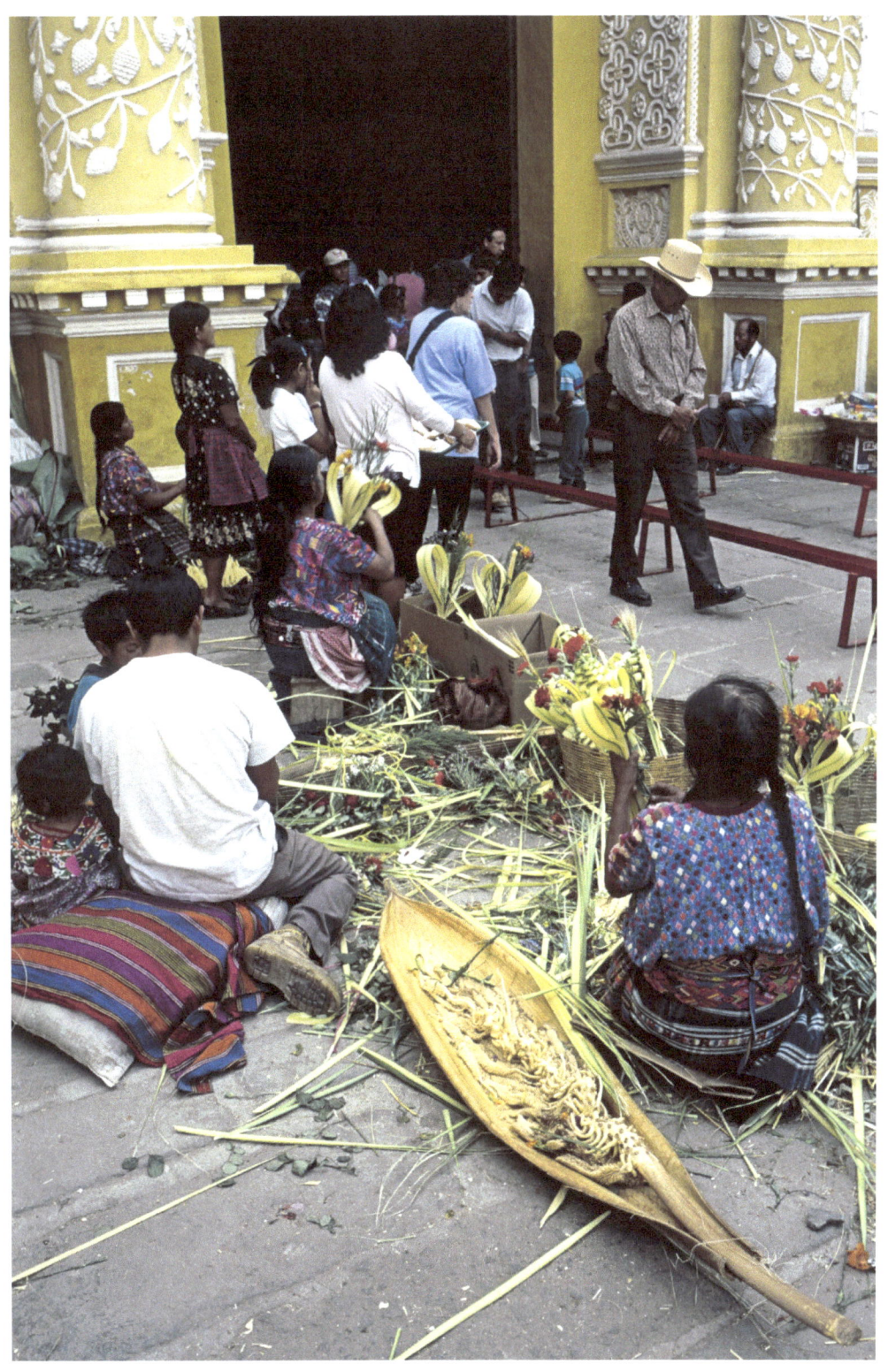

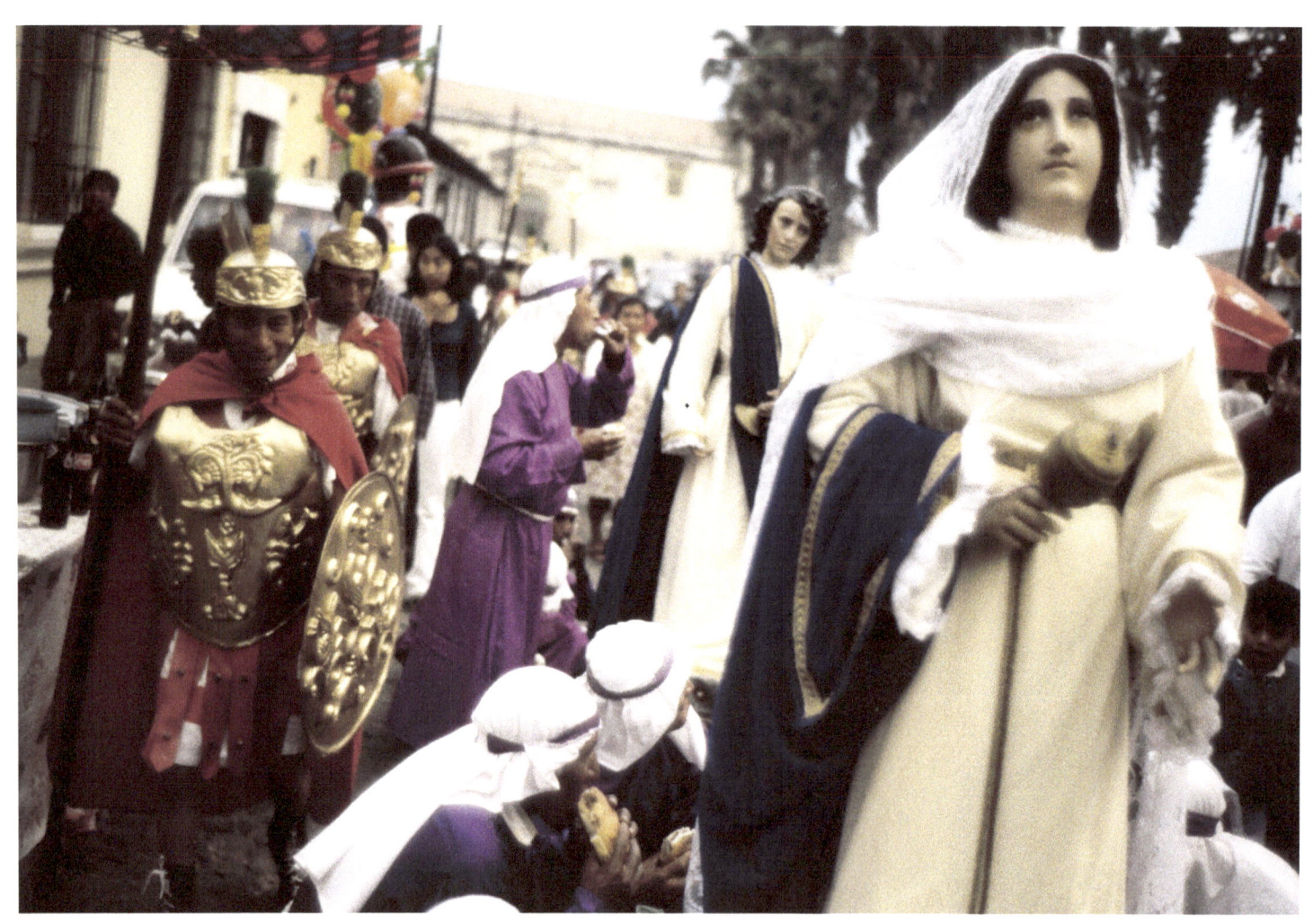

Antigua Guatemala, processioni della Settimana Santa

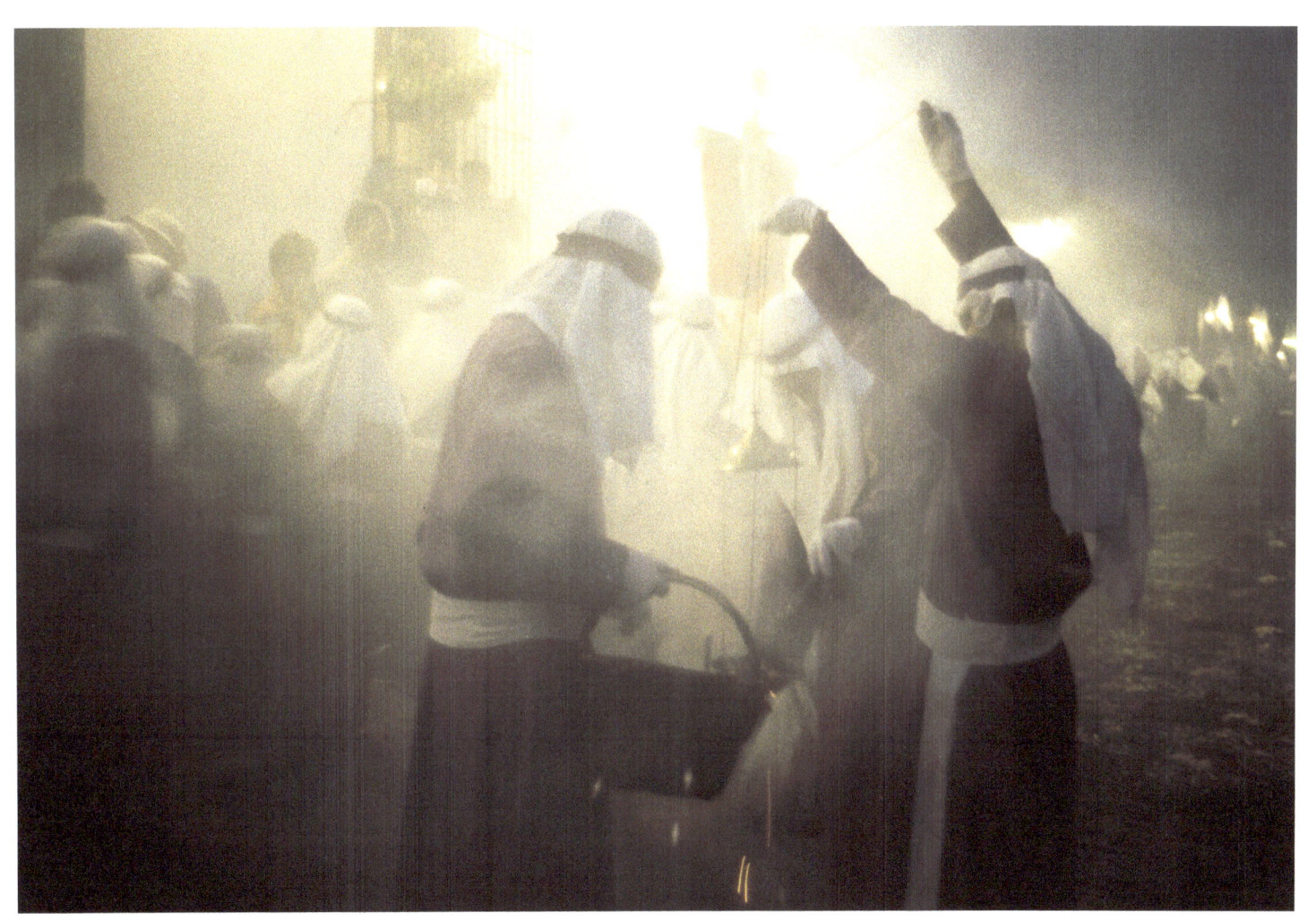
Antigua Guatemala, processioni della Settimana Santa

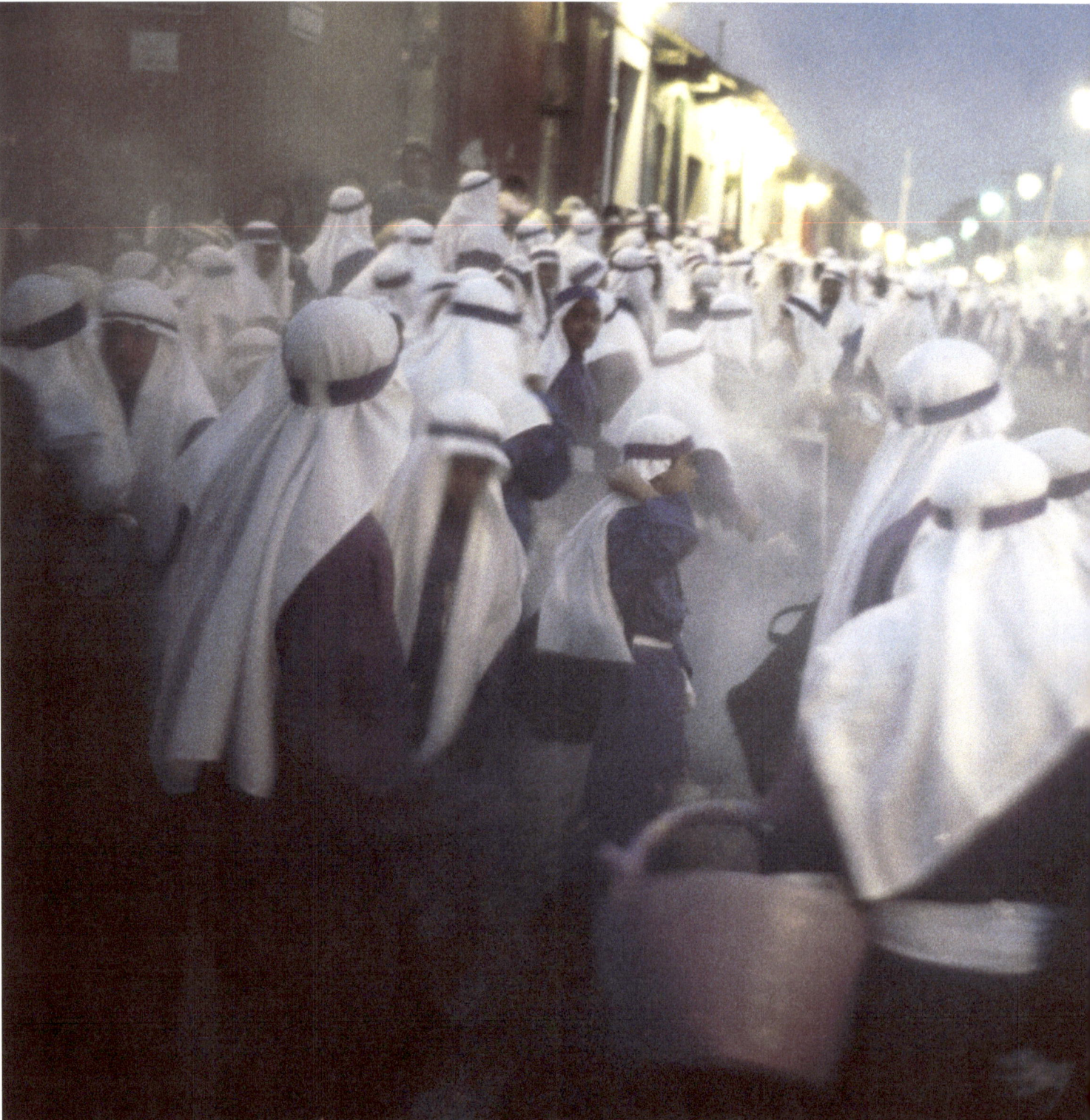

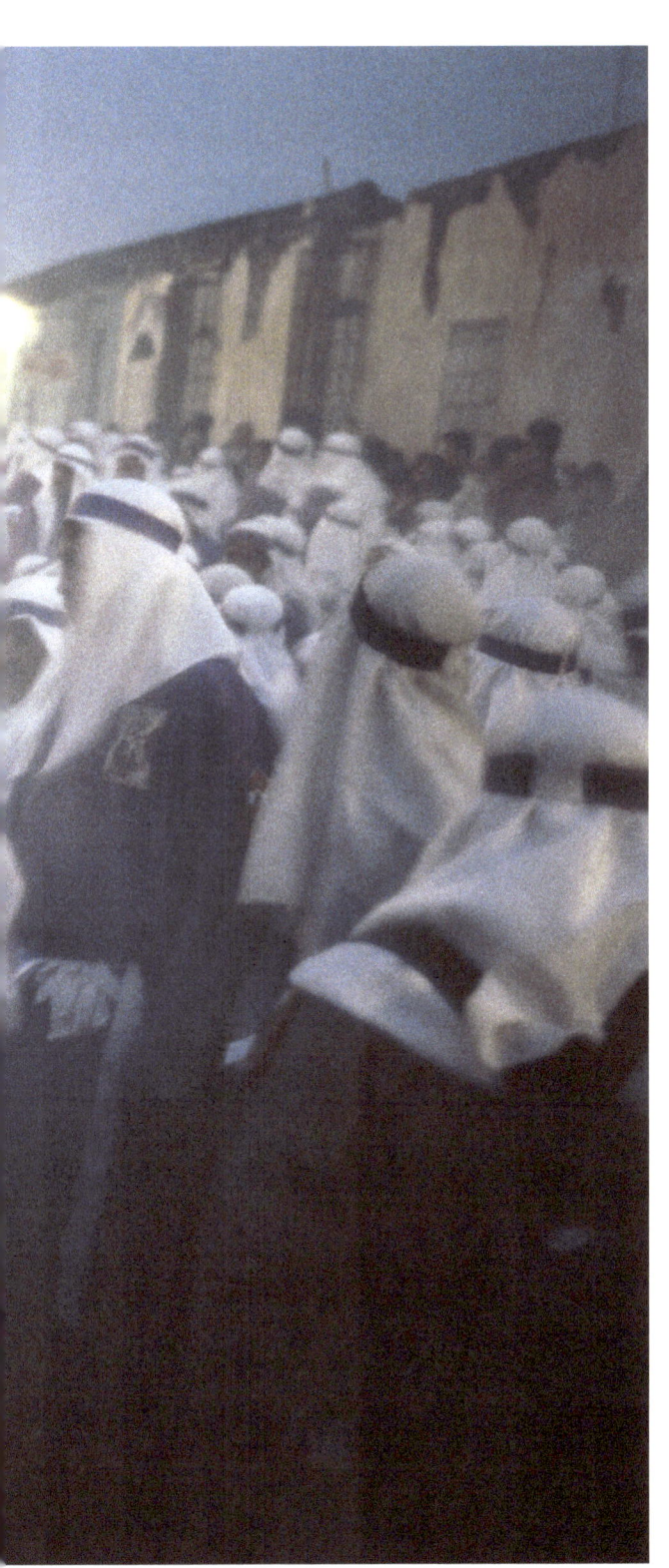

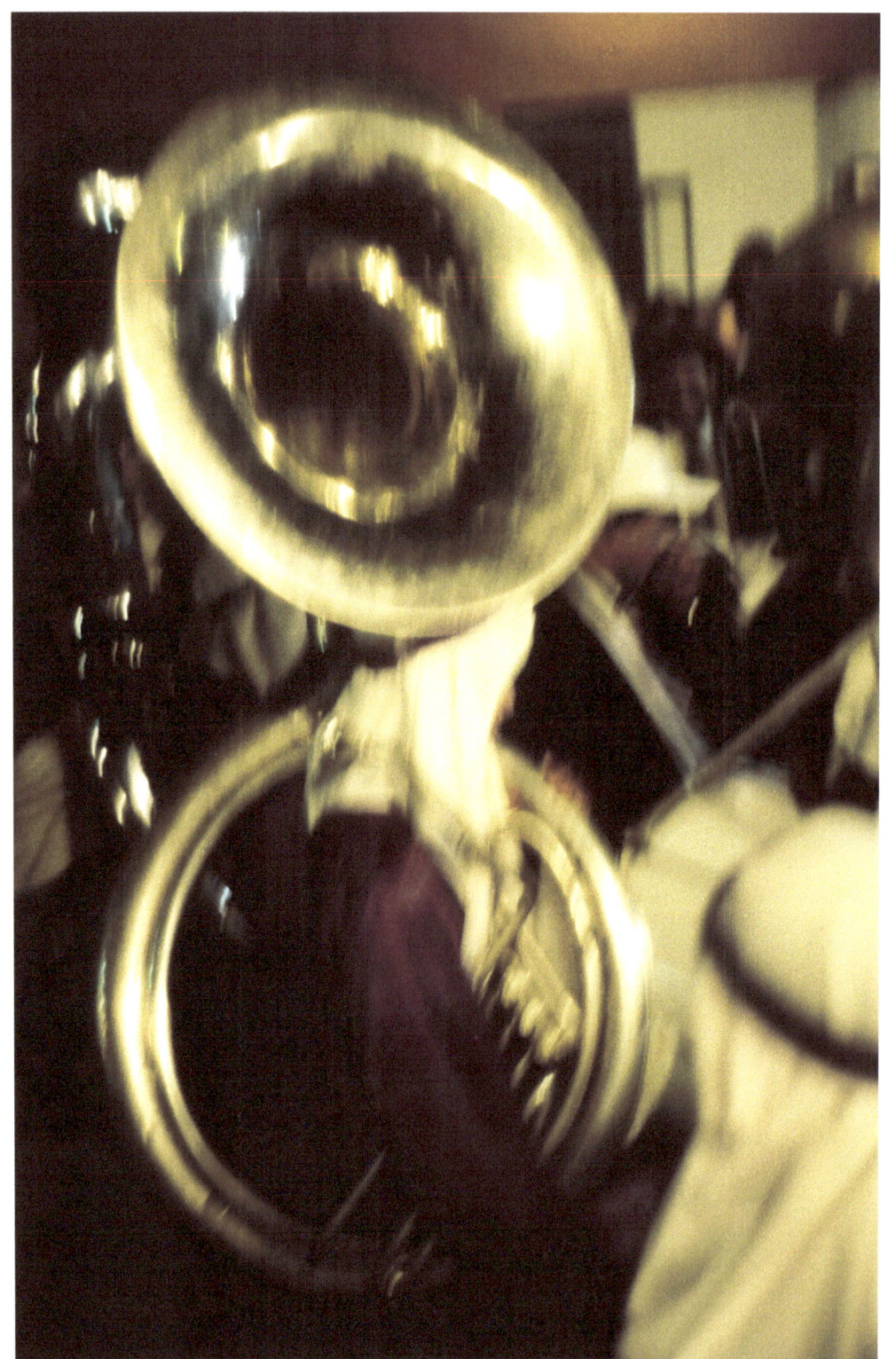

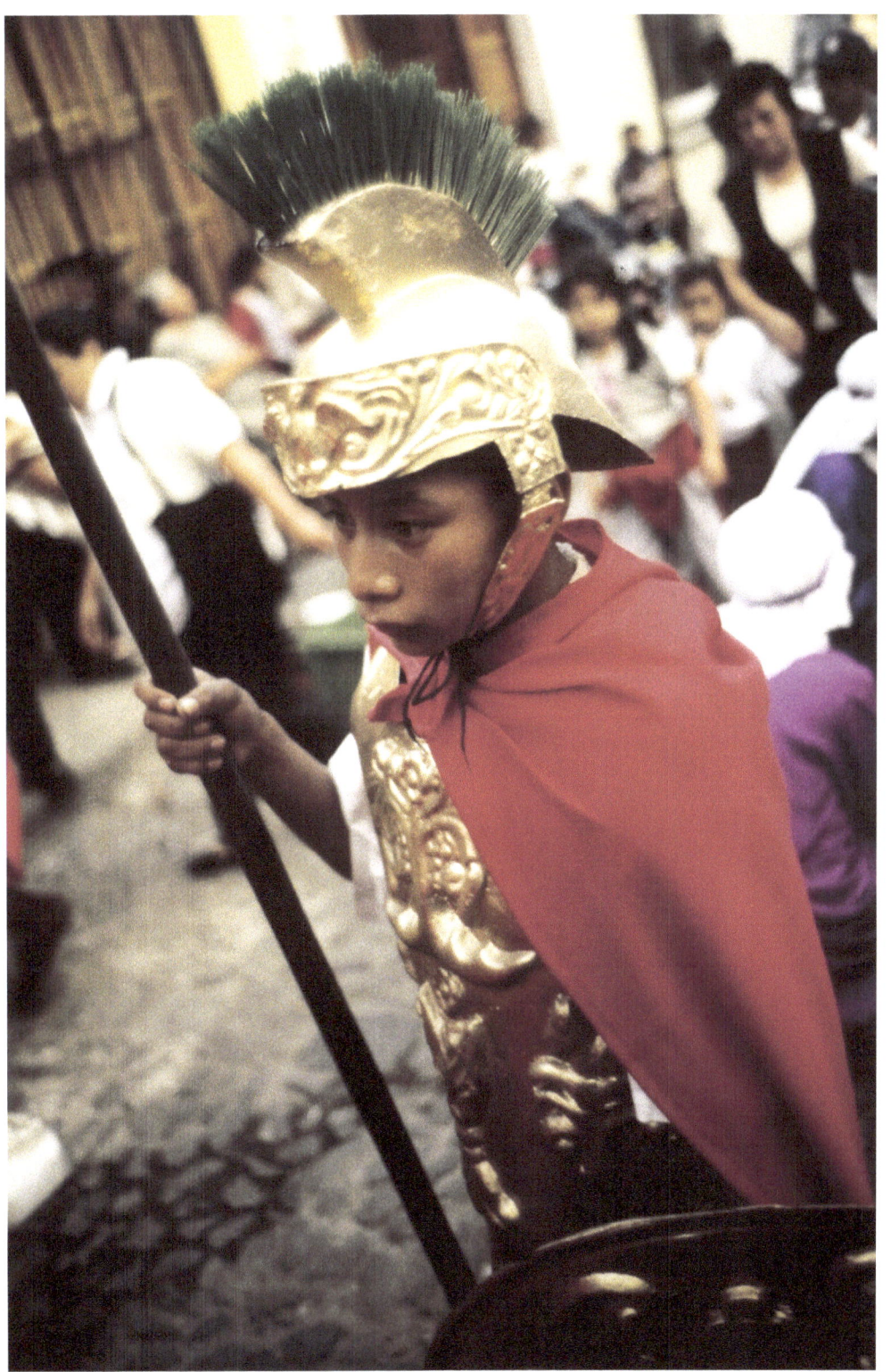

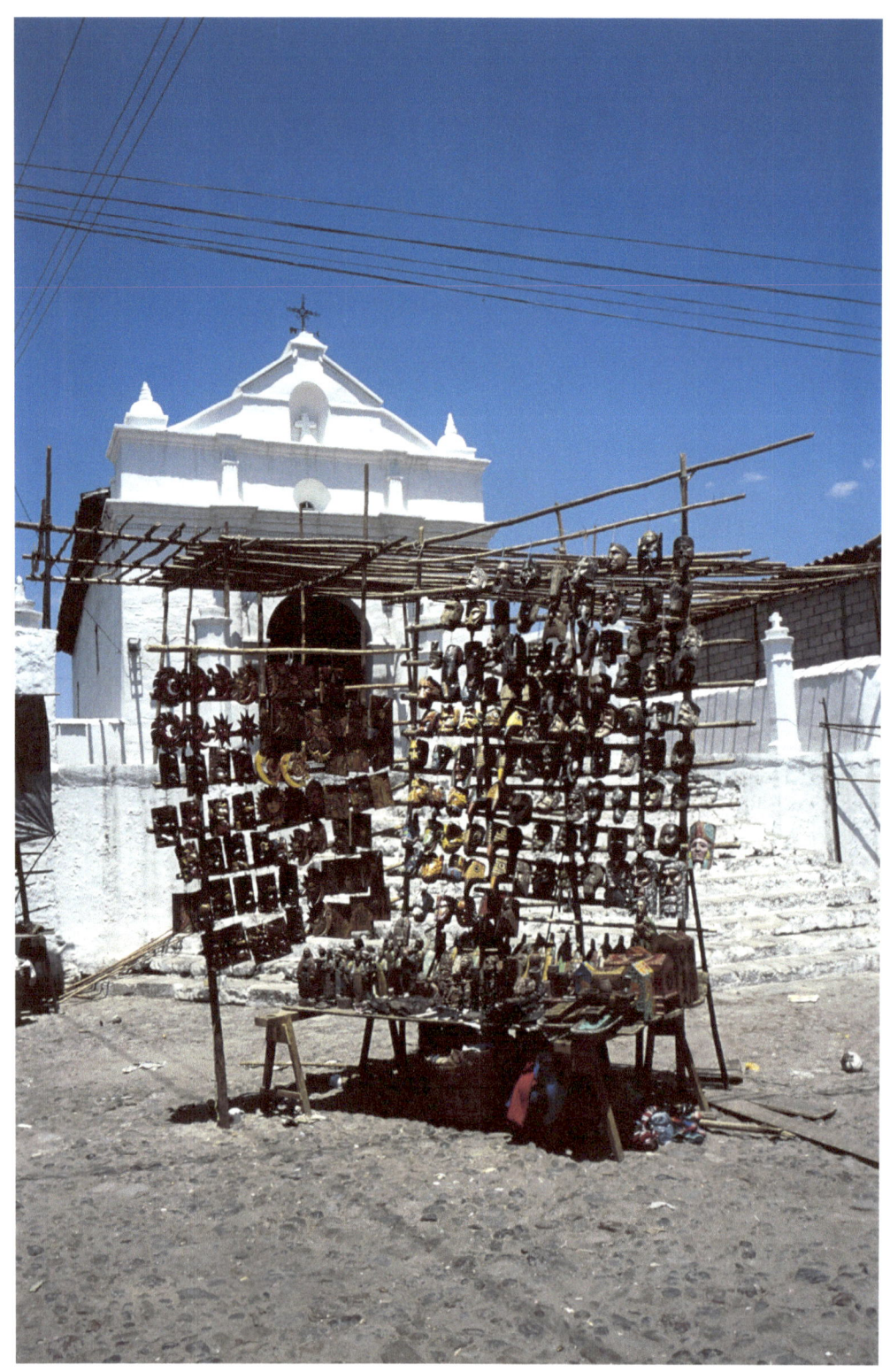

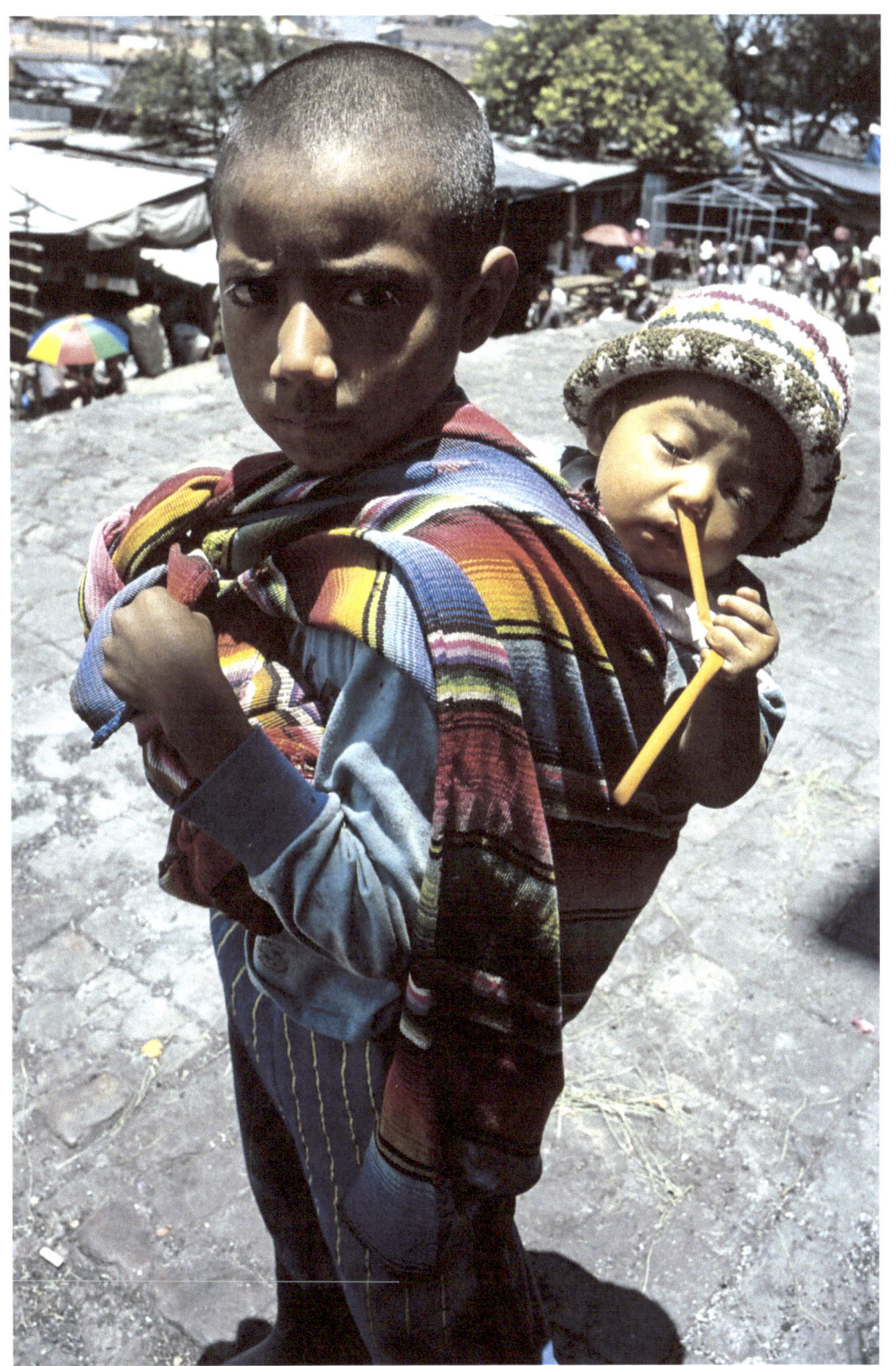

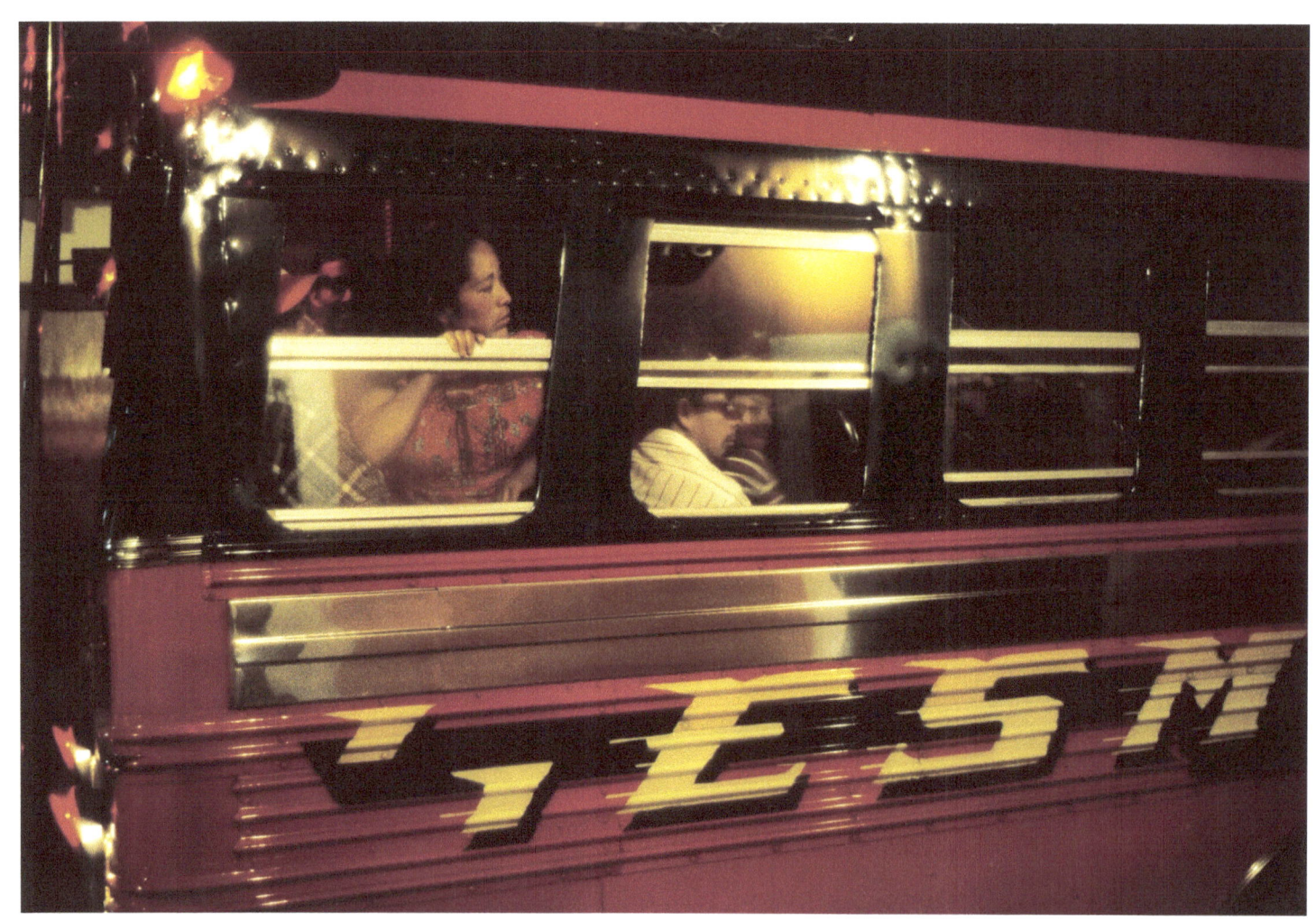

Guatemala, sulla via verso il Messico

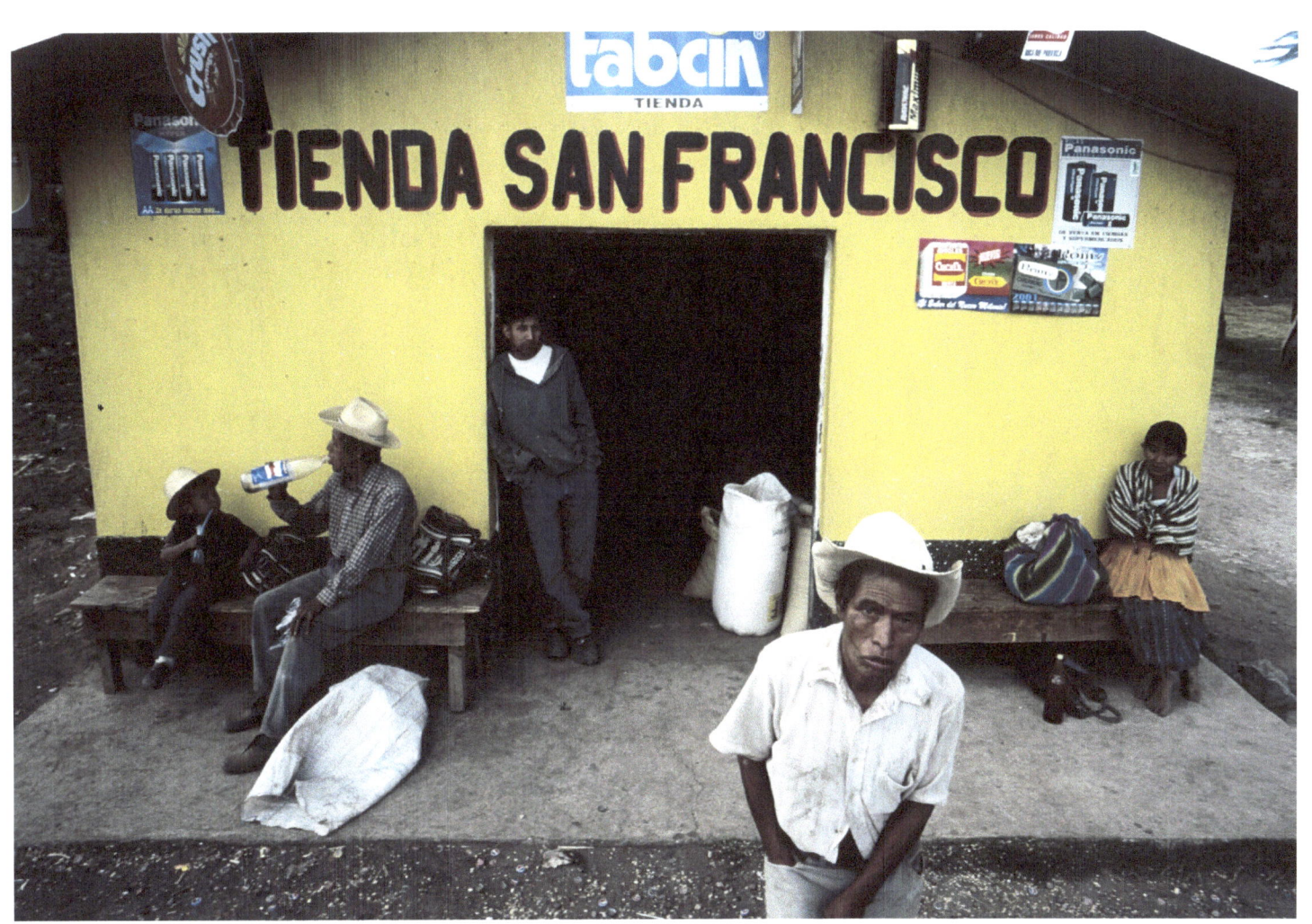

Guatemala, sulla via verso il Messico

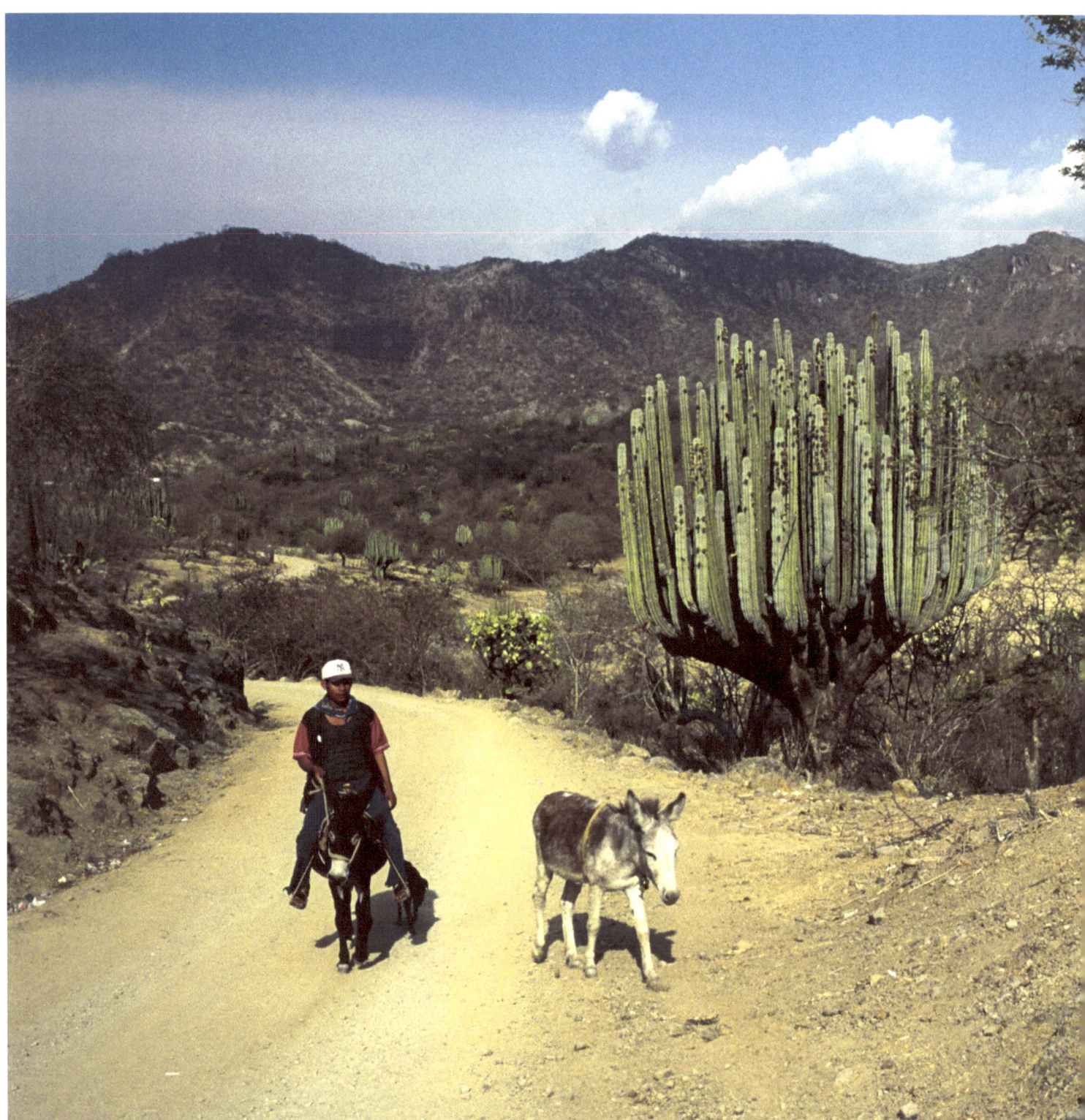

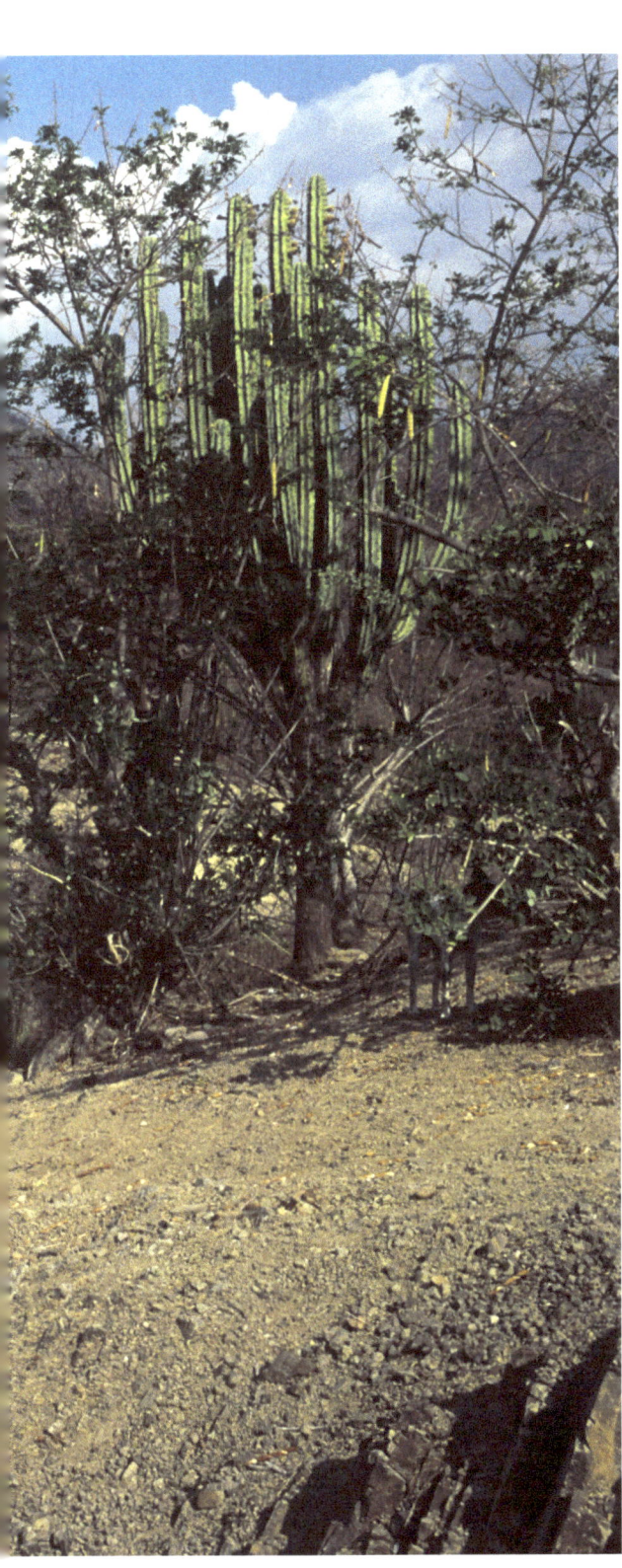

Messico

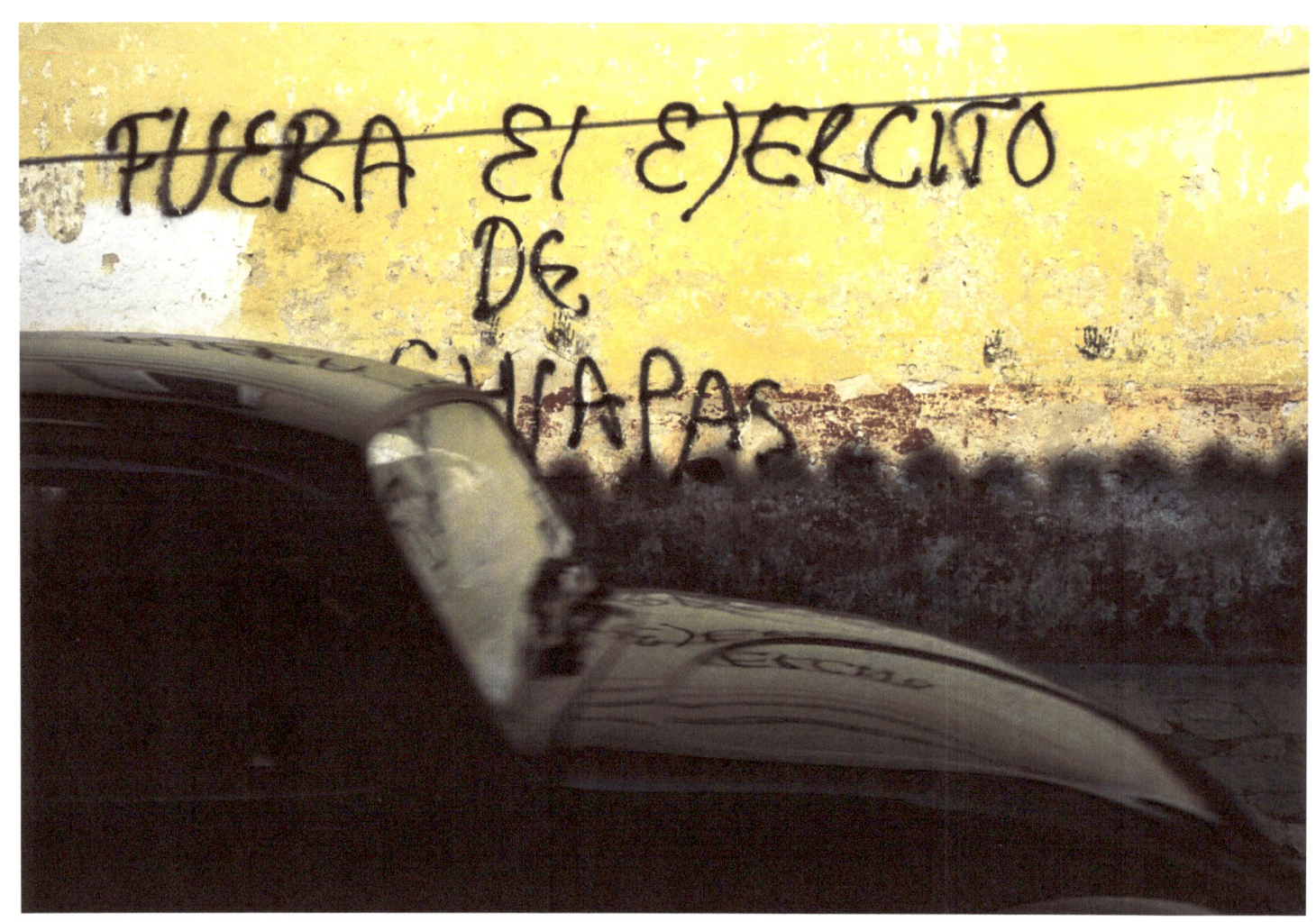

I latinoamericani considerano il Messico un paese nord-americano; gli americani, beh, lo sappiamo...
Il Messico è probabilmente un mosaico di diverse realtà che solo i messicani possono capire.

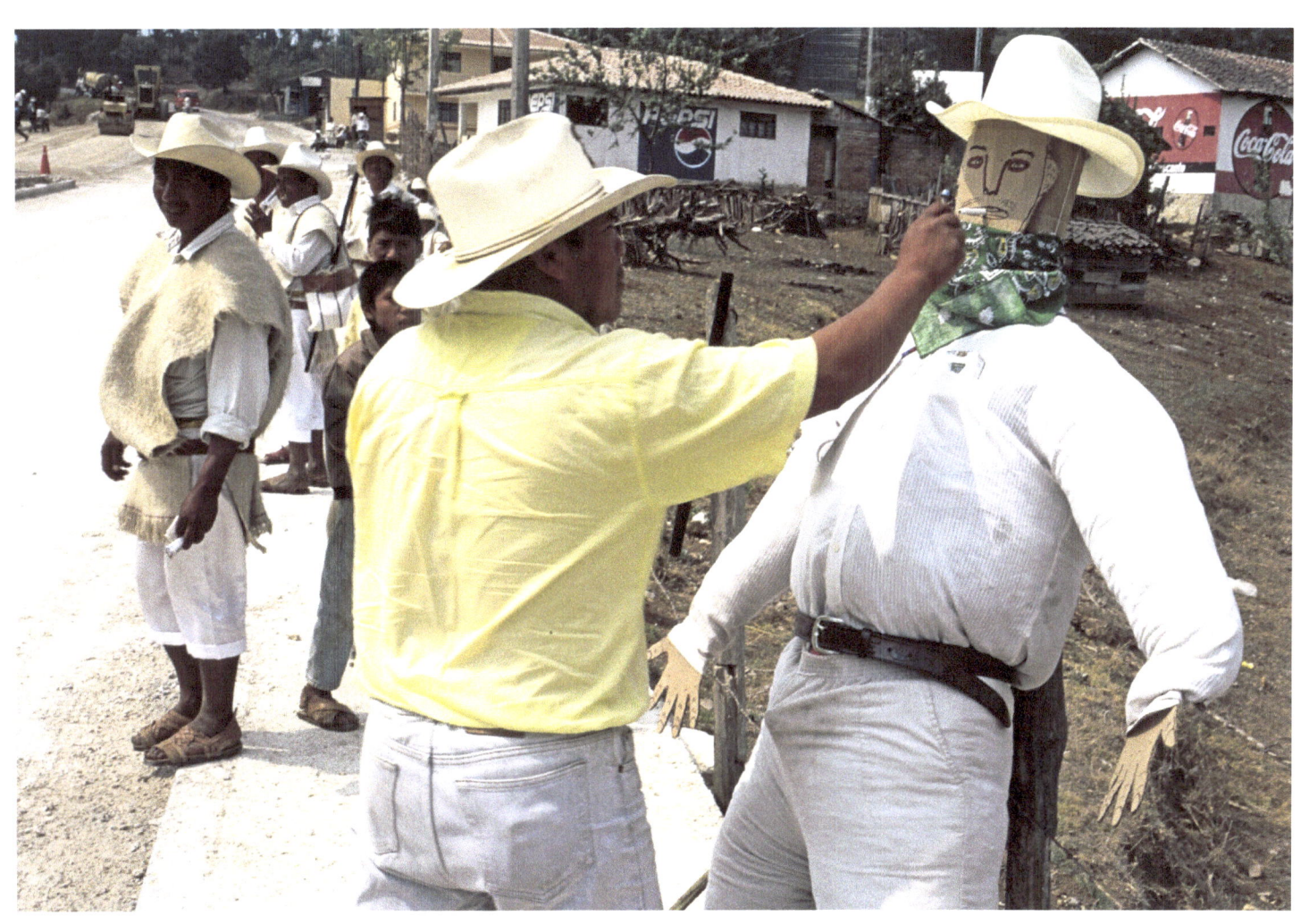

Il Chiapas era come un paese distinto, una nazione Maya sotto un cappello latino

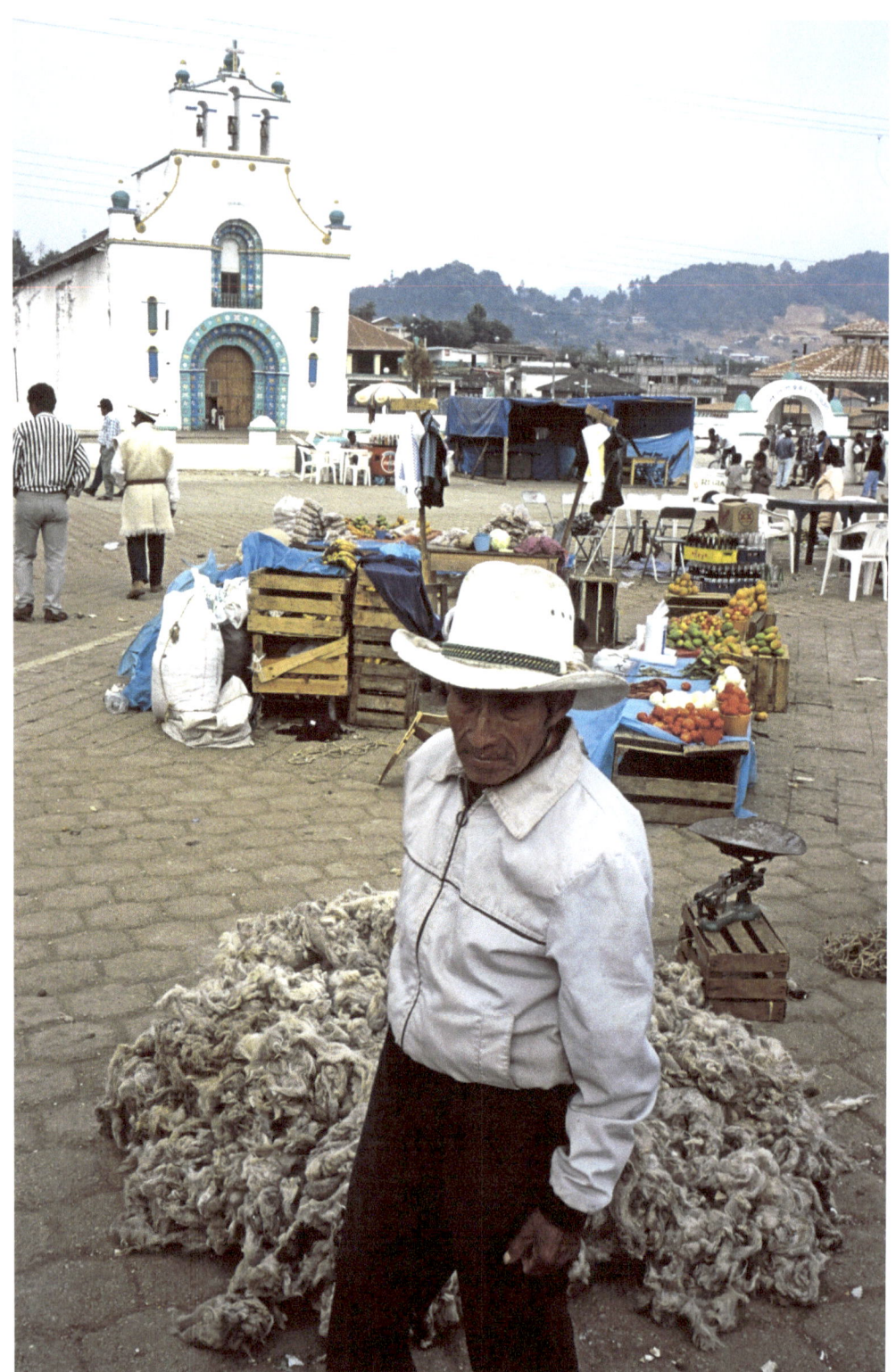

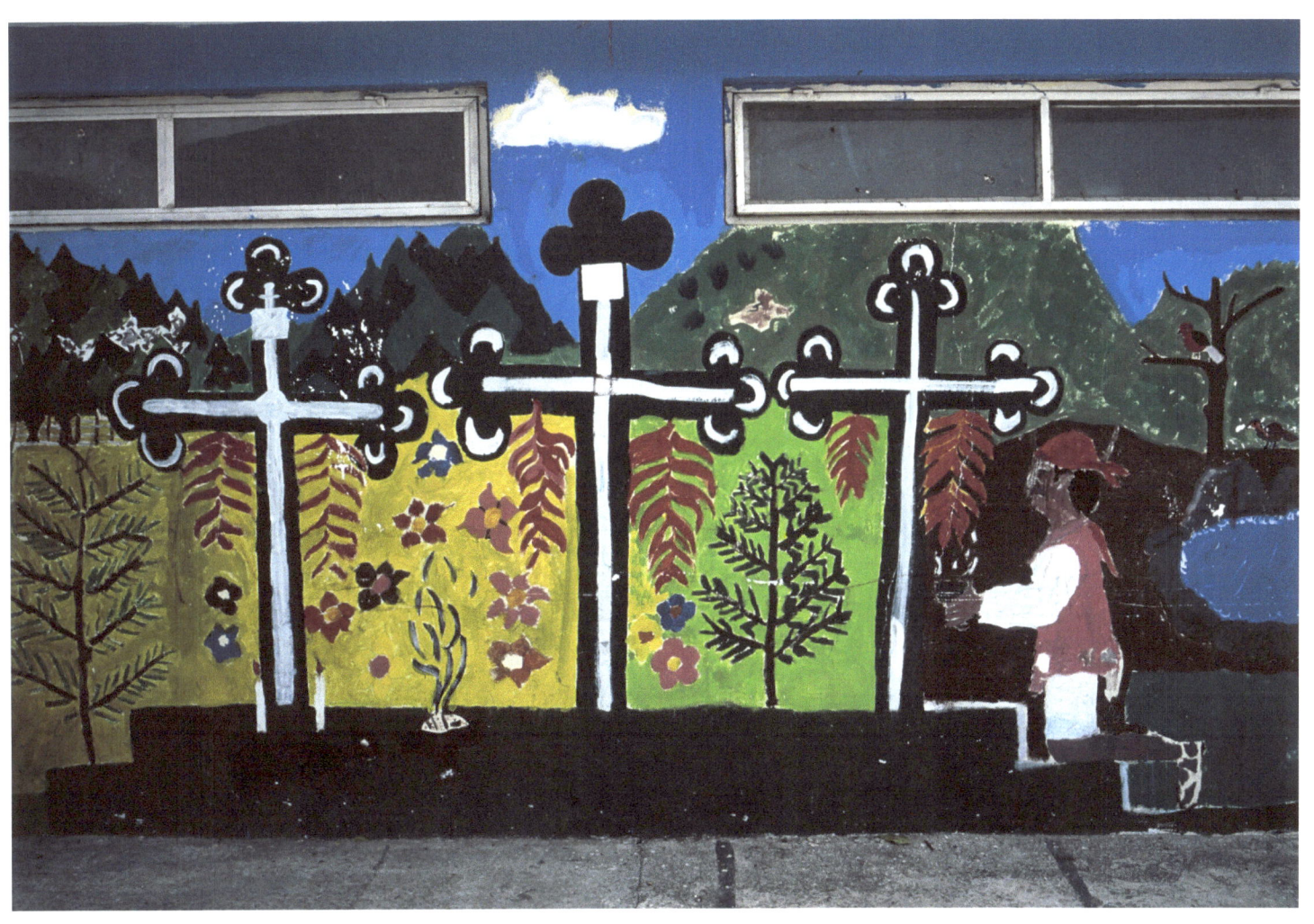

Il Chiapas può essere diverso in molti modi, ma la povertà continuava ad essere dominante

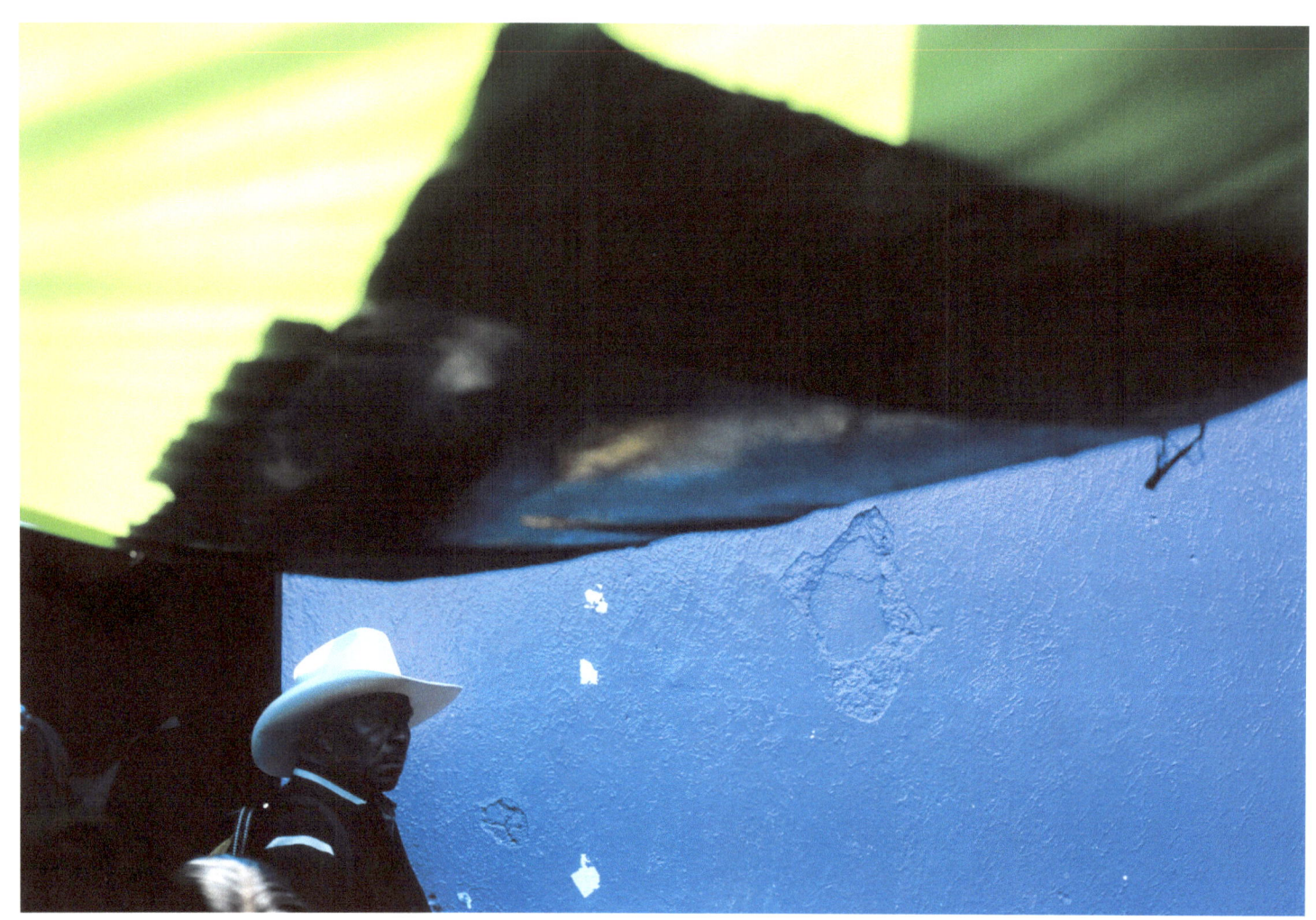

Mercato in San Cristobal de Las Casas, Chiapas

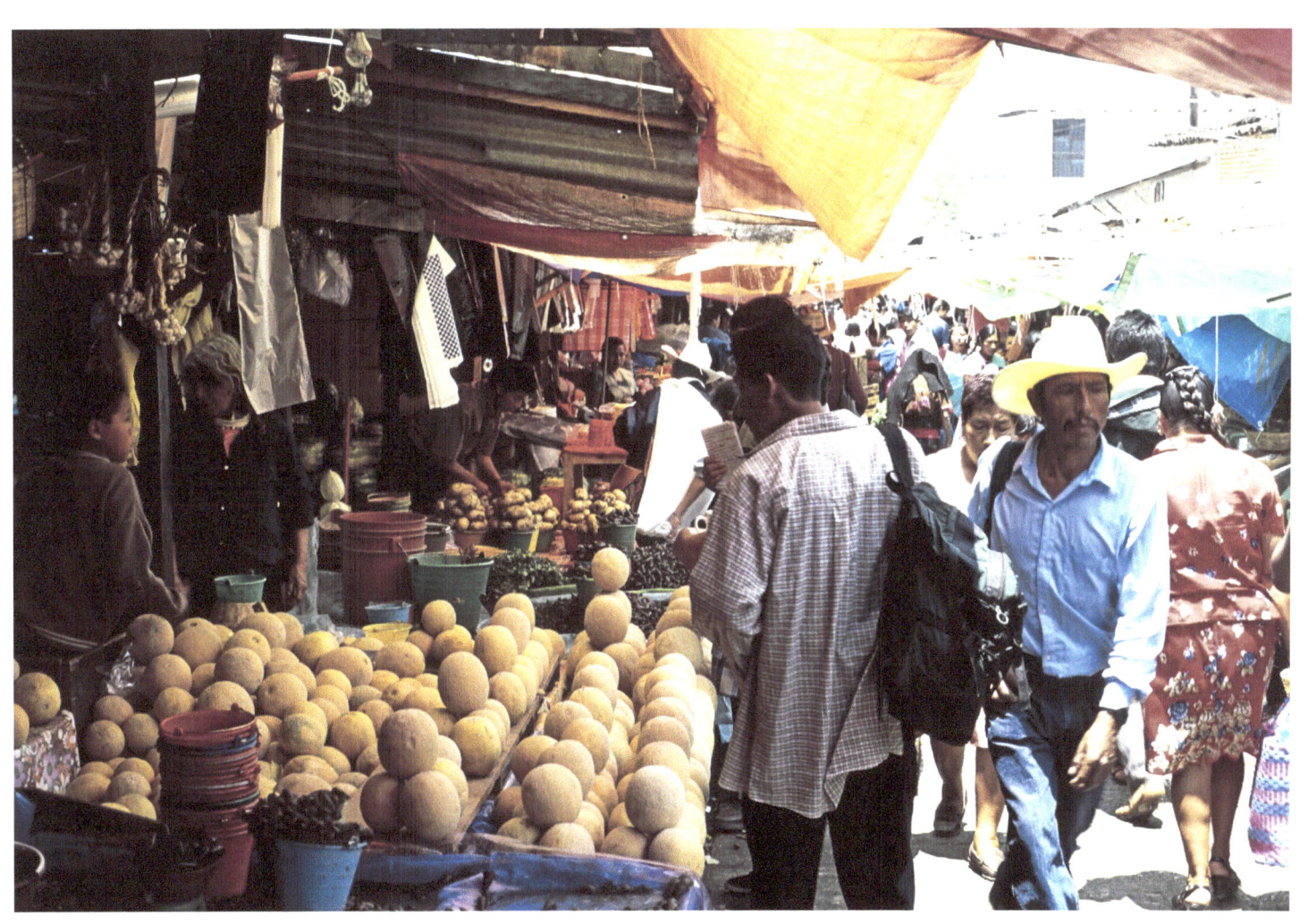

Mercato in San Cristobal de Las Casas, Chiapas

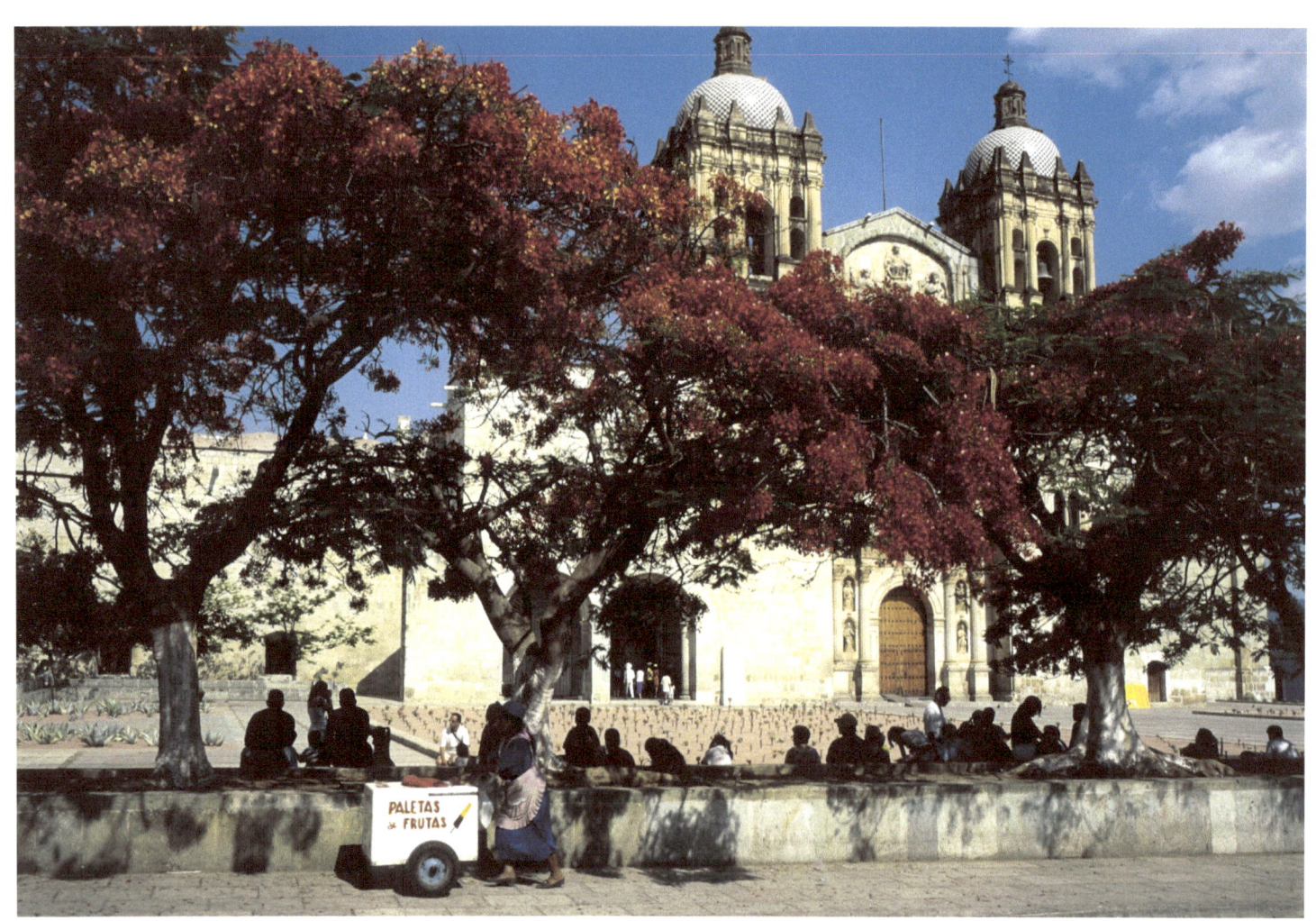

Oaxaca, la Cattedrale

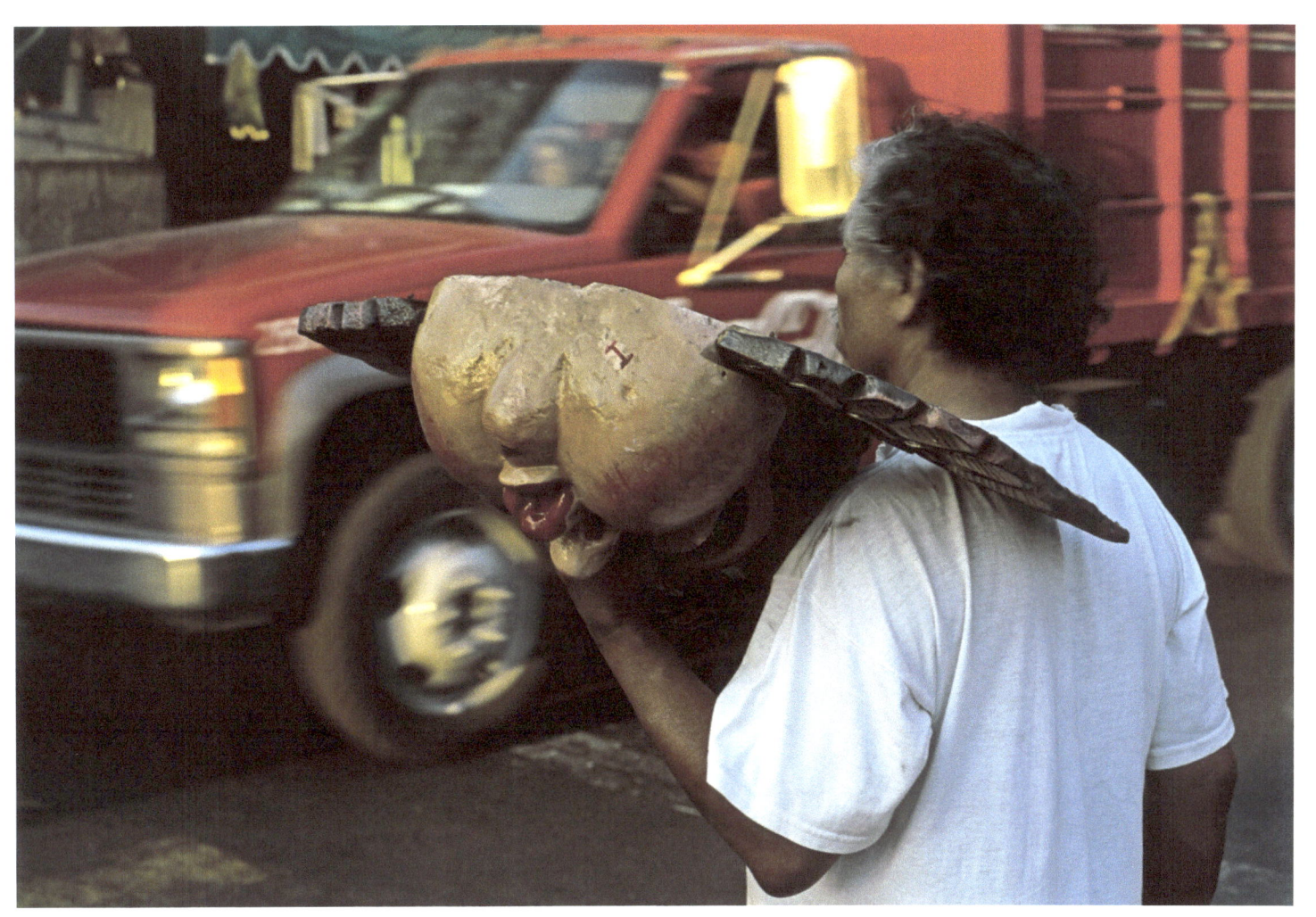
Oaxaca, è una città di cultura e intensa spiritualità..

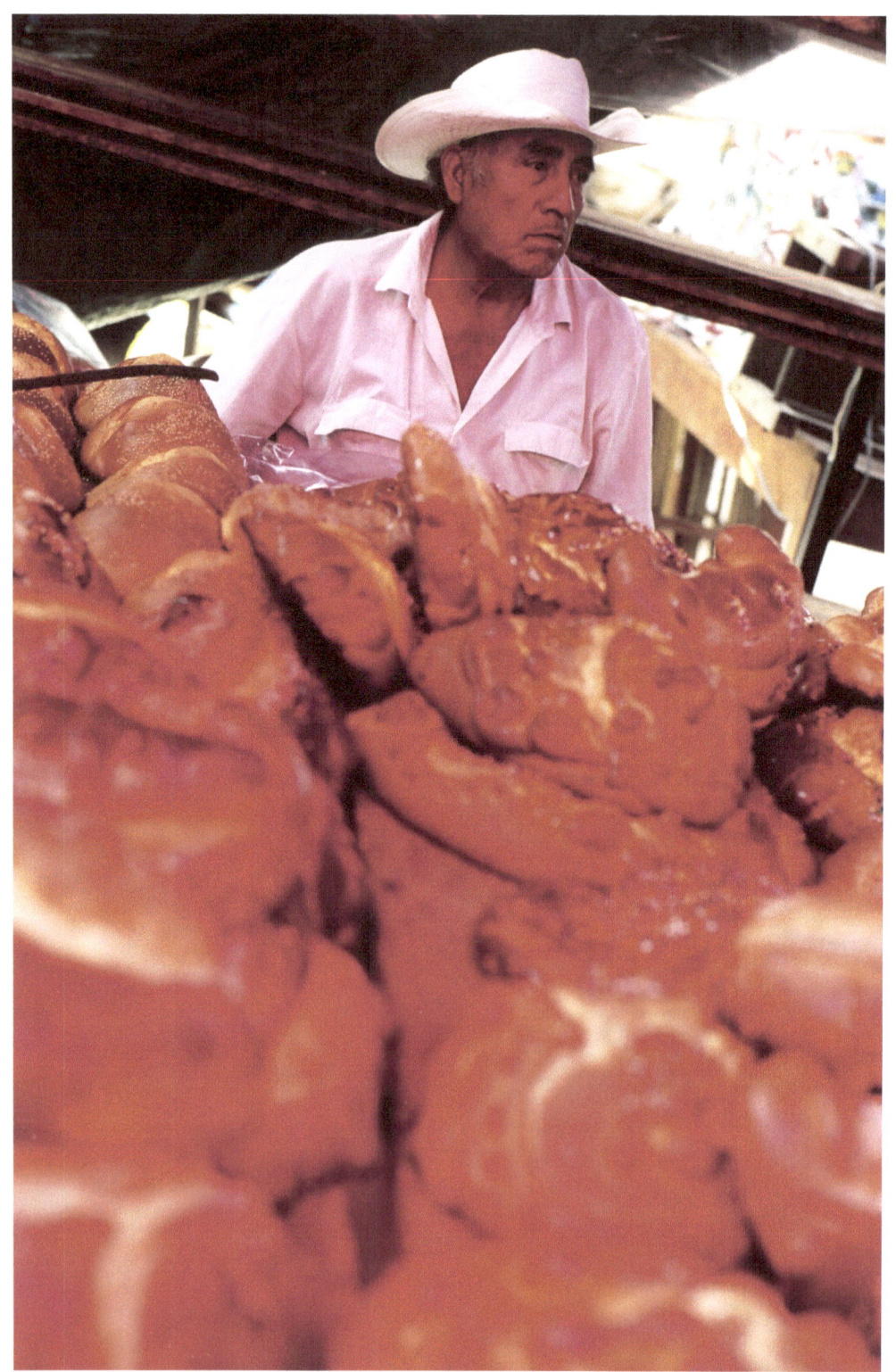

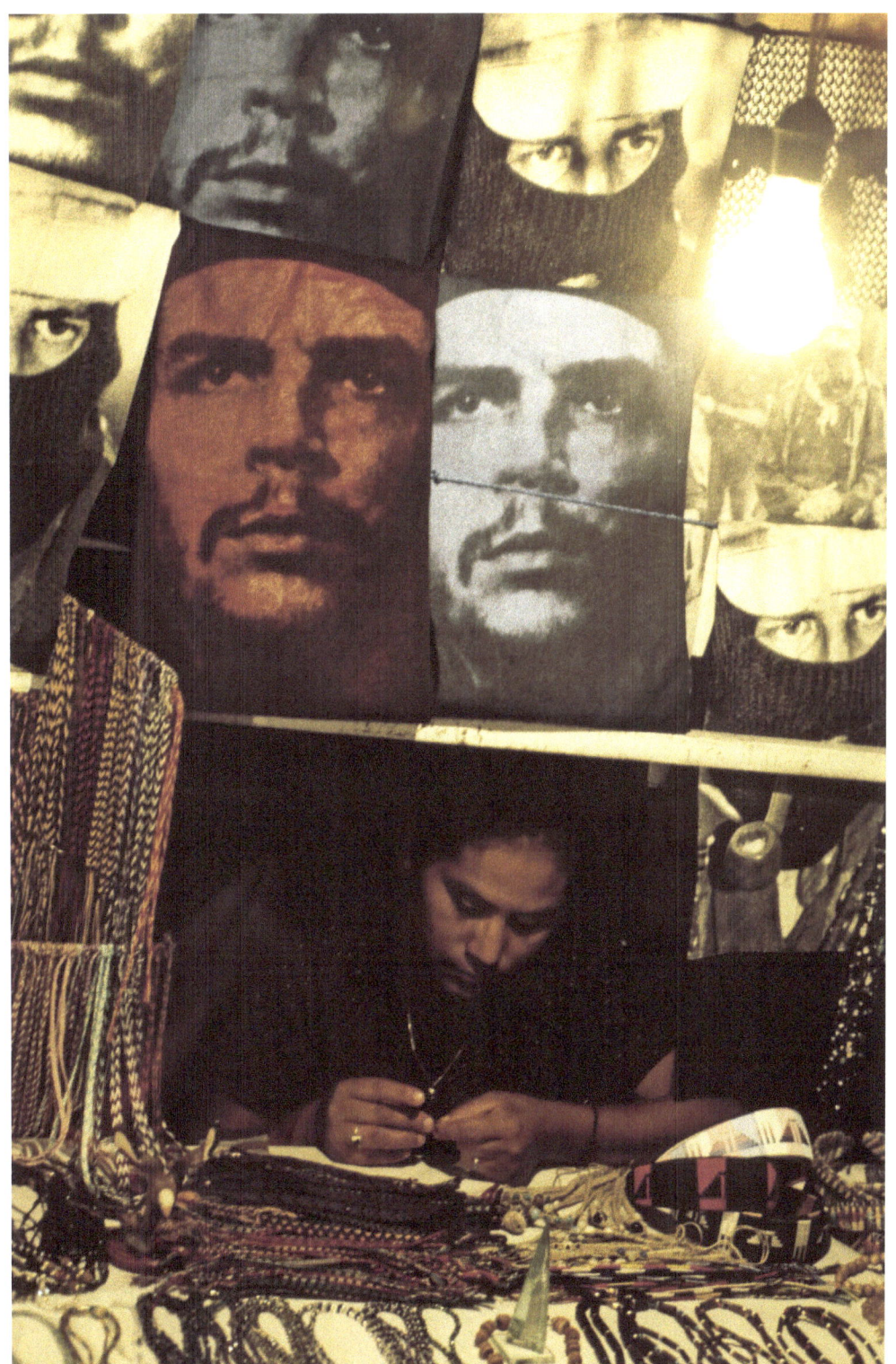

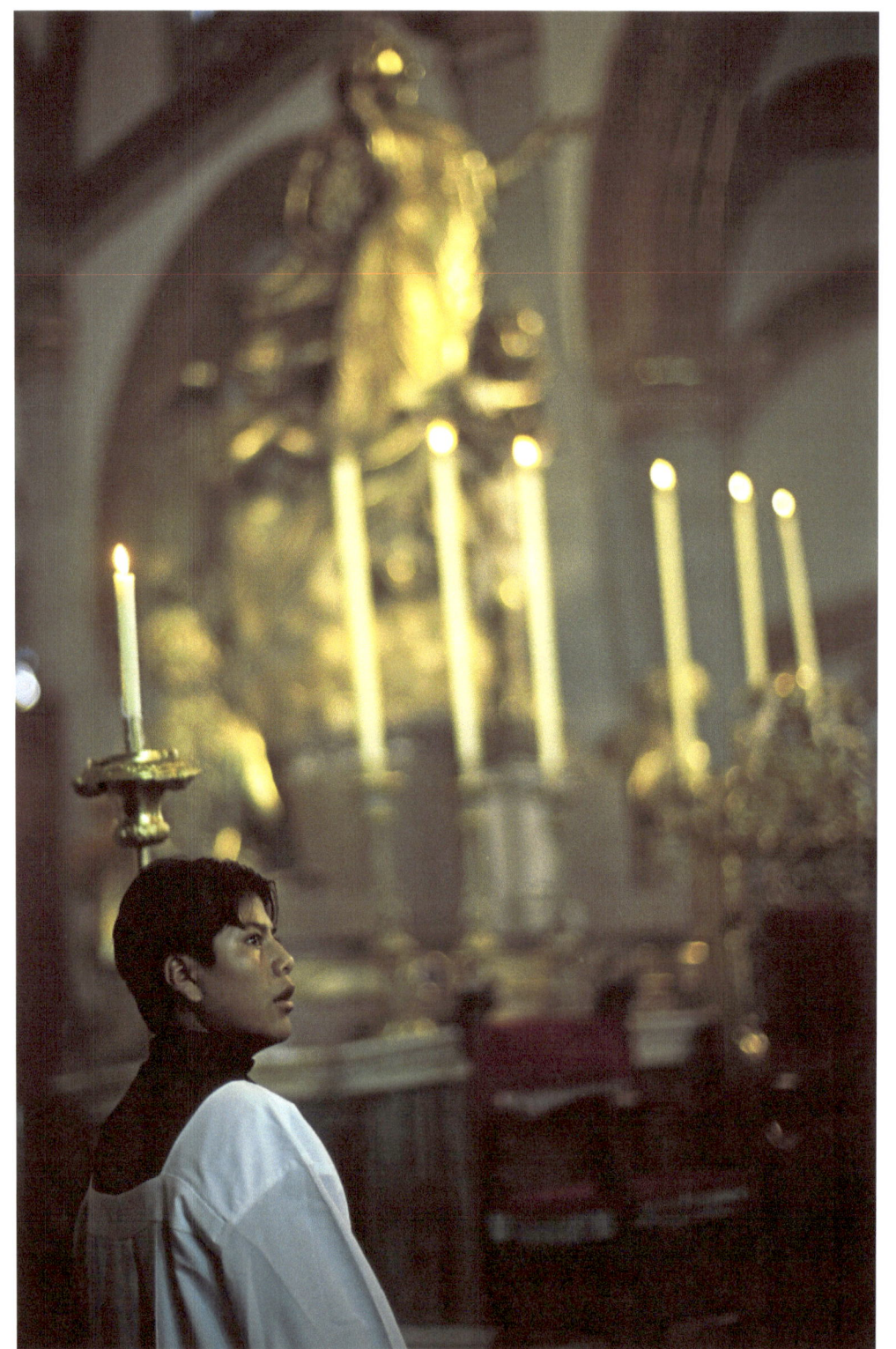

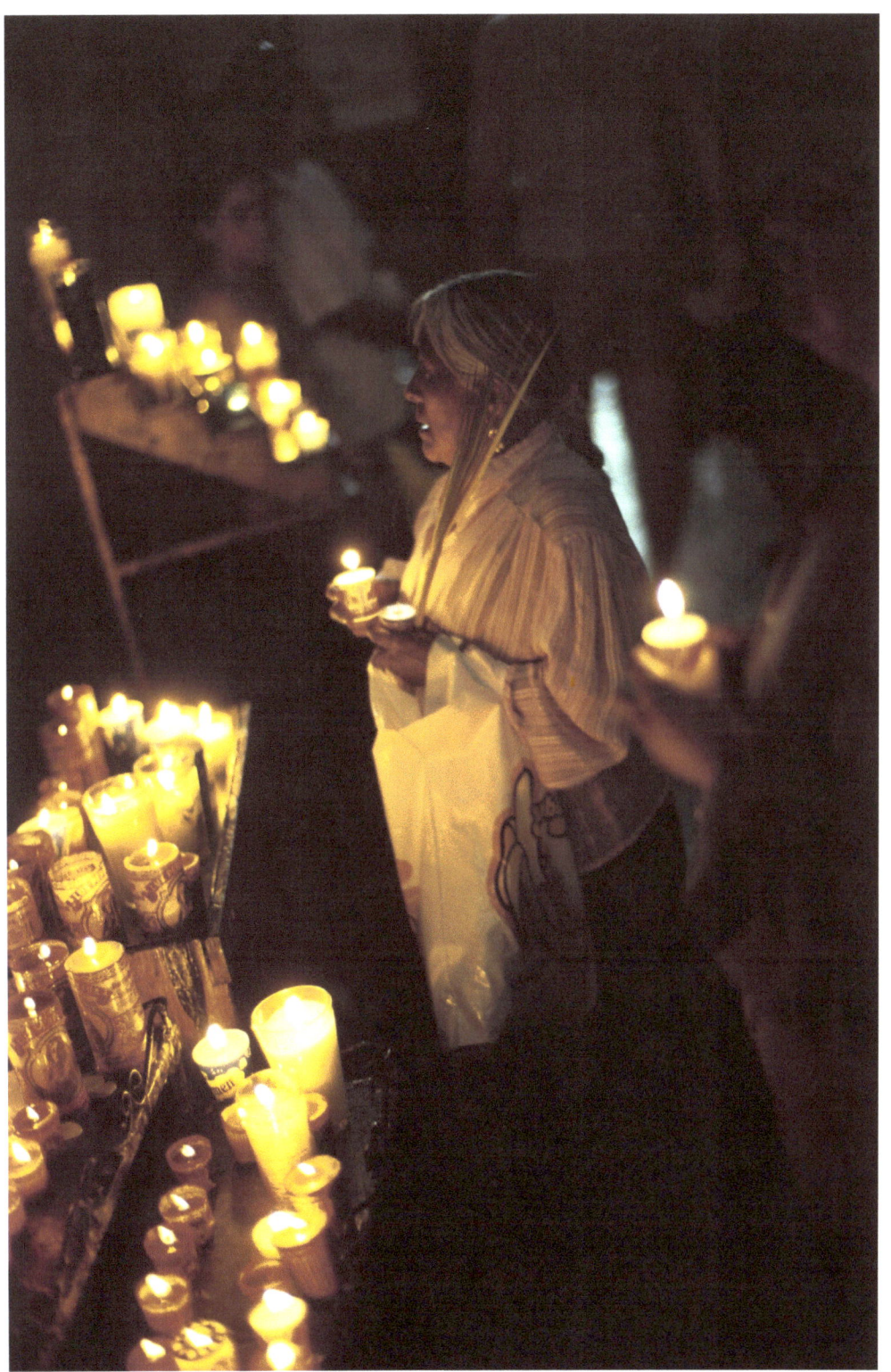

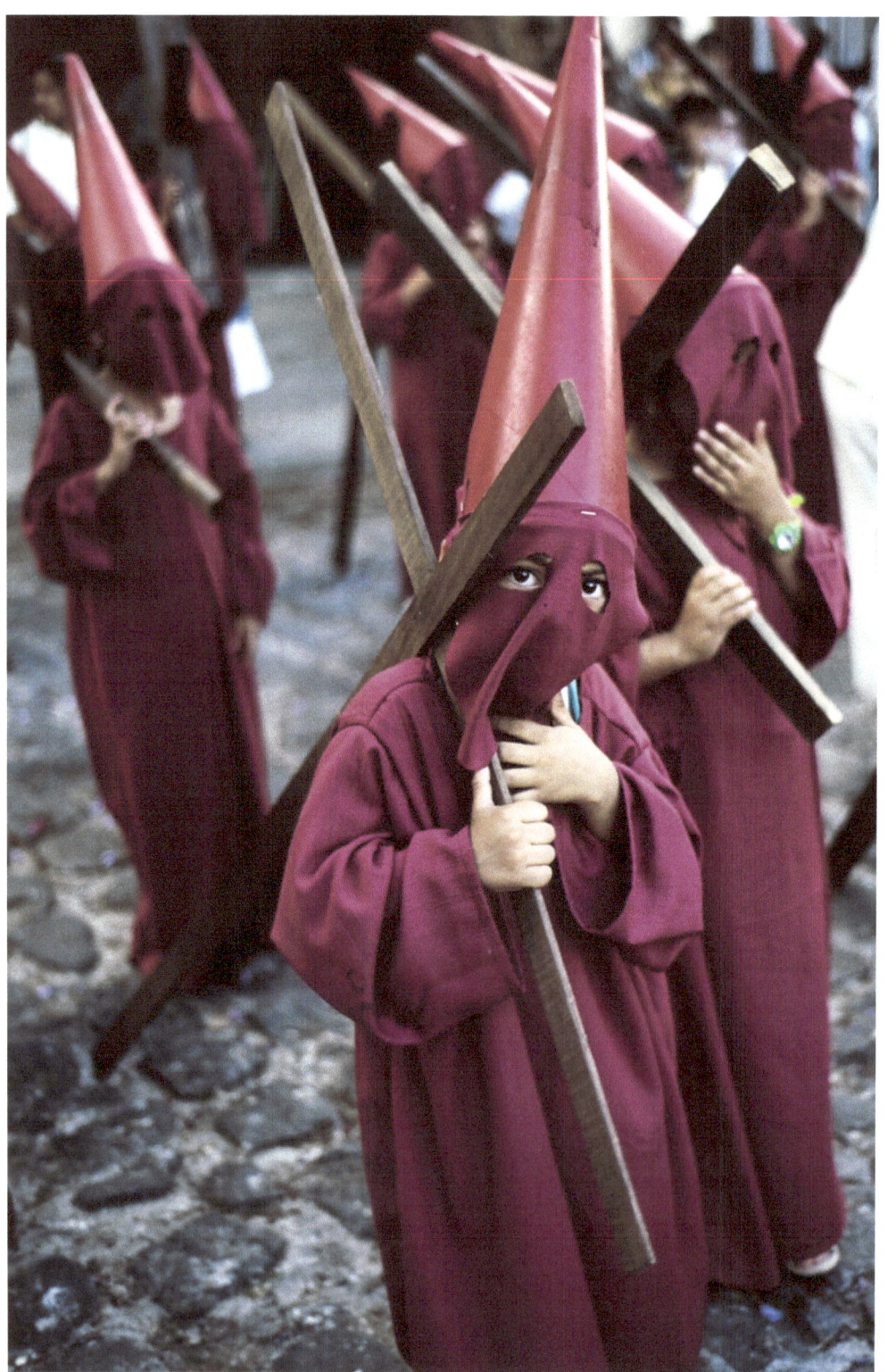

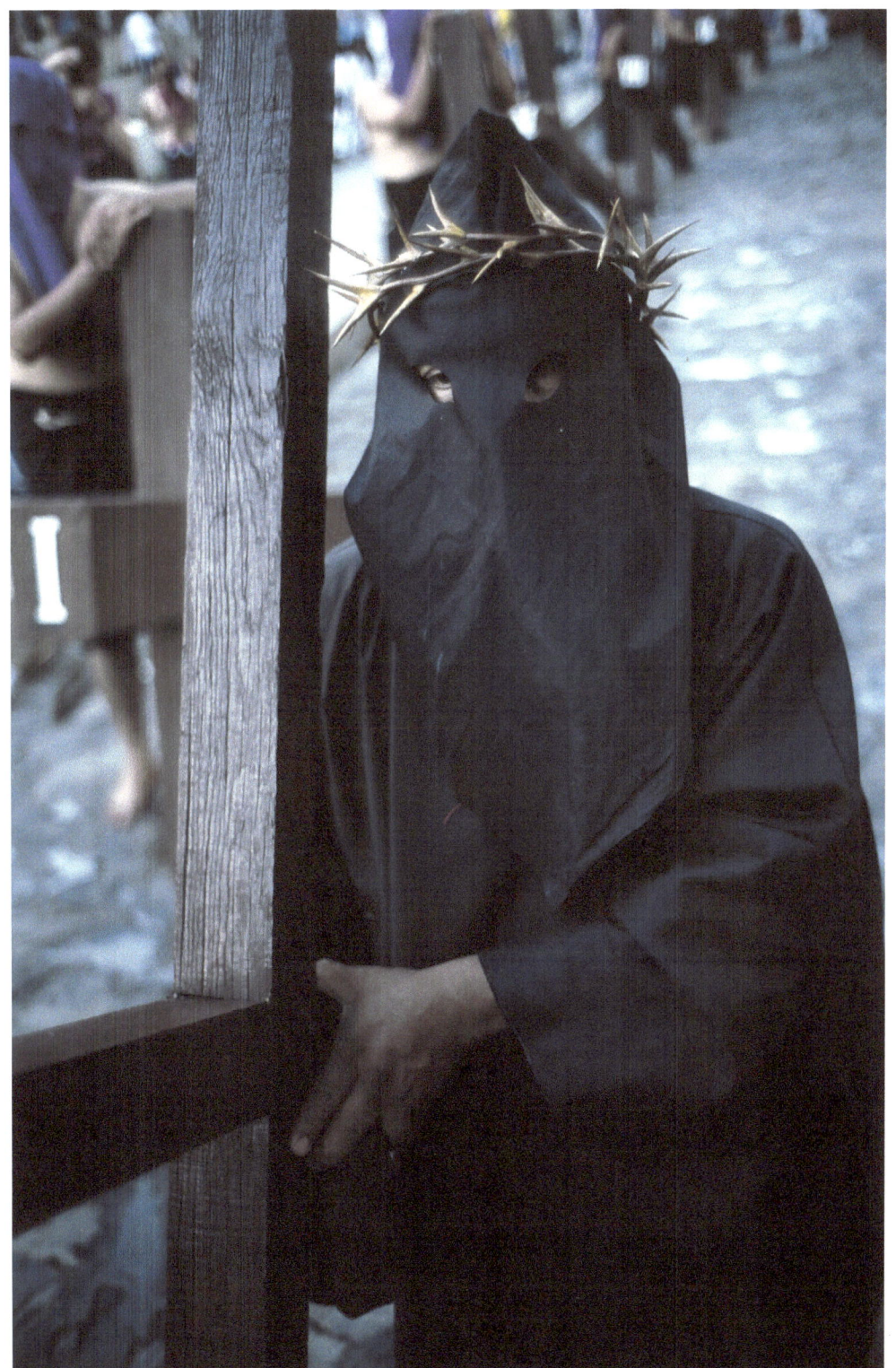

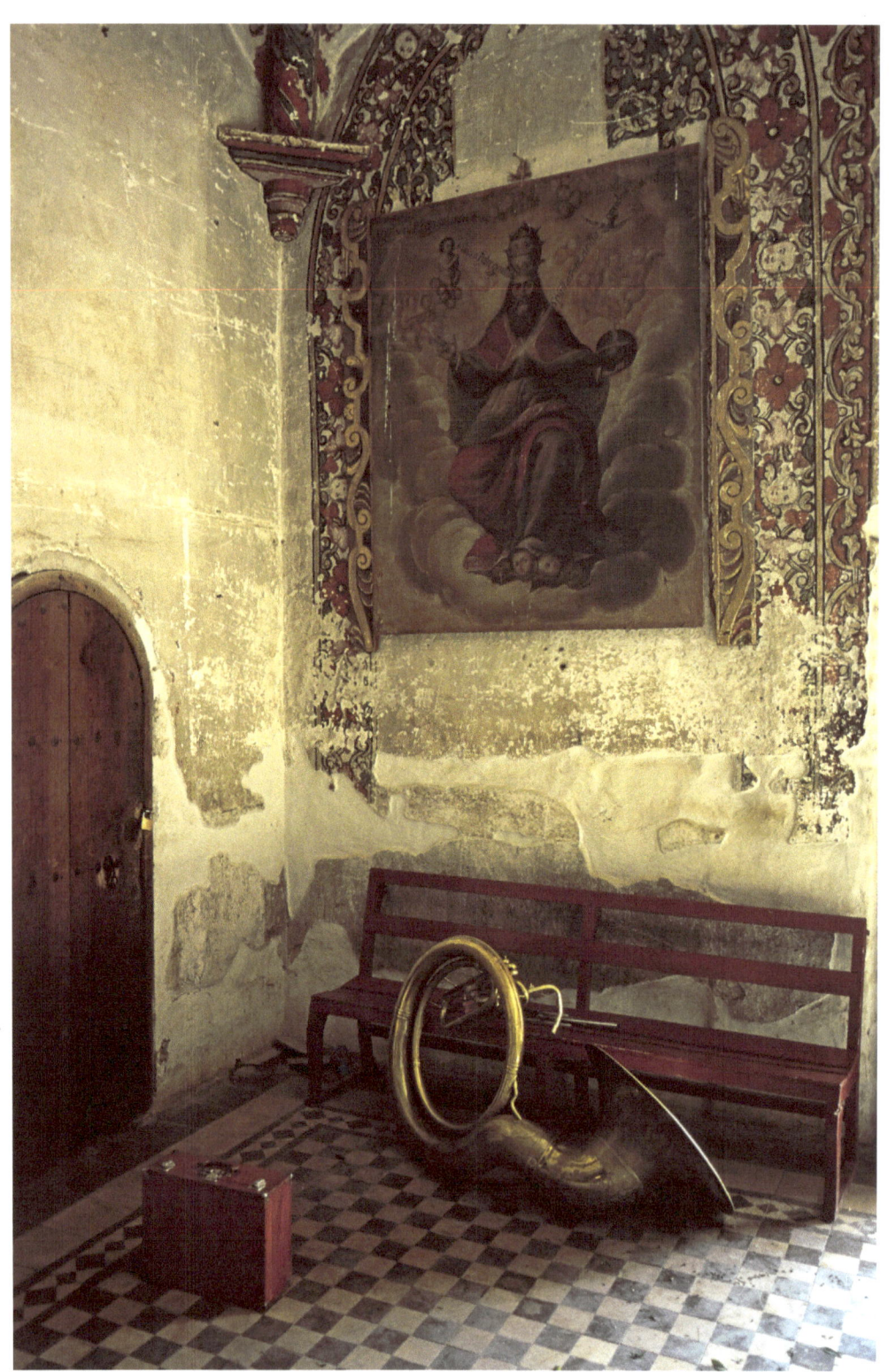

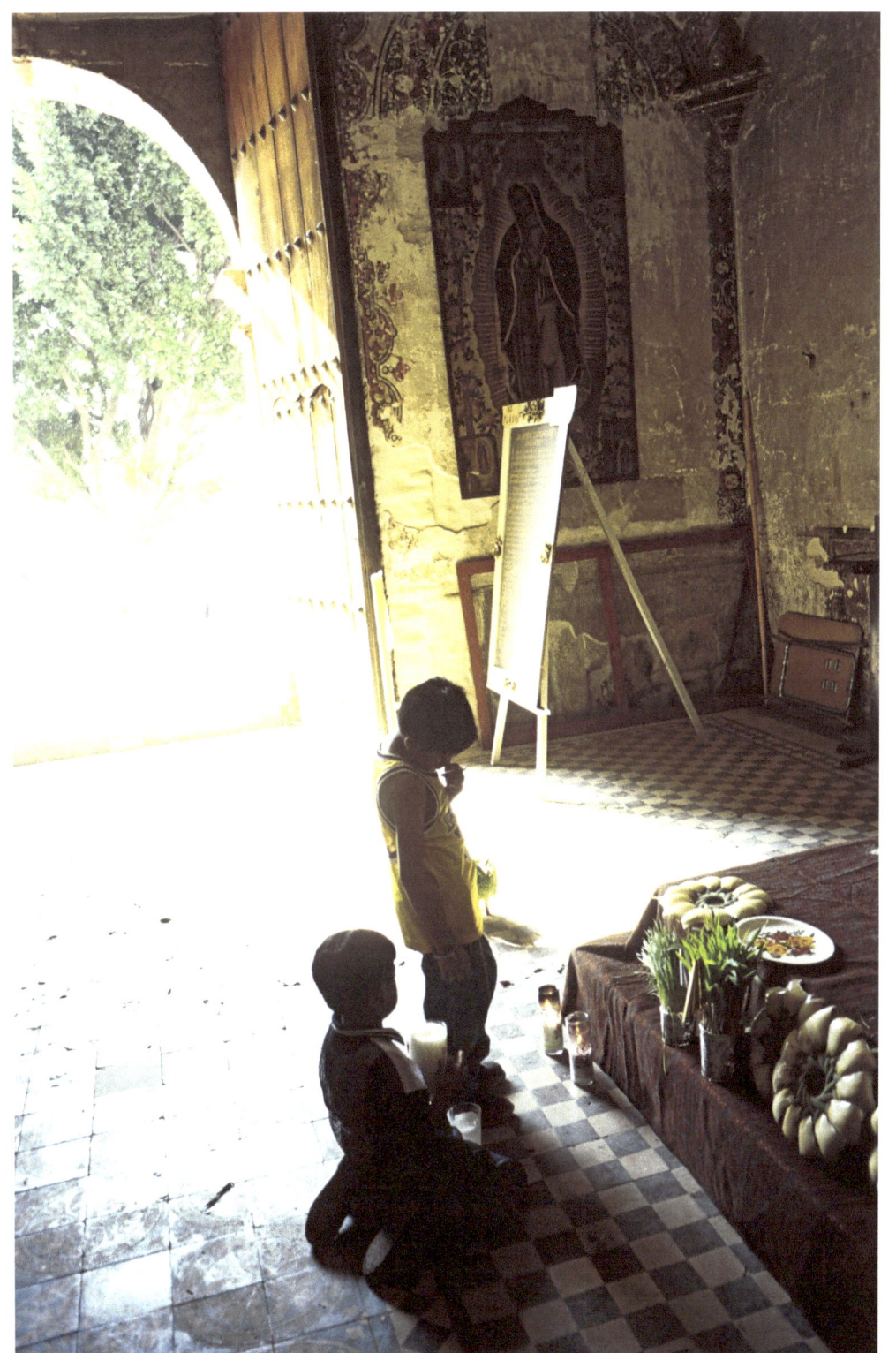

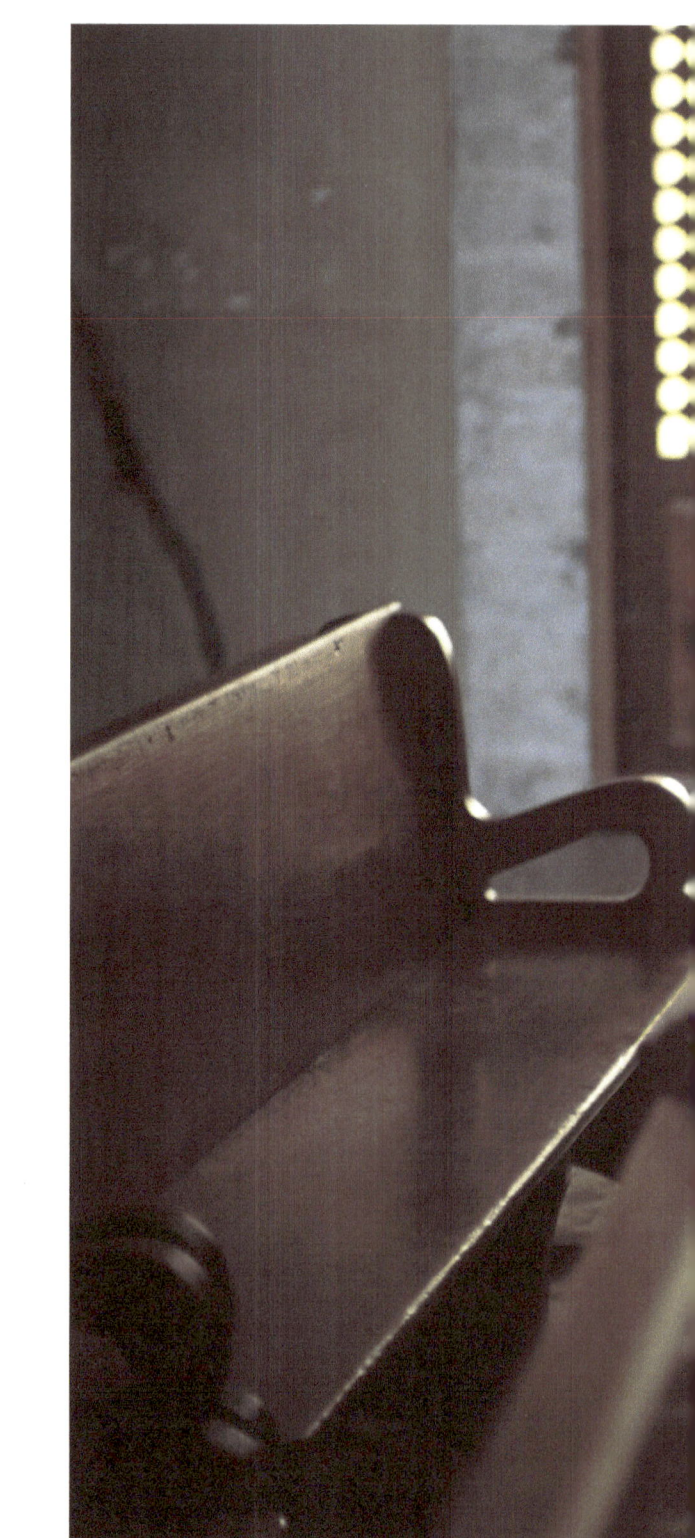

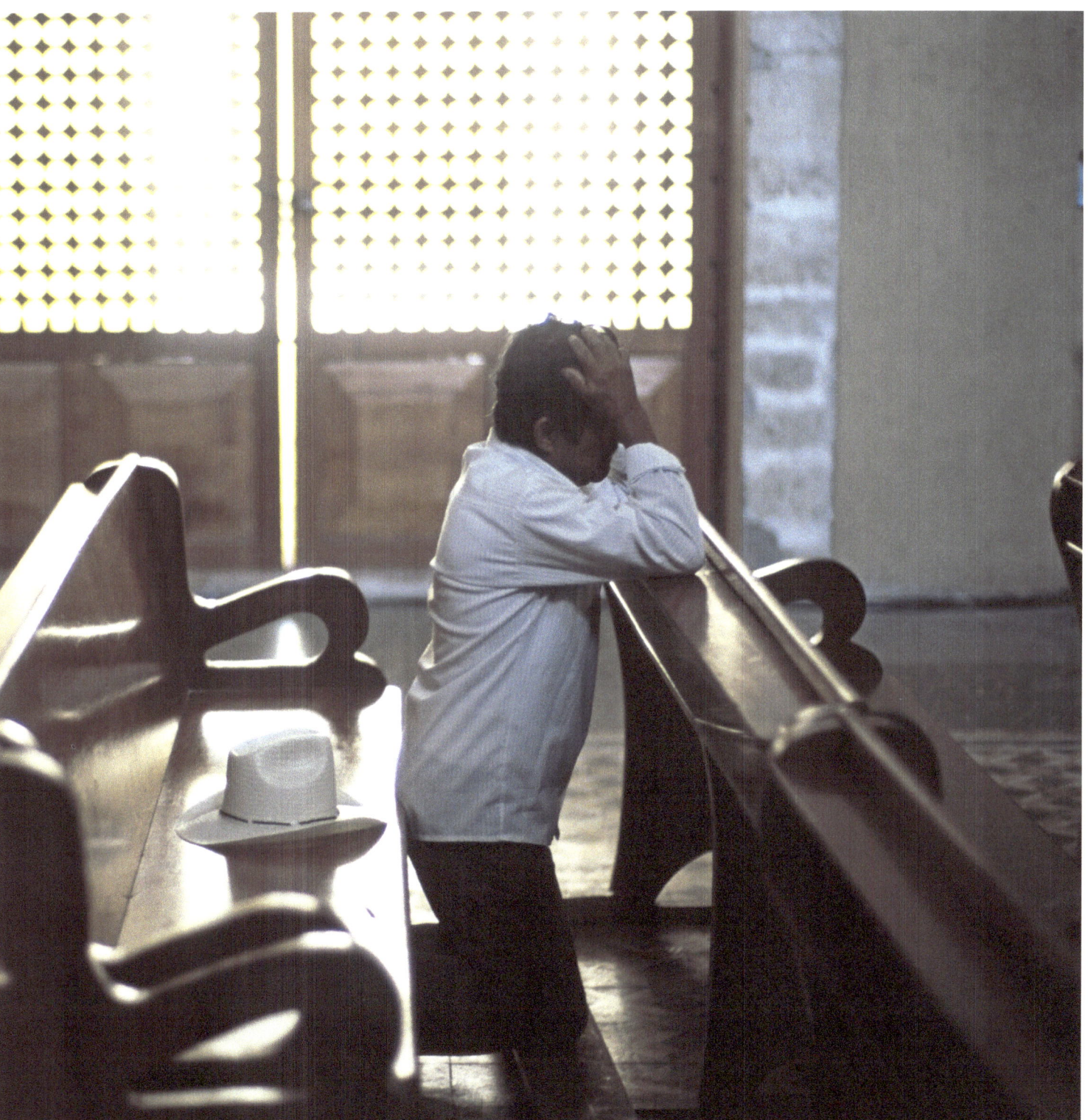

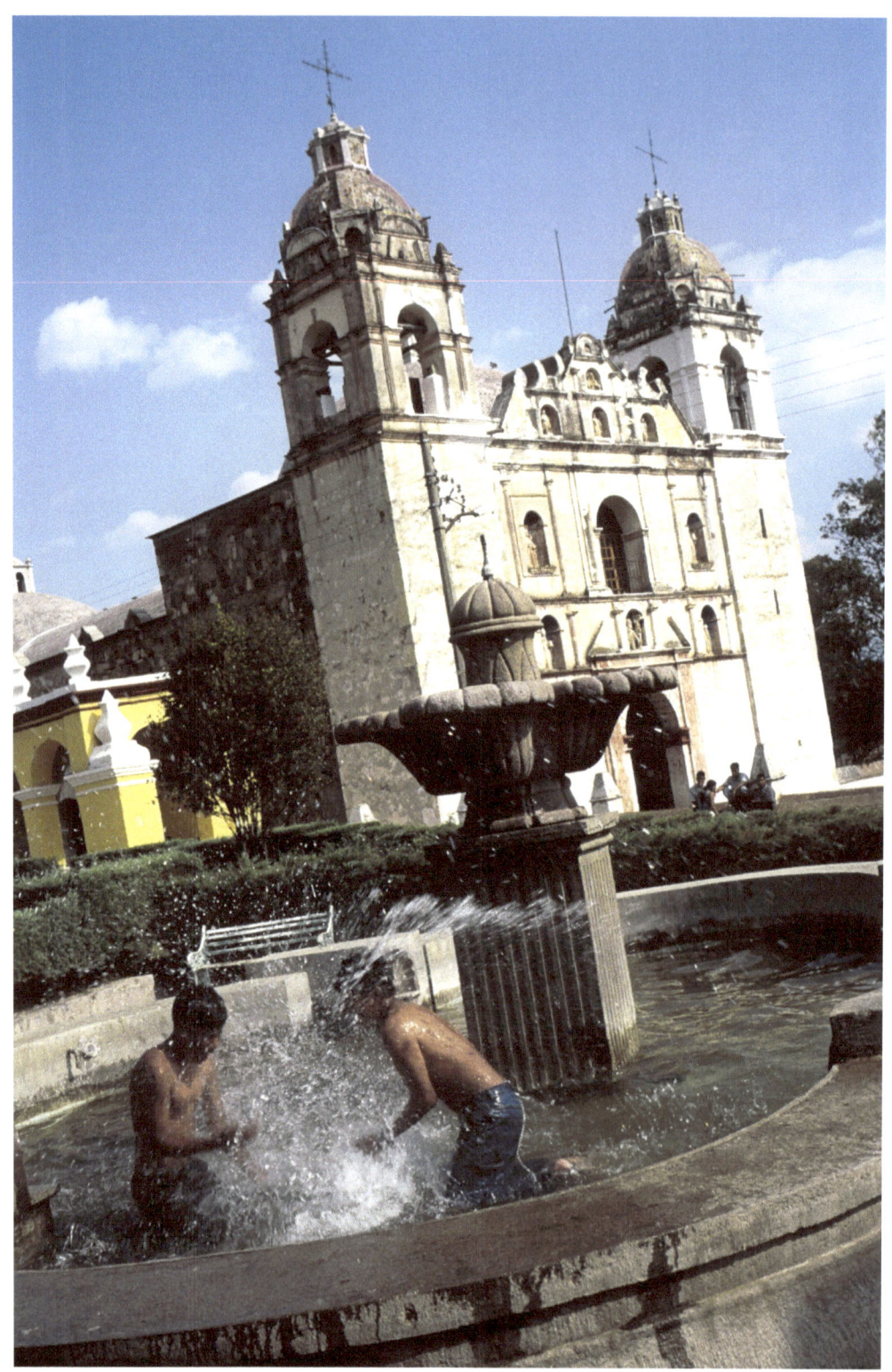

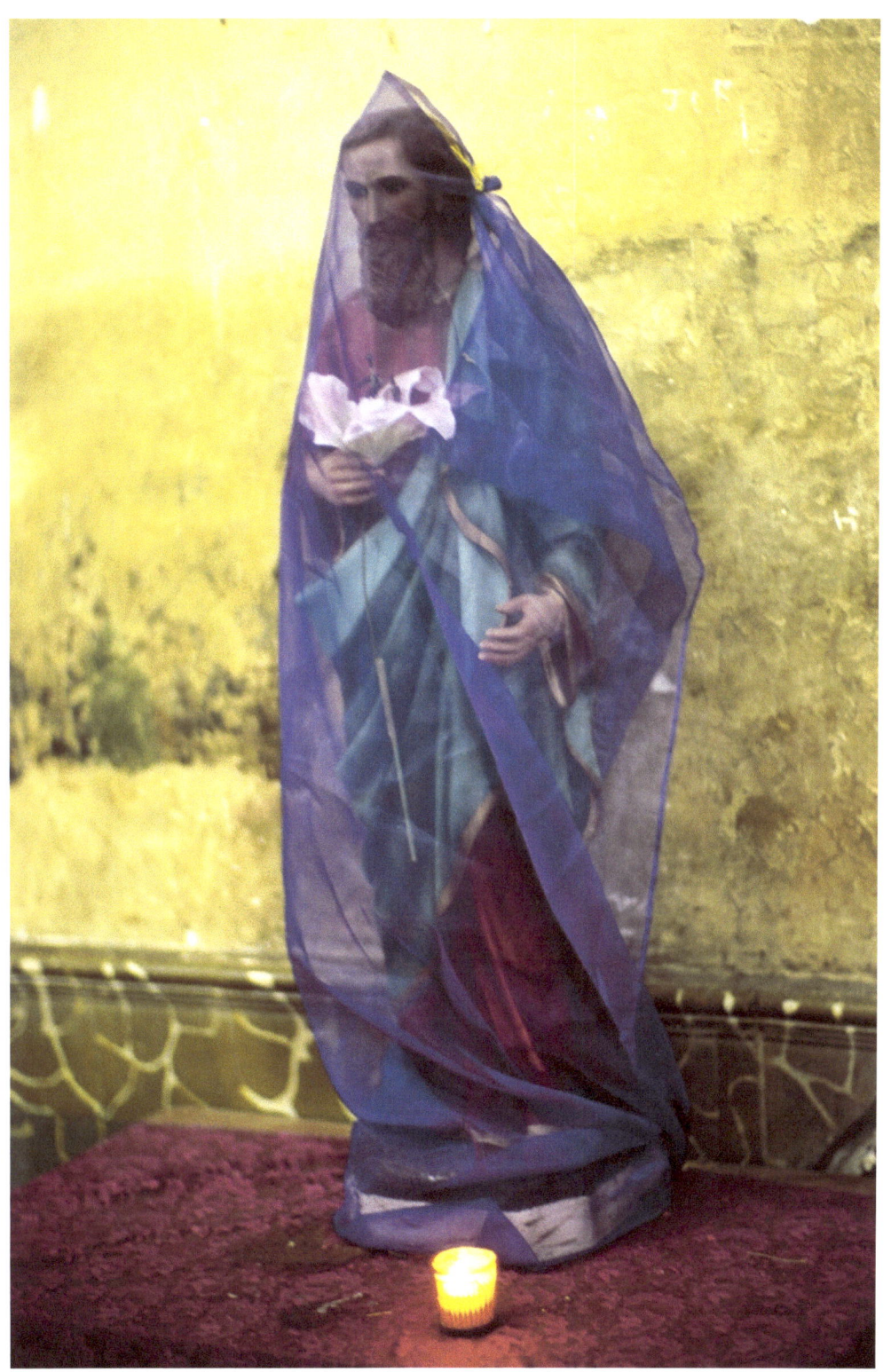

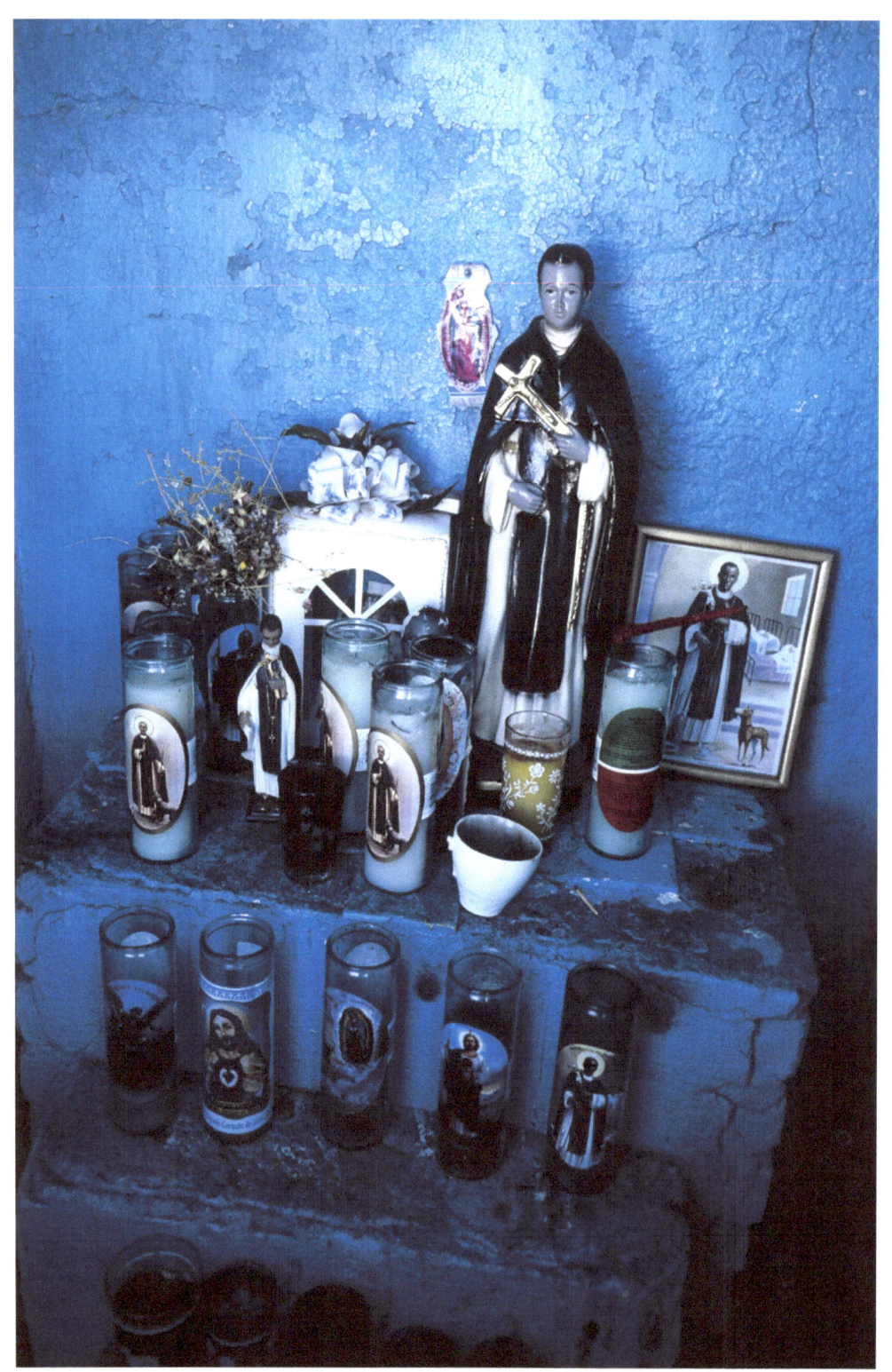

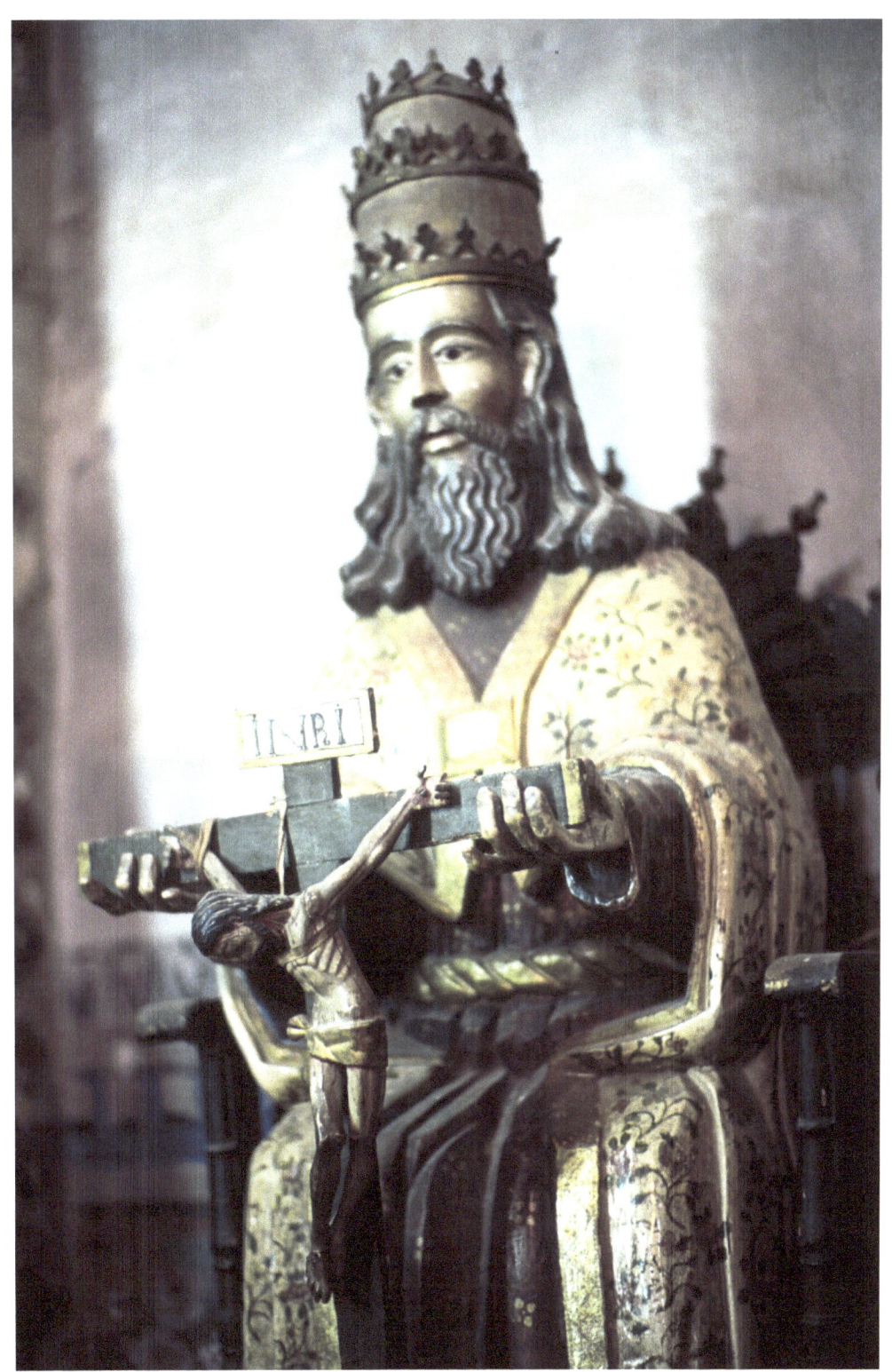

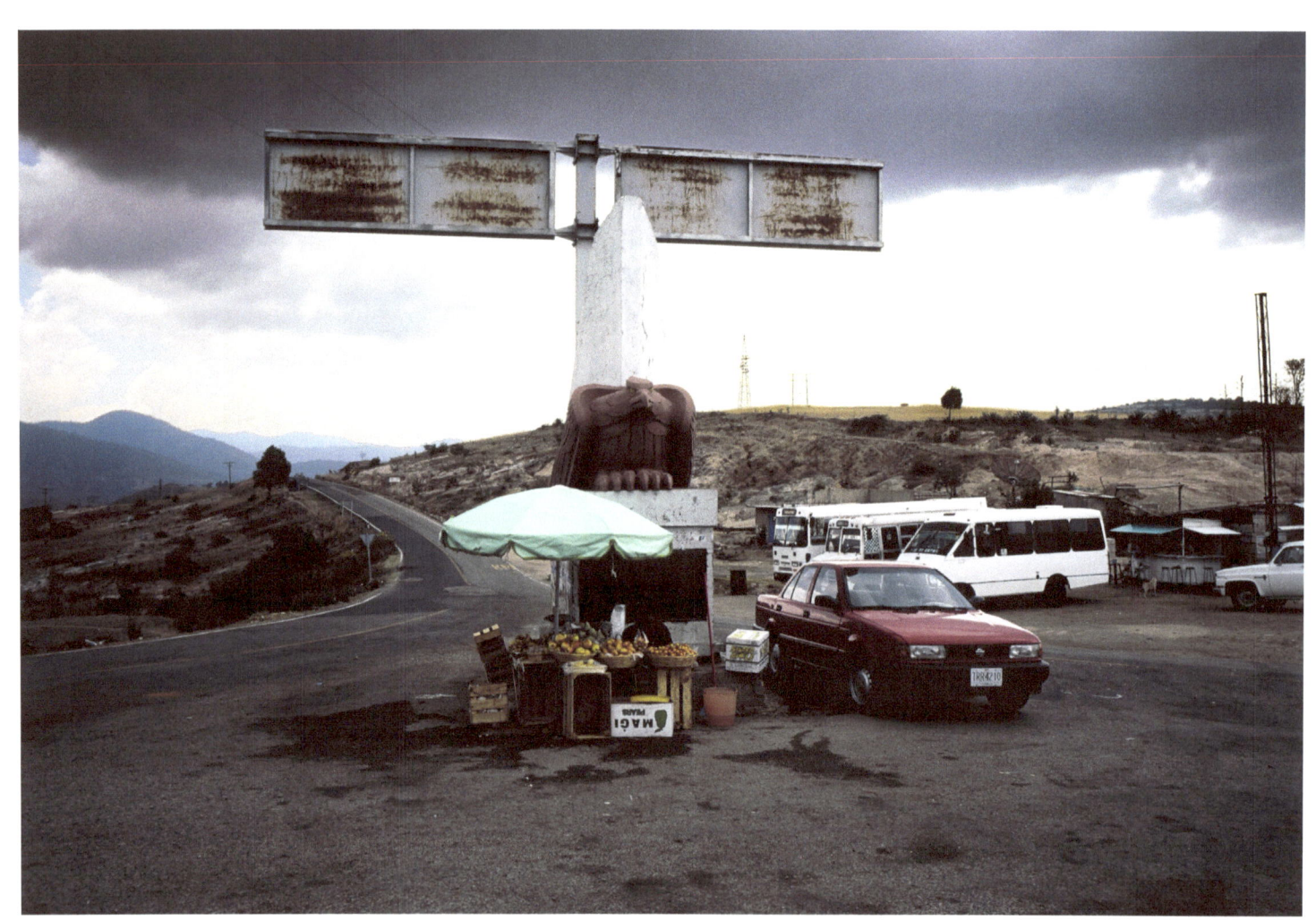

Sulla strada per Mexico City

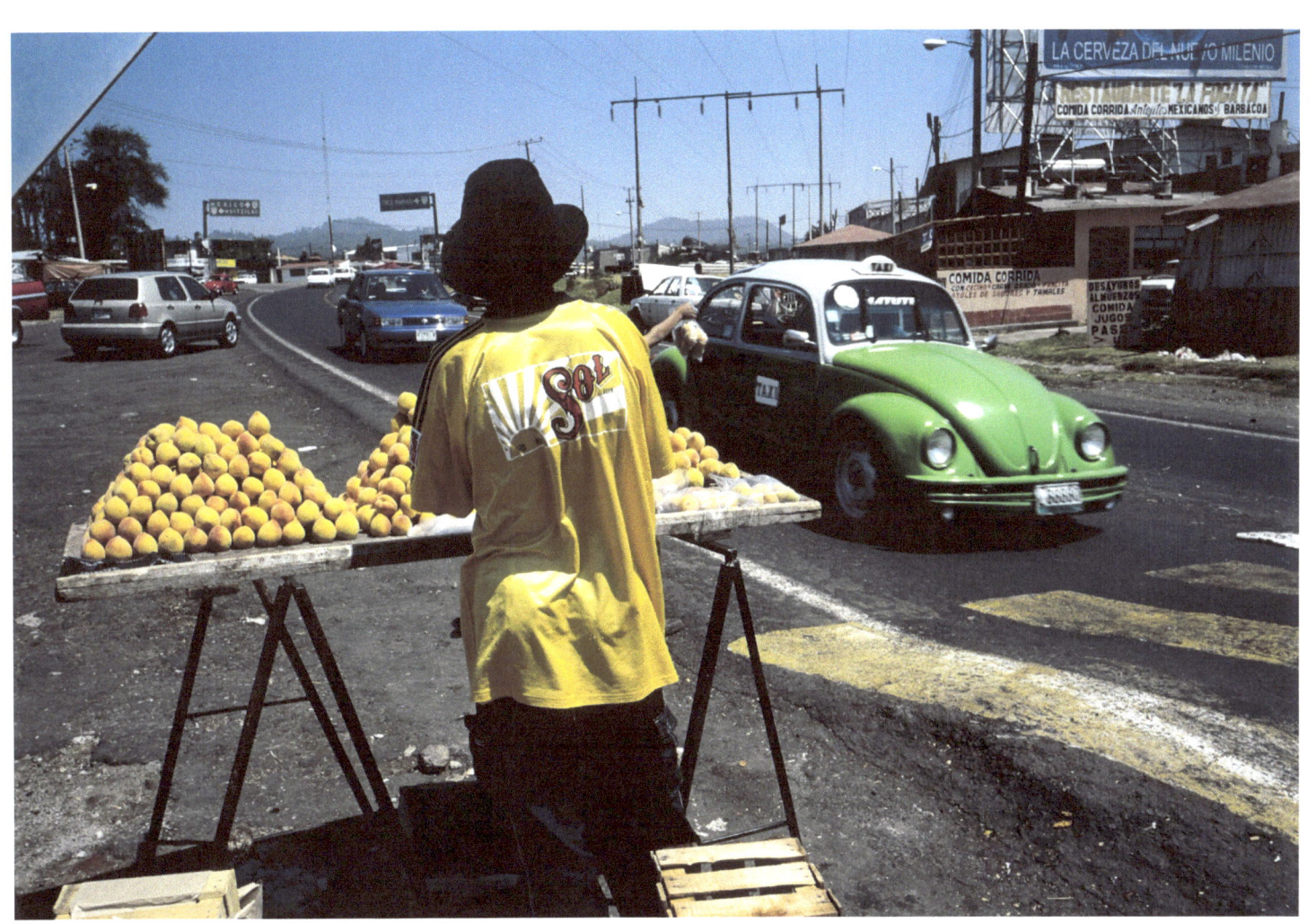
Sulla strada per Mexico City

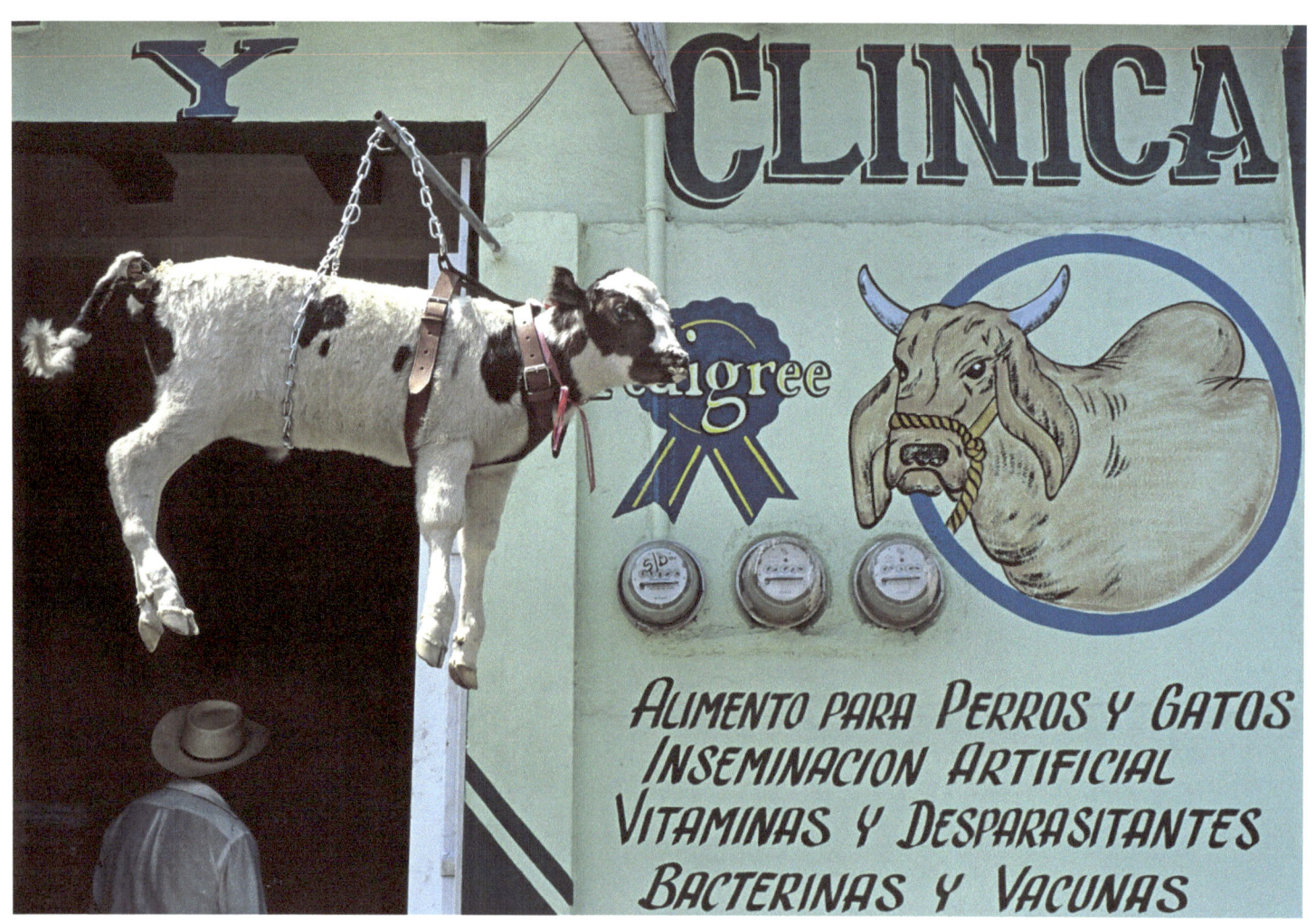

Sulla strada per Mexico City

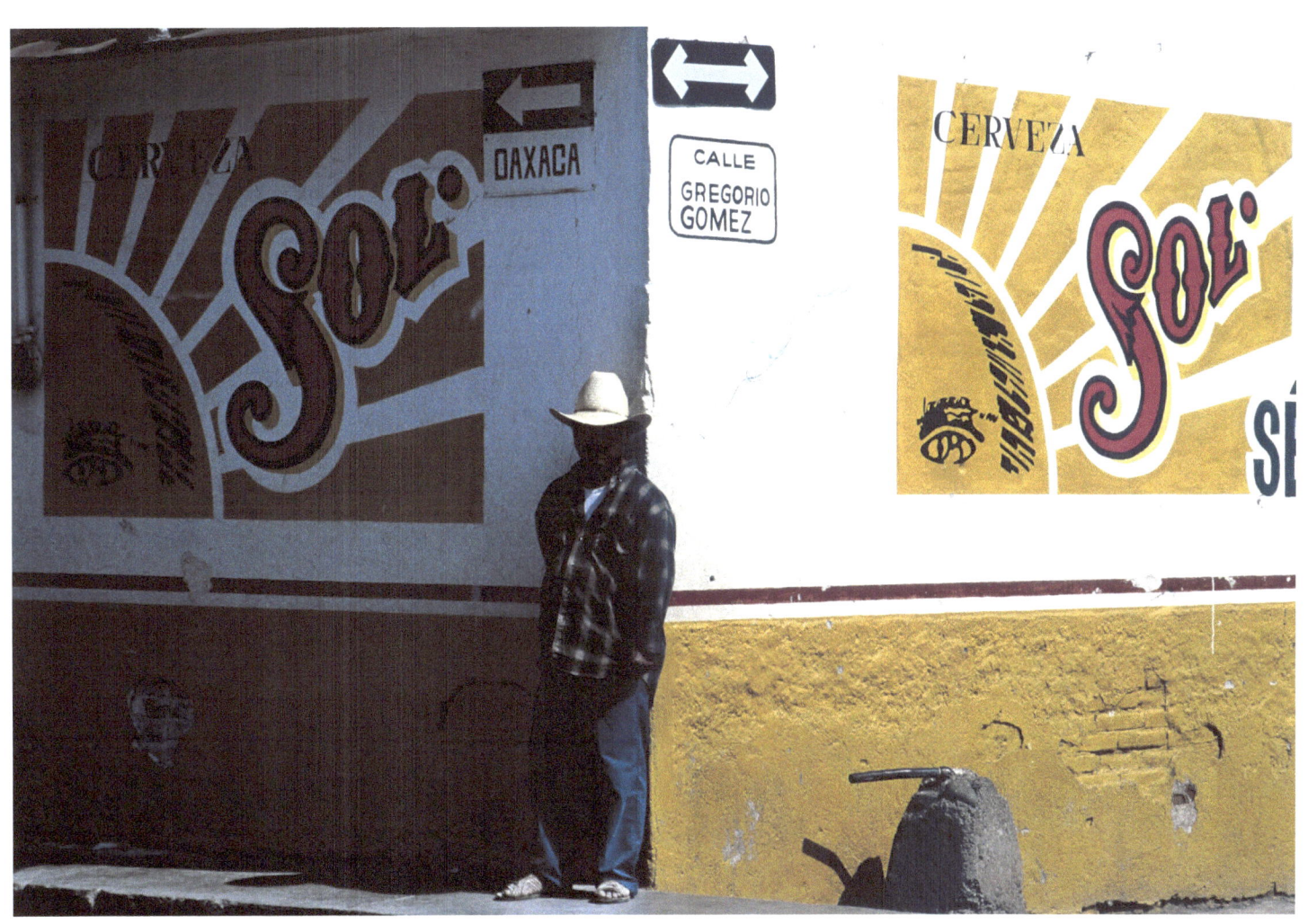
Sulla strada per Mexico City

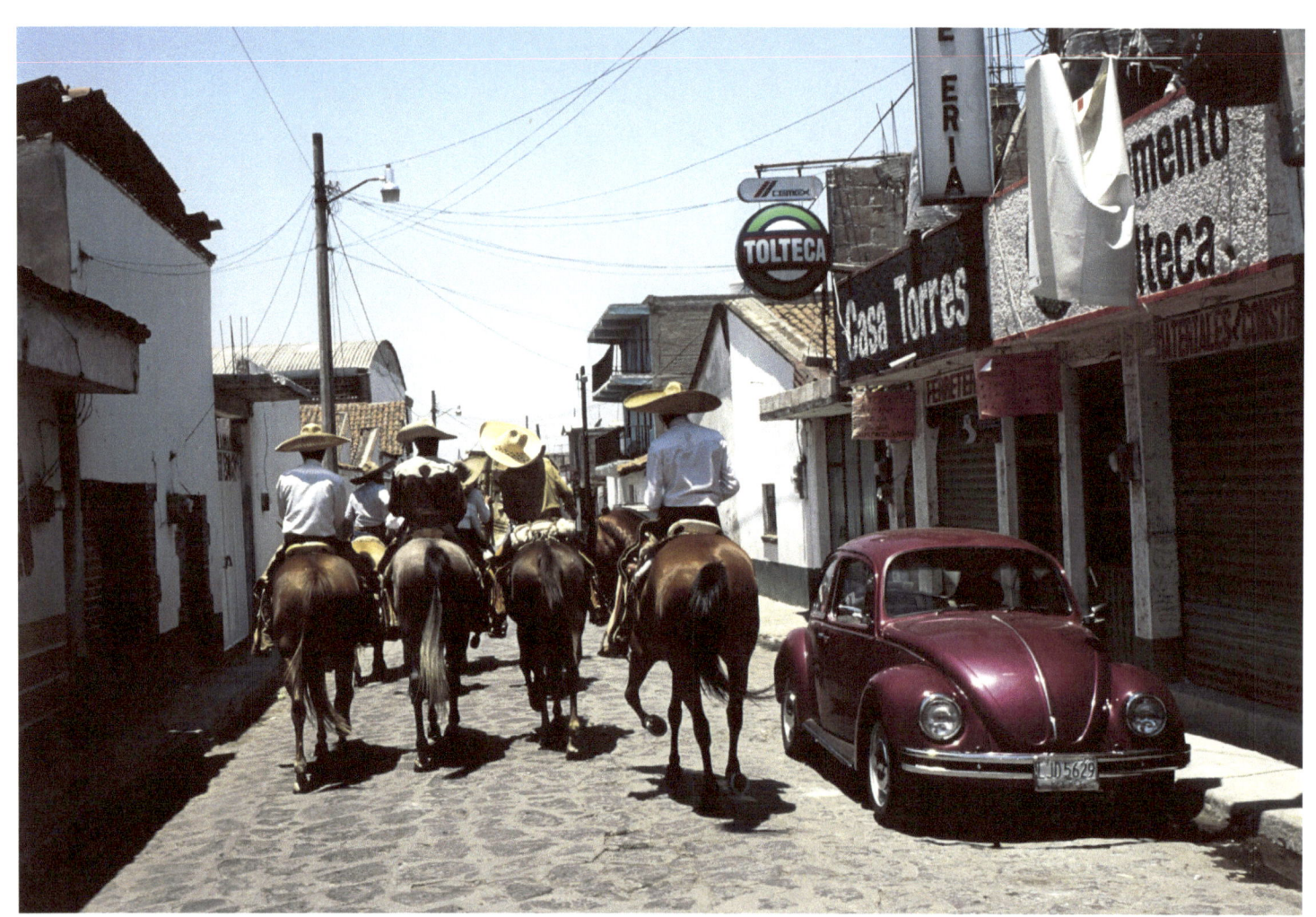

Sulla strada per Mexico City

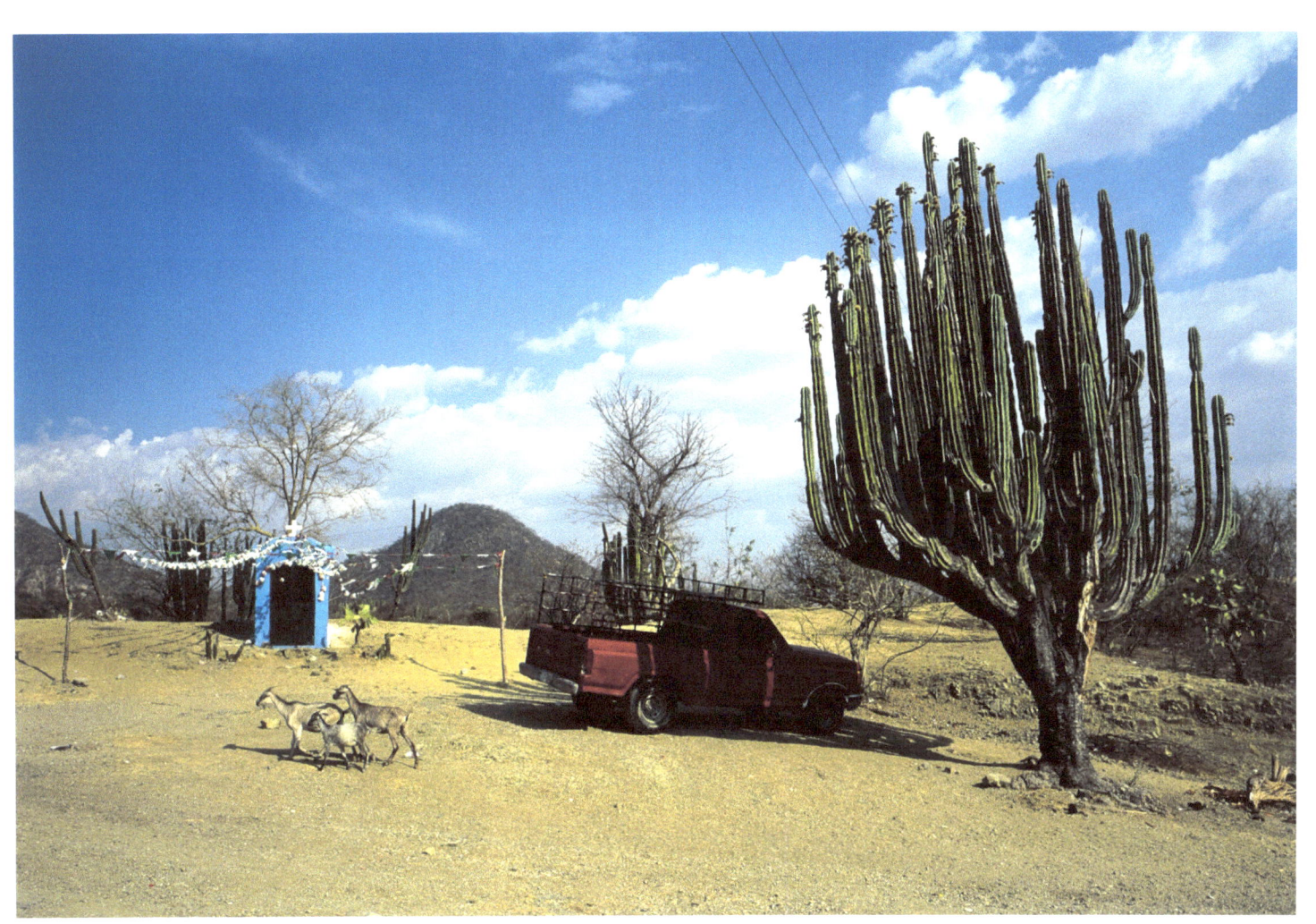

Sulla strada per Mexico City

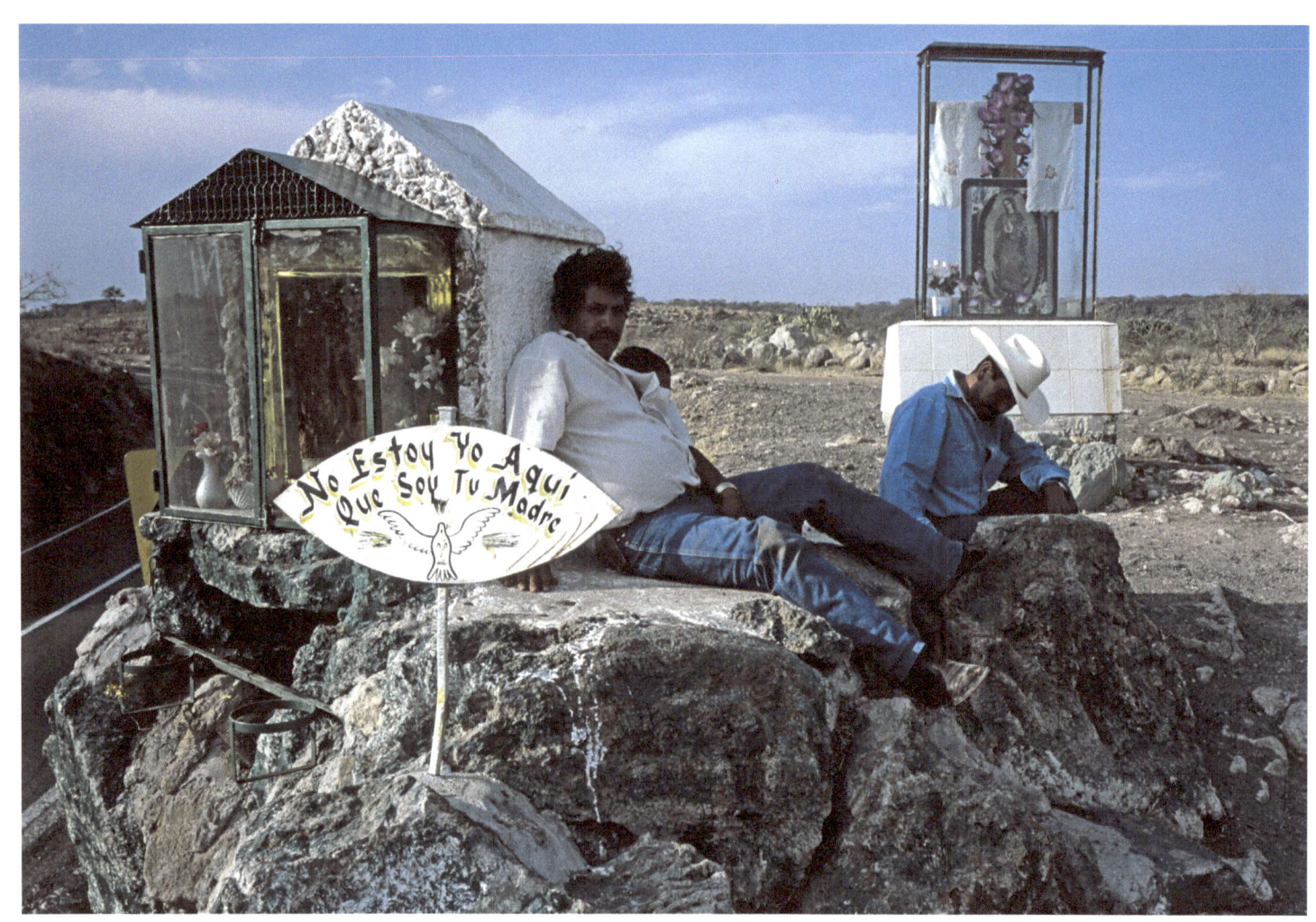

Sulla strada per Mexico City

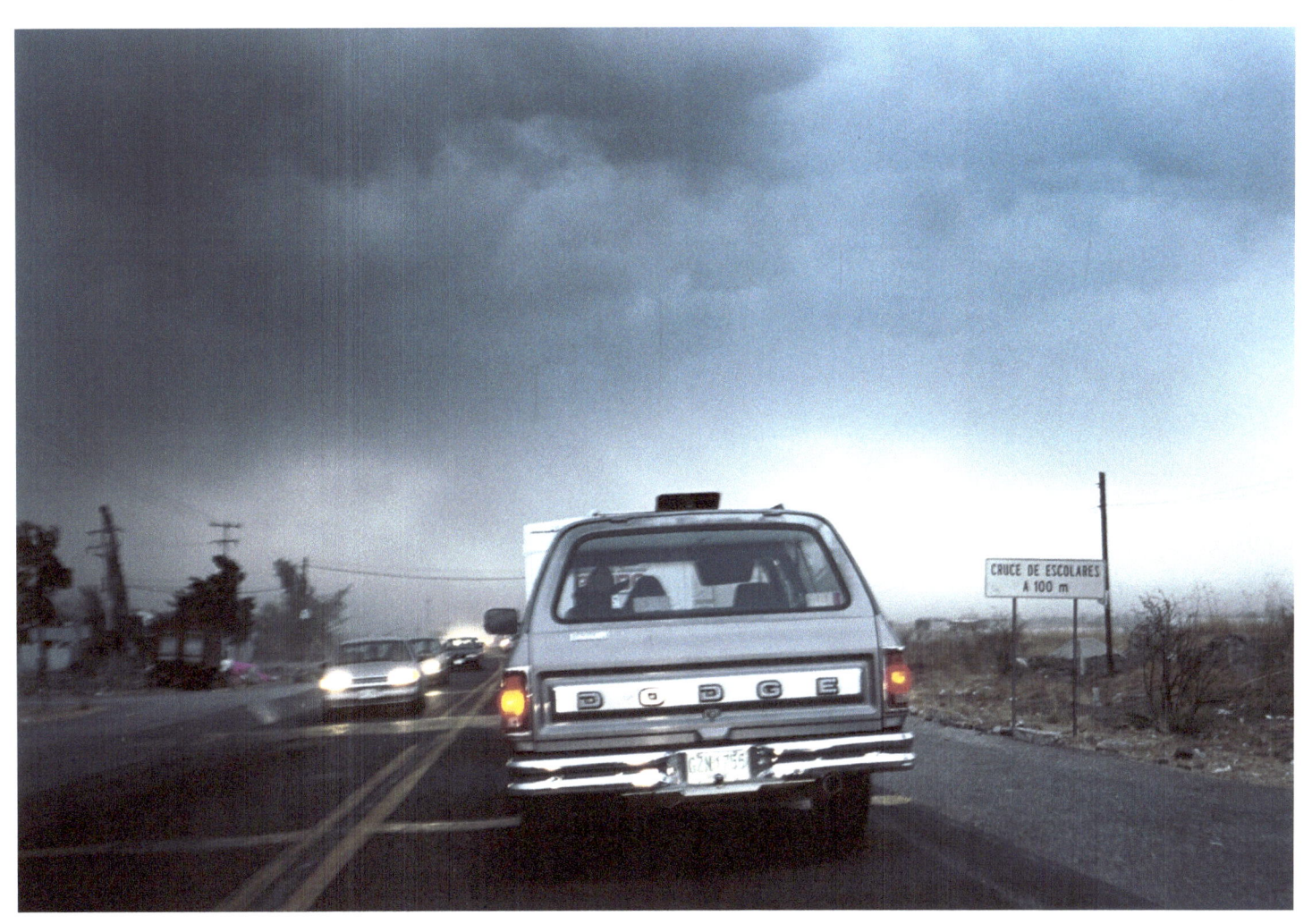

Sulla strada per Mexico City

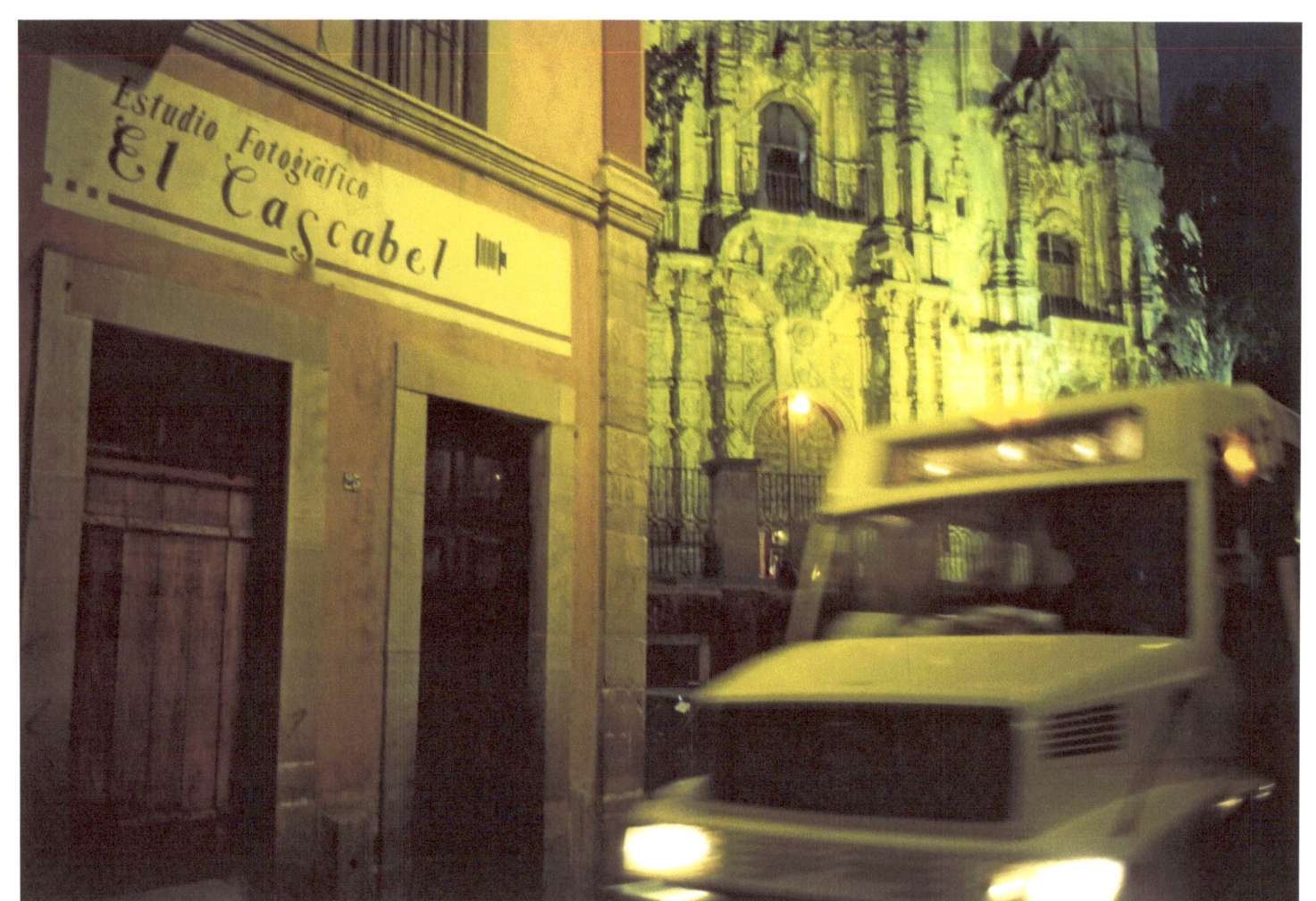

Guanajuato

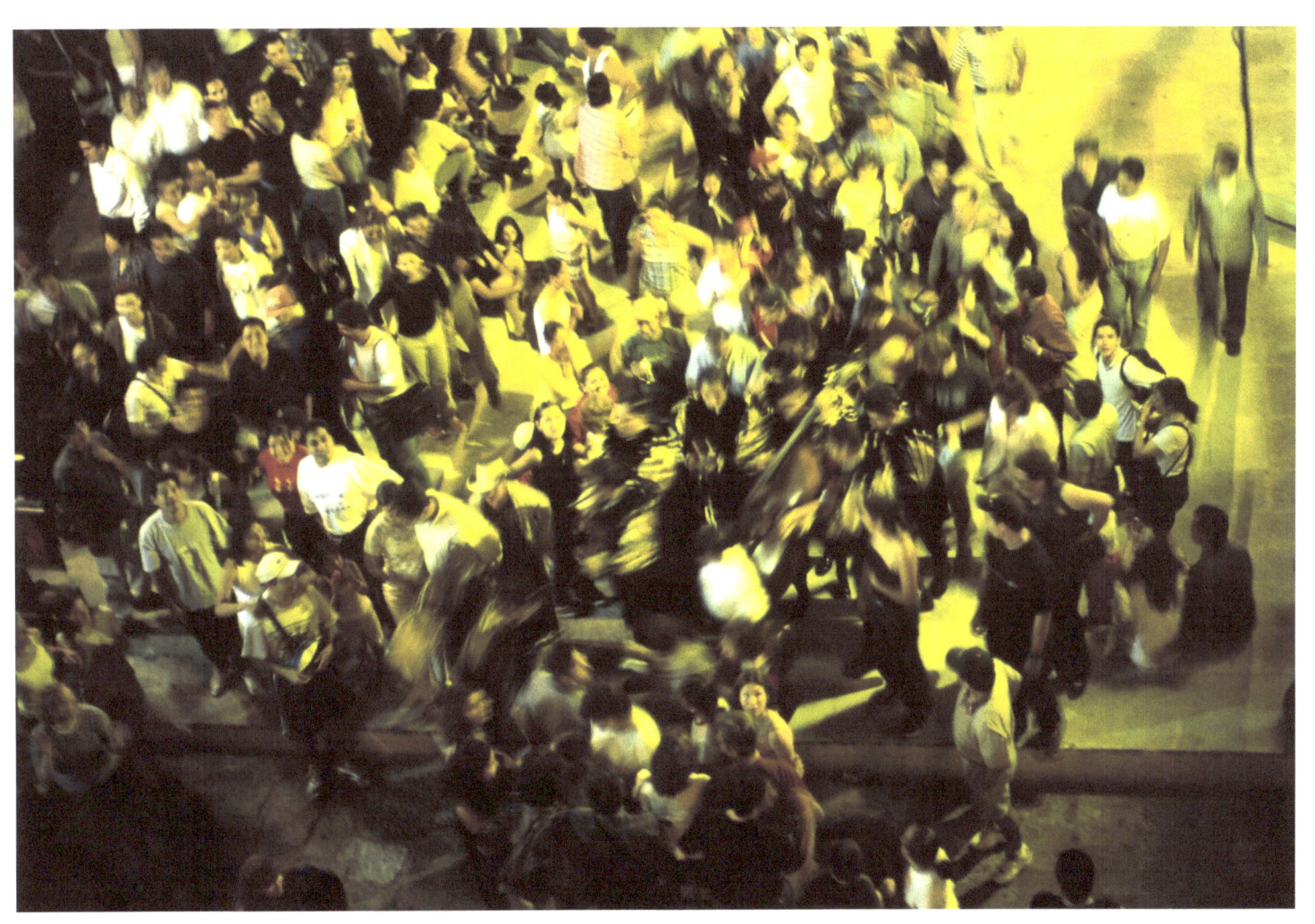
Guanajuato, ballando per le strade di notte

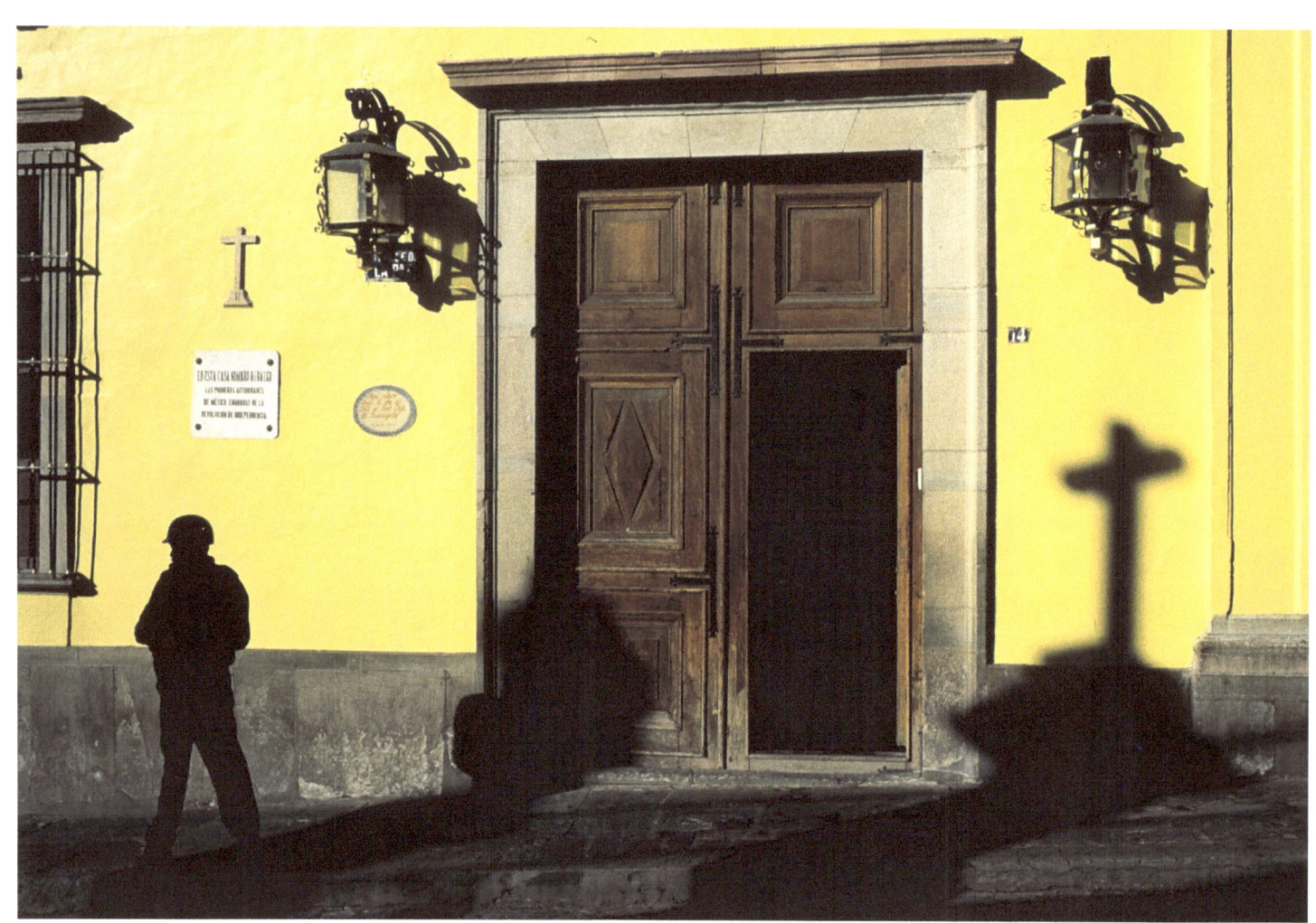

Guanajuato

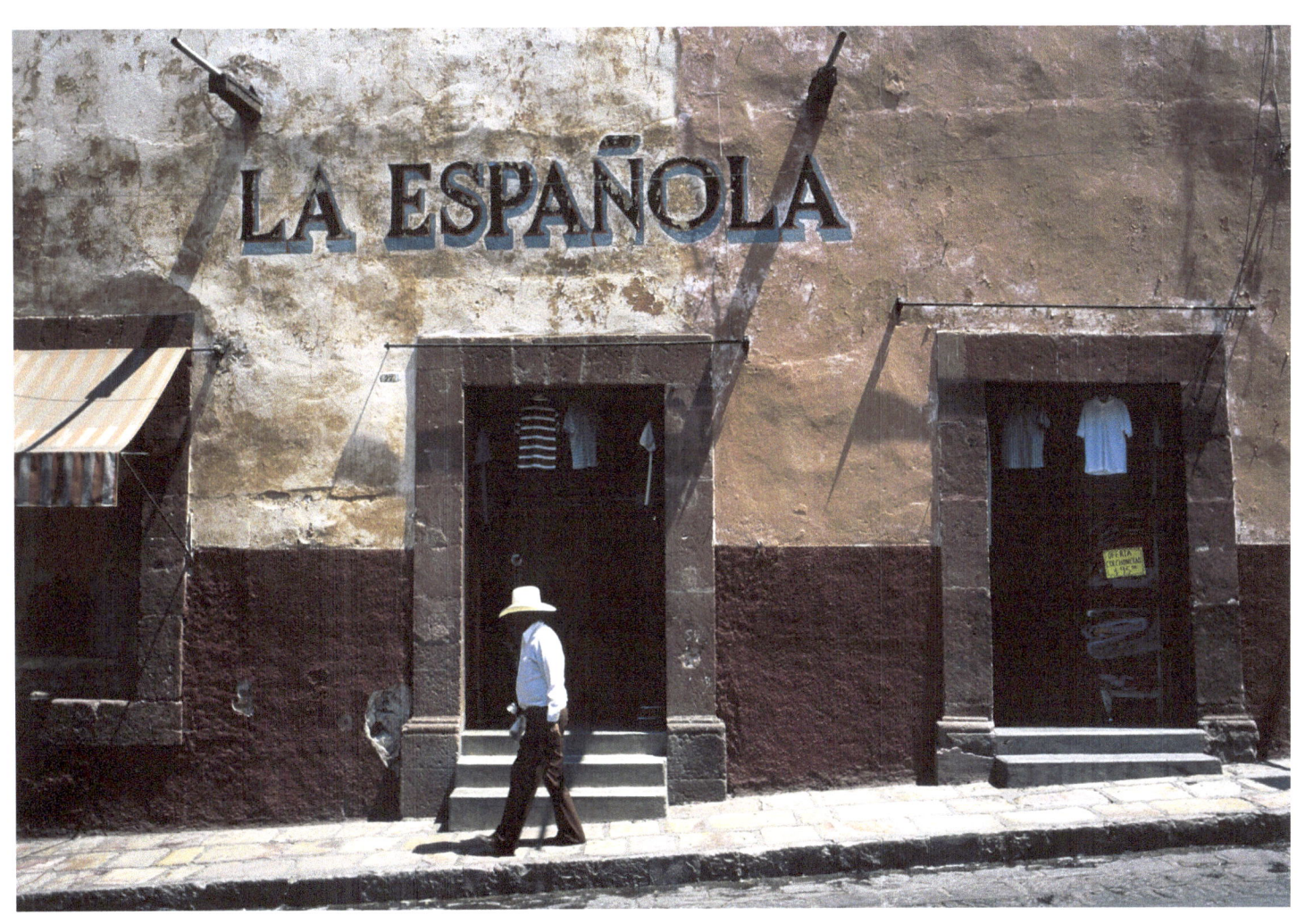

San Miguel de Allende

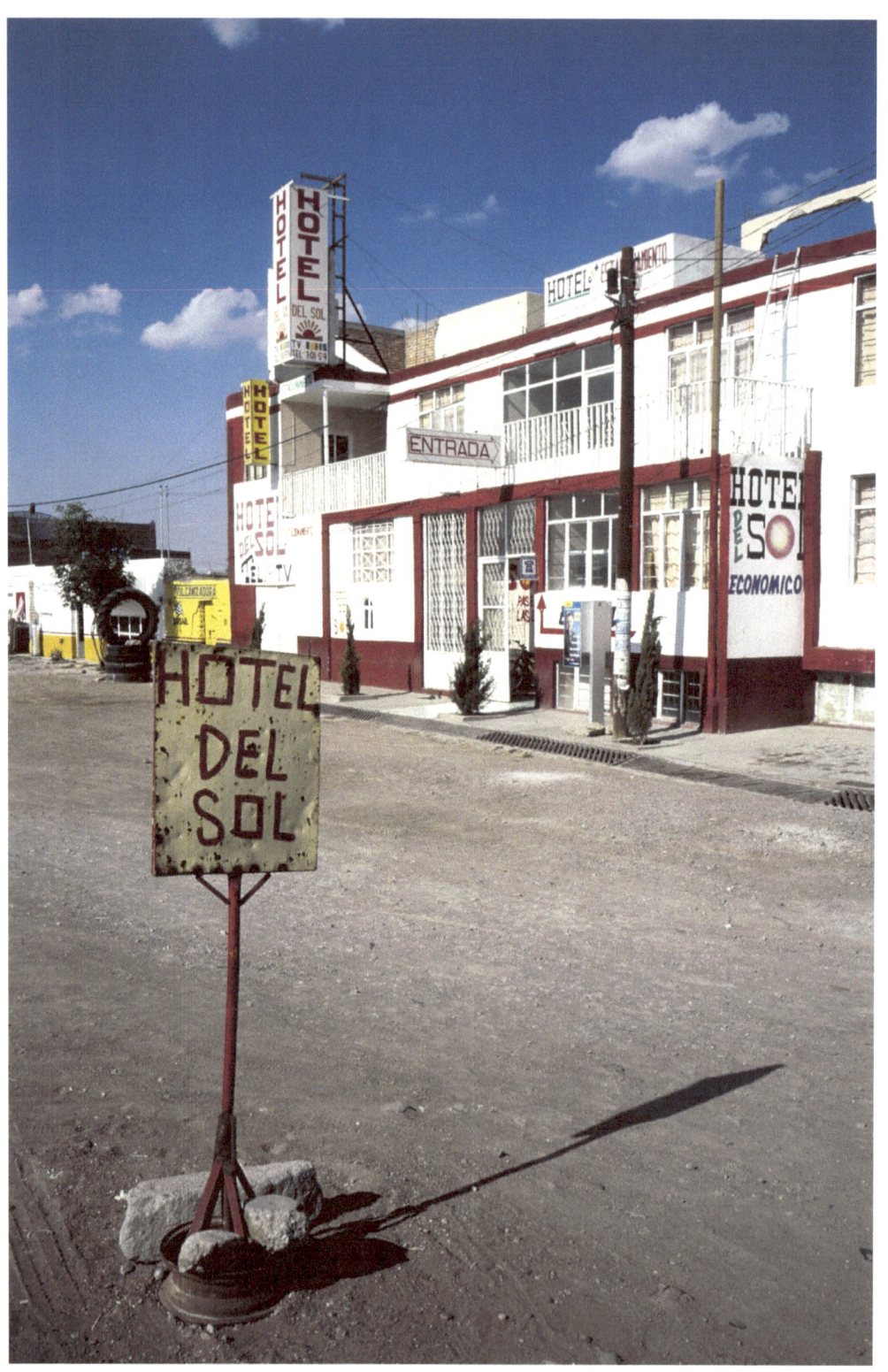

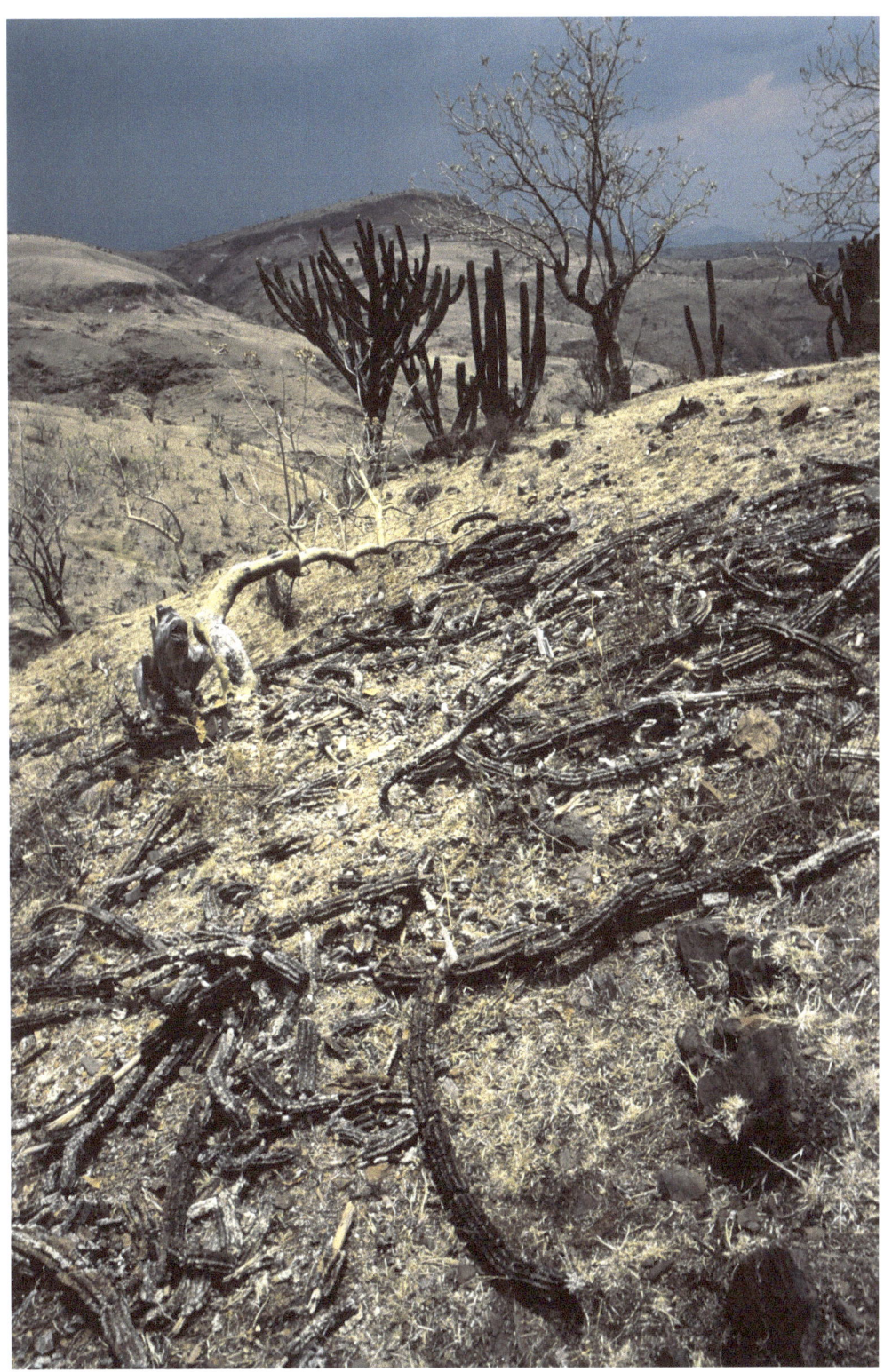

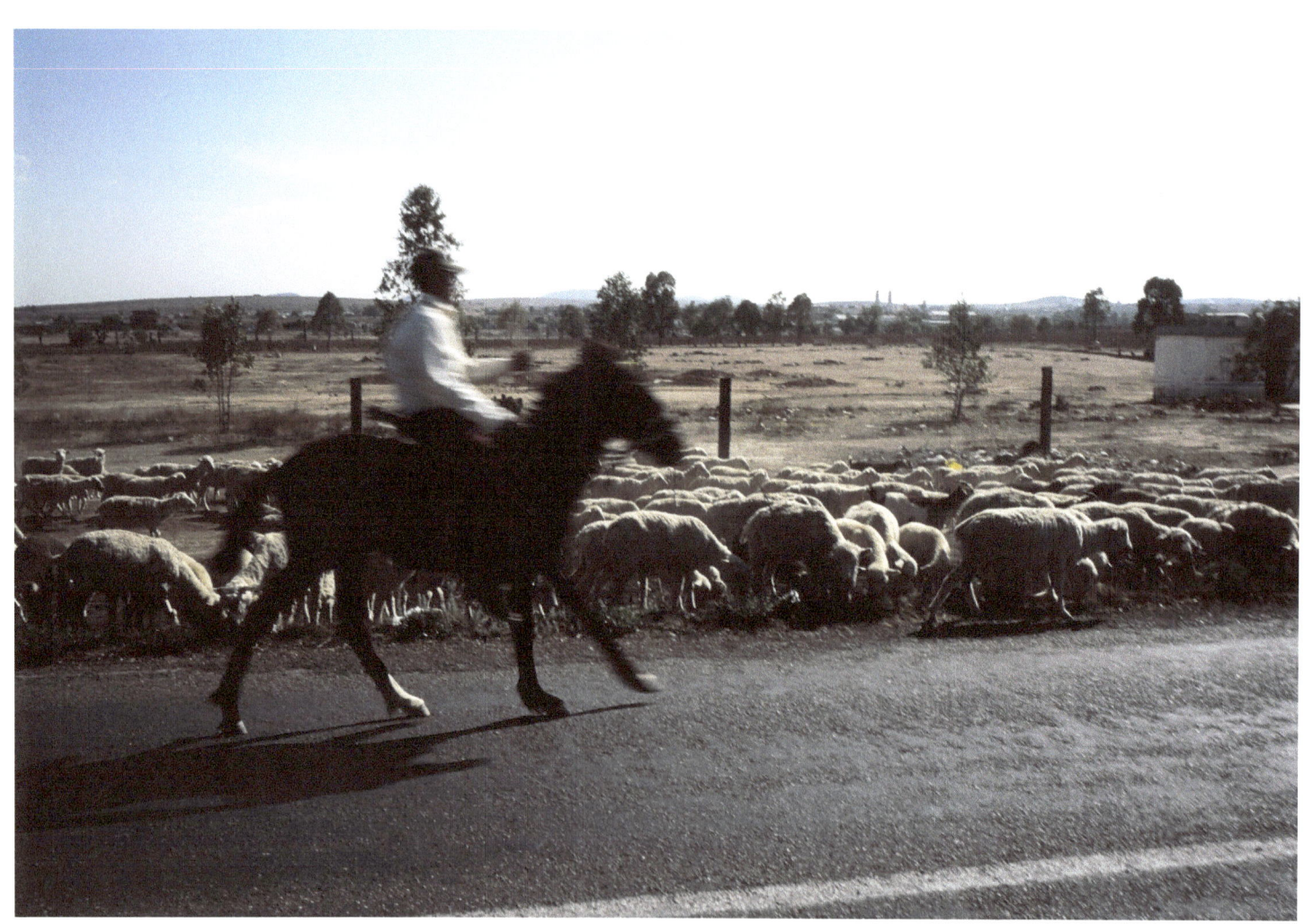

Sulla strada 15, verso nord

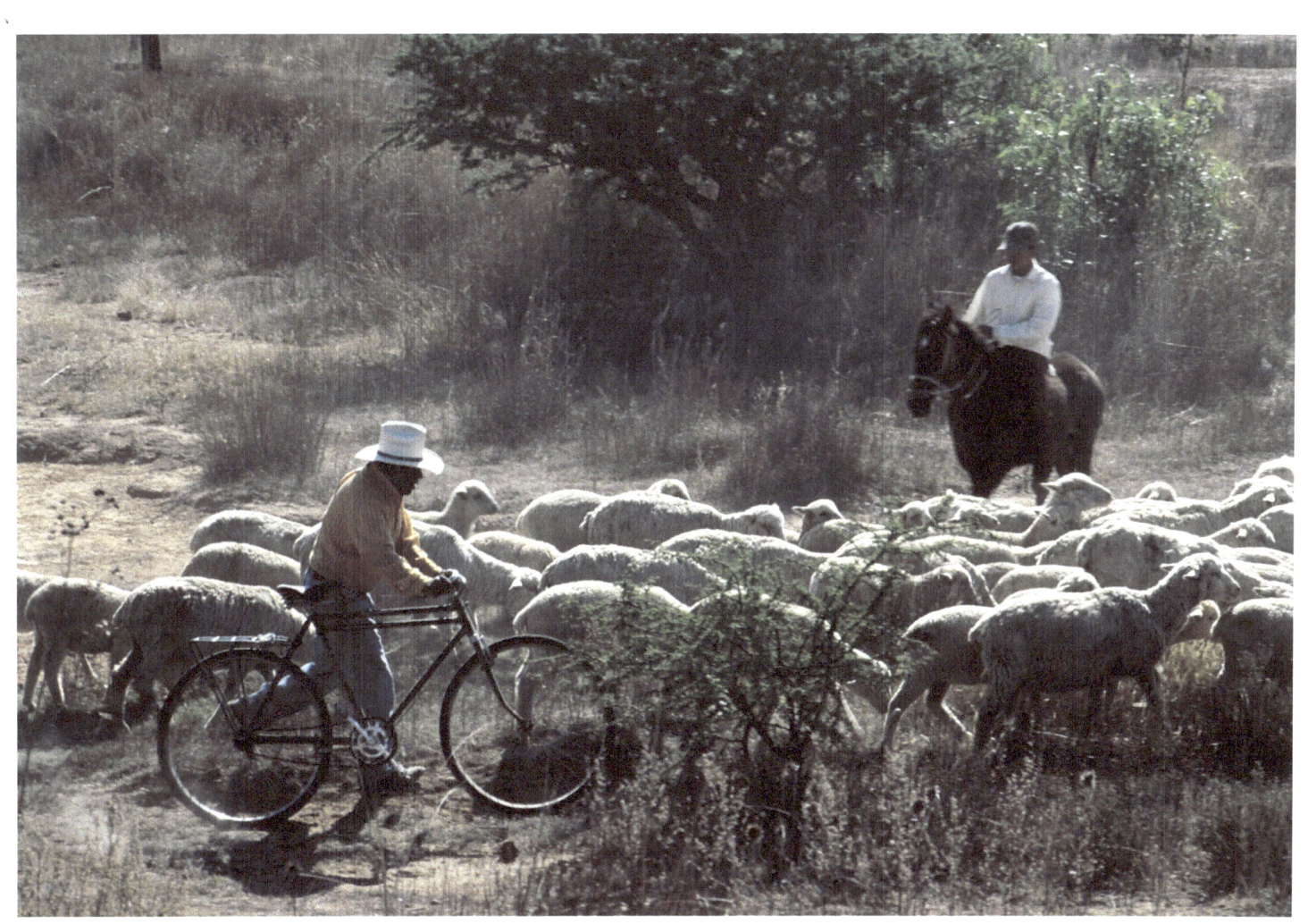

Sulla strada 15, verso nord

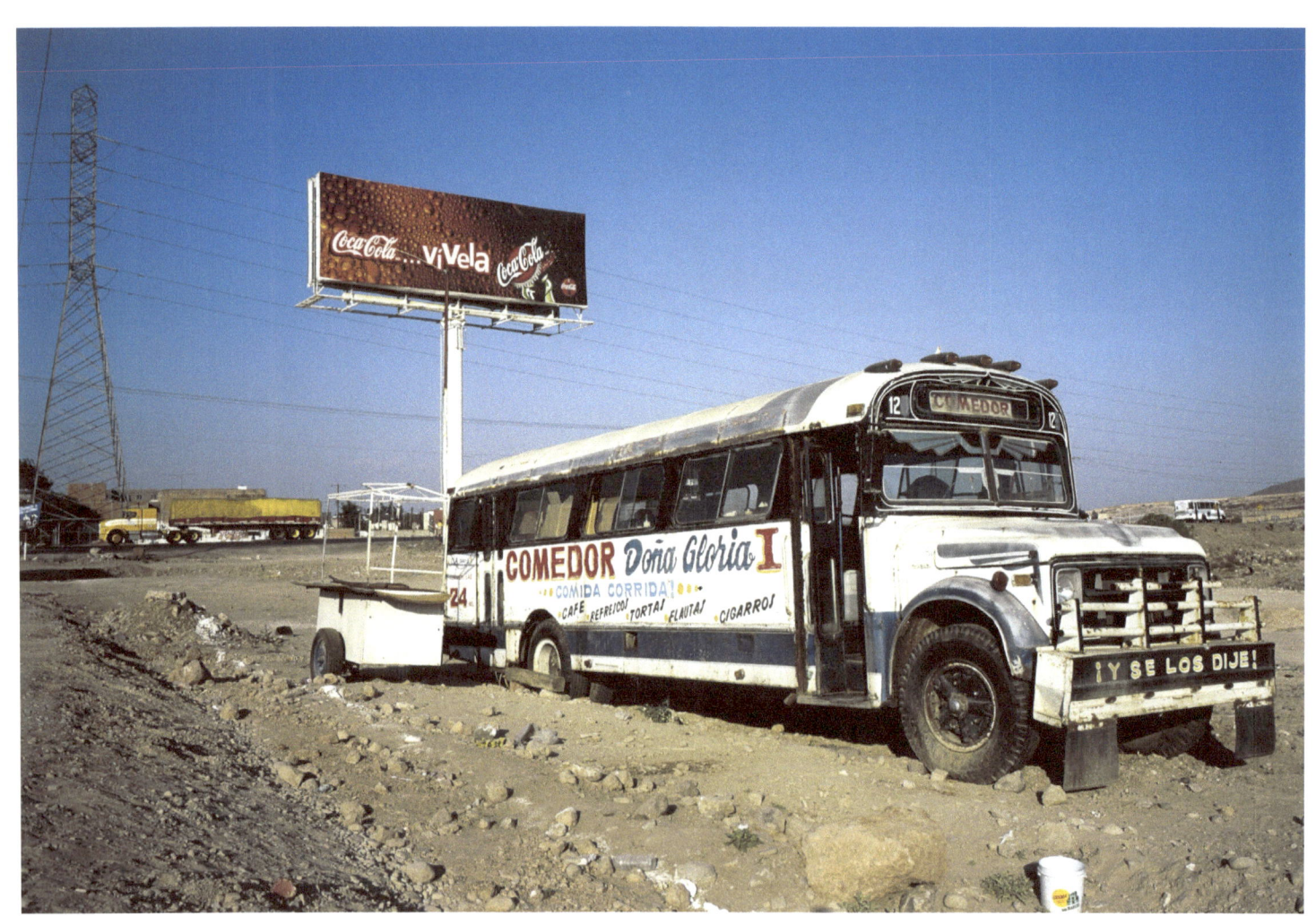

Sulla strada 15, verso nord

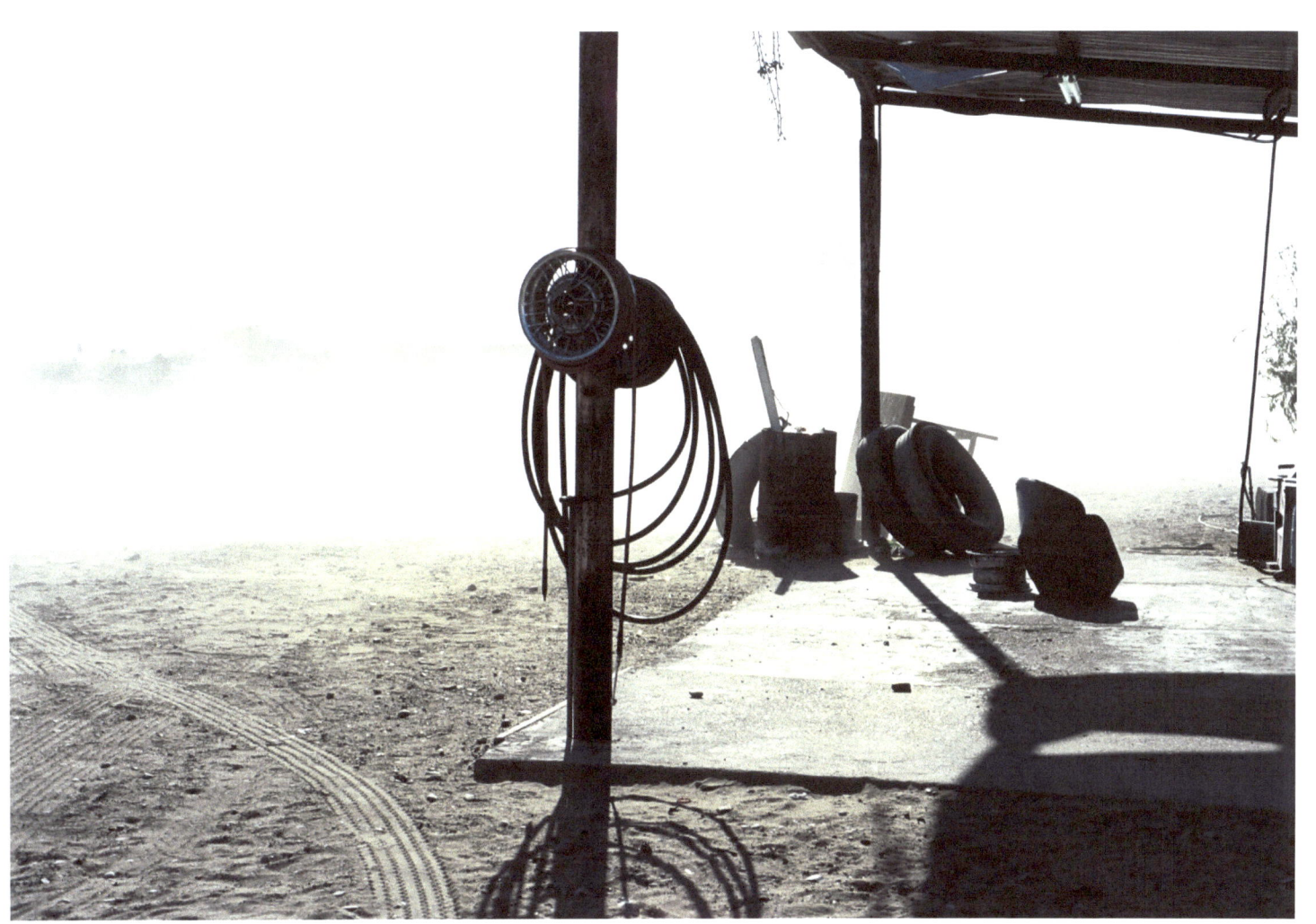

Sulla strada 15, verso nord

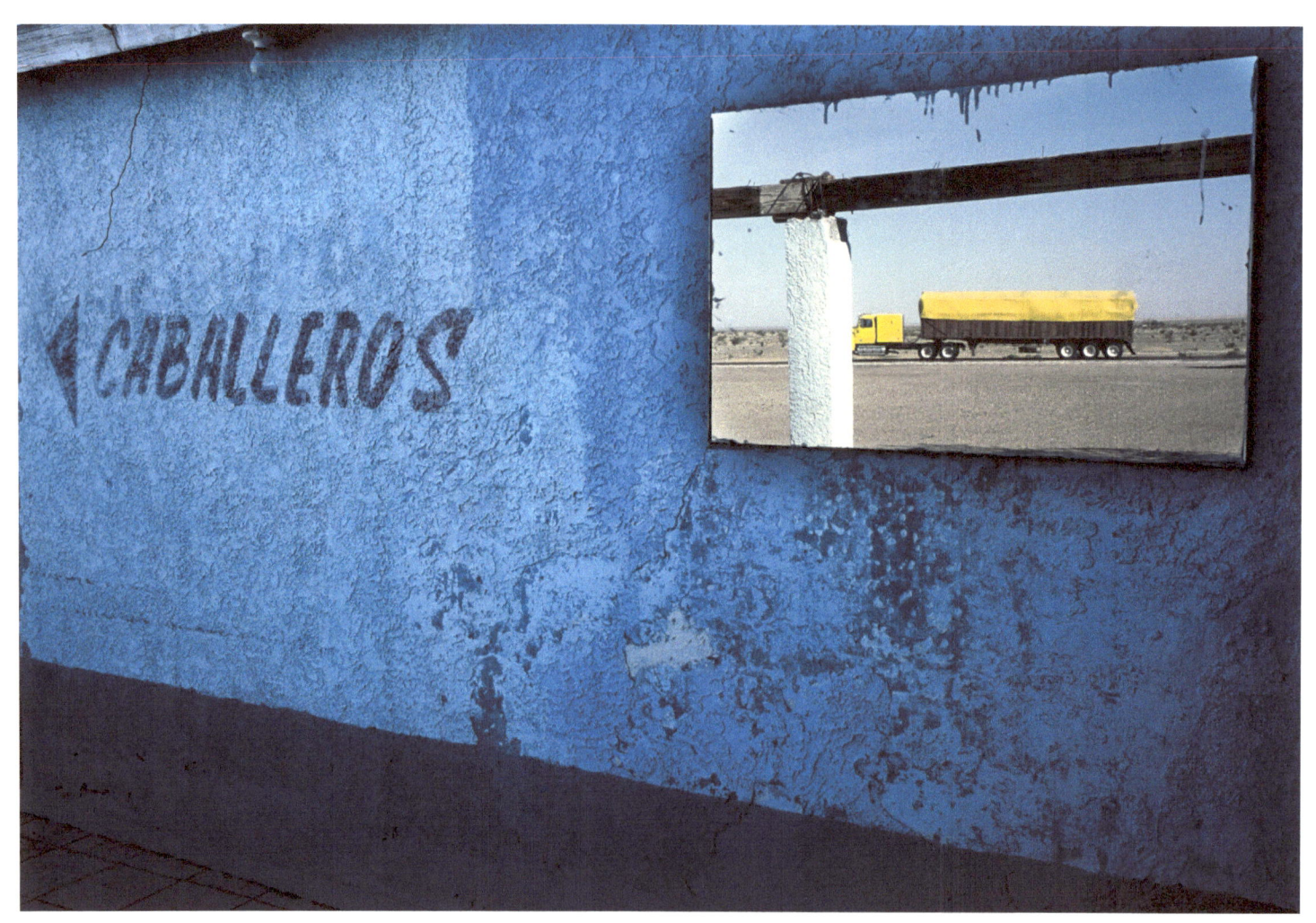

Sulla strada 2, verso nord-ovest

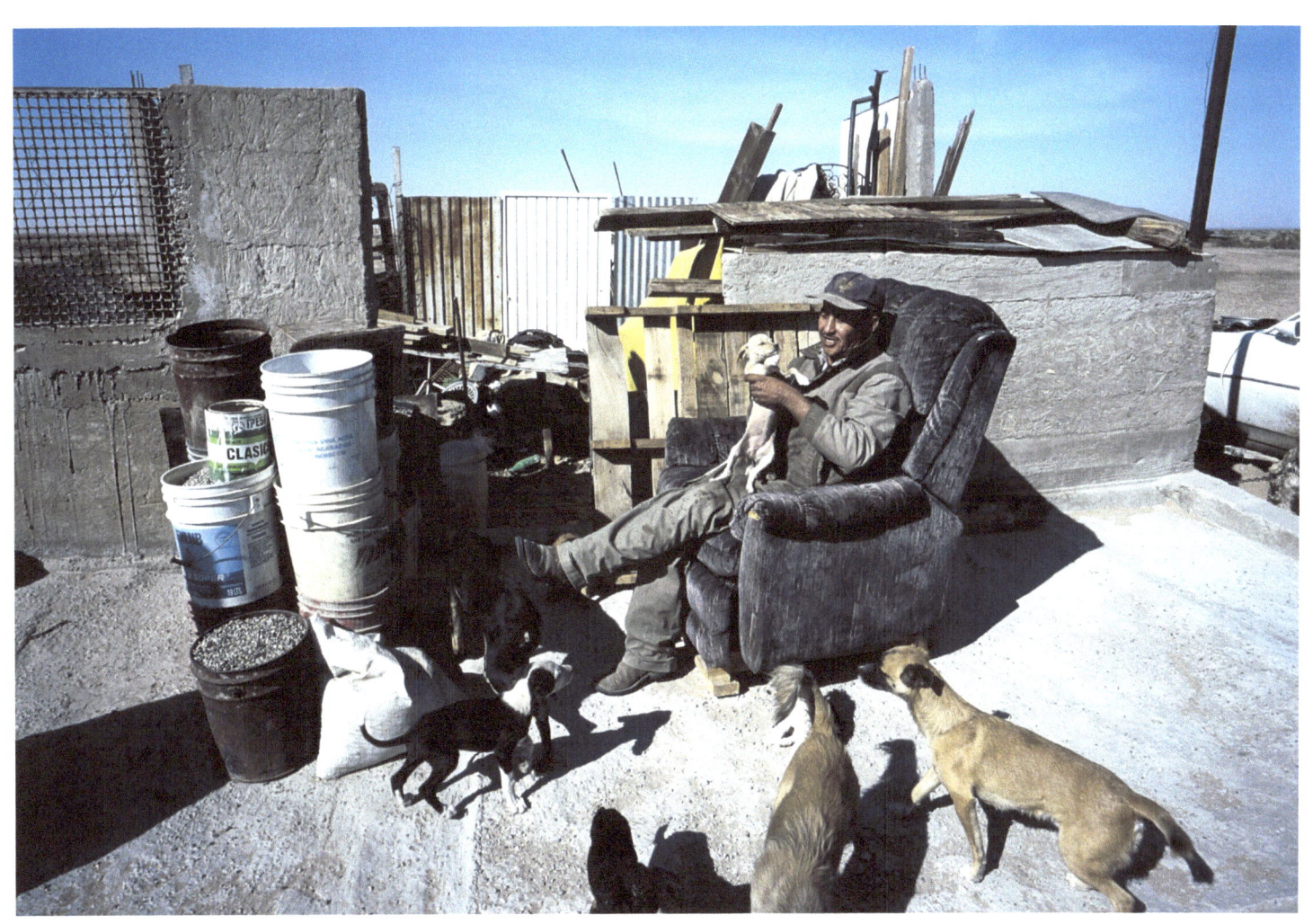

Vivendo lungo la strada, con molti cani ma senza un tetto

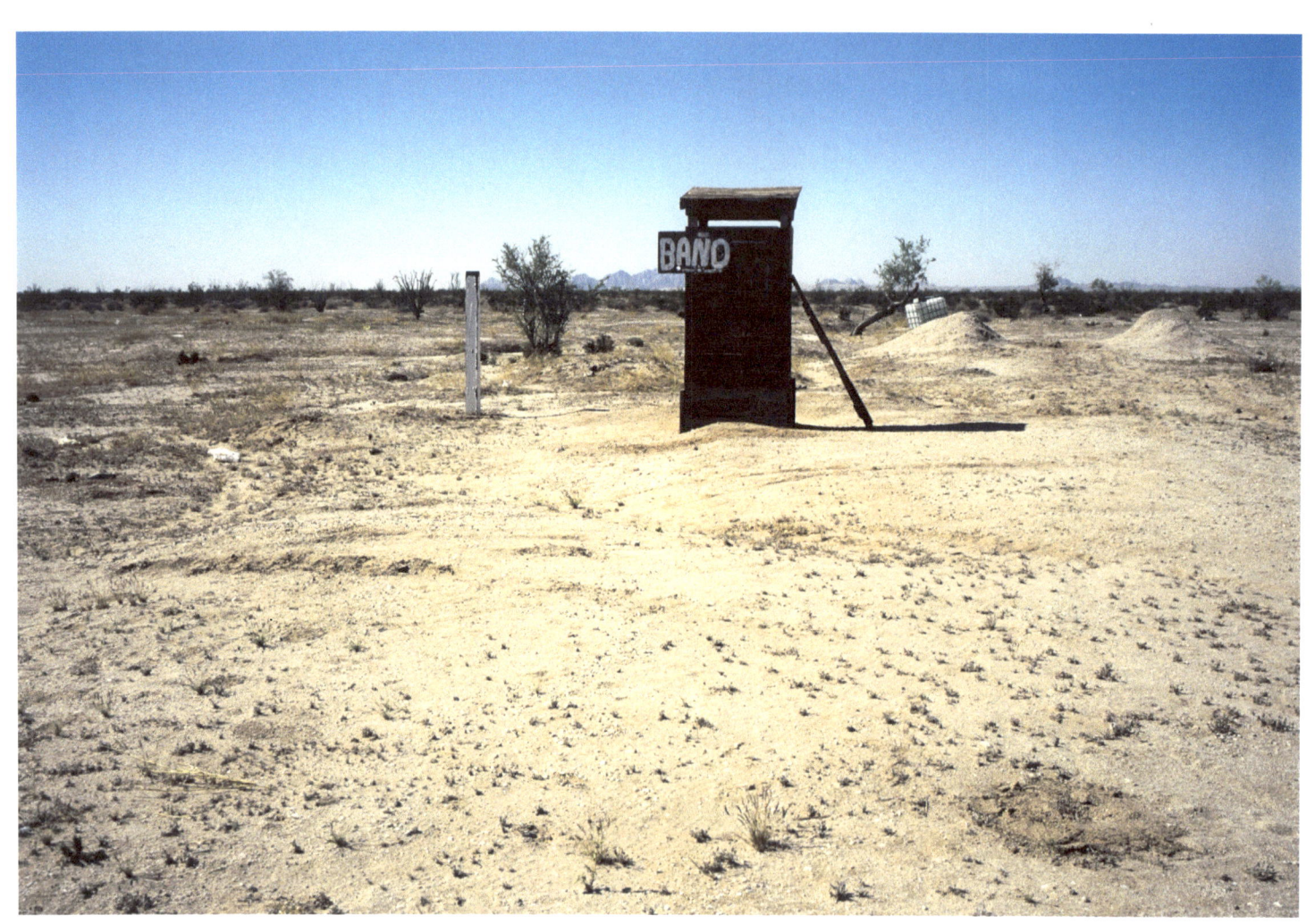

Sulla strada 2, verso nord-ovest

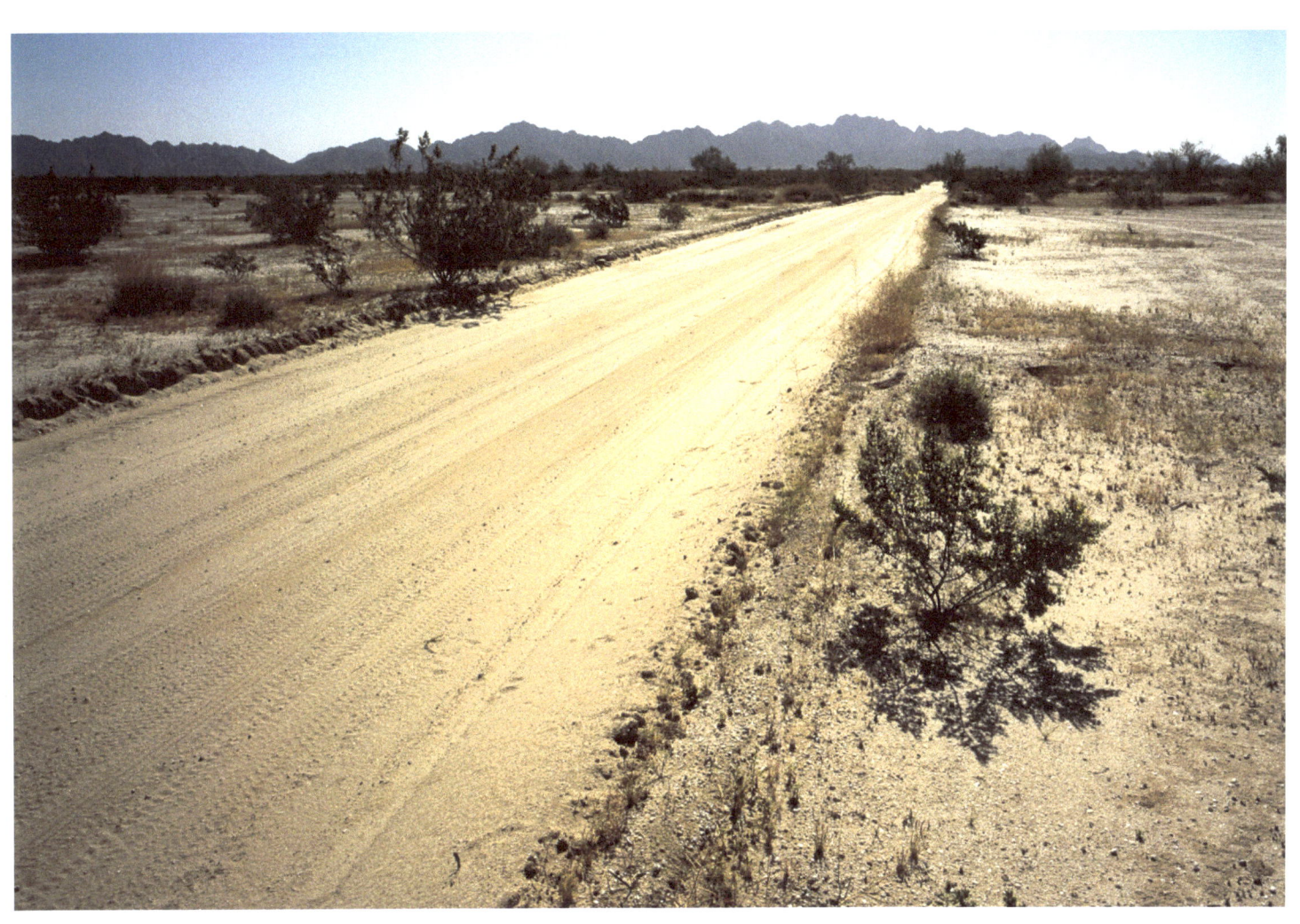

Il confine Messico-USA era solo una strada nel deserto

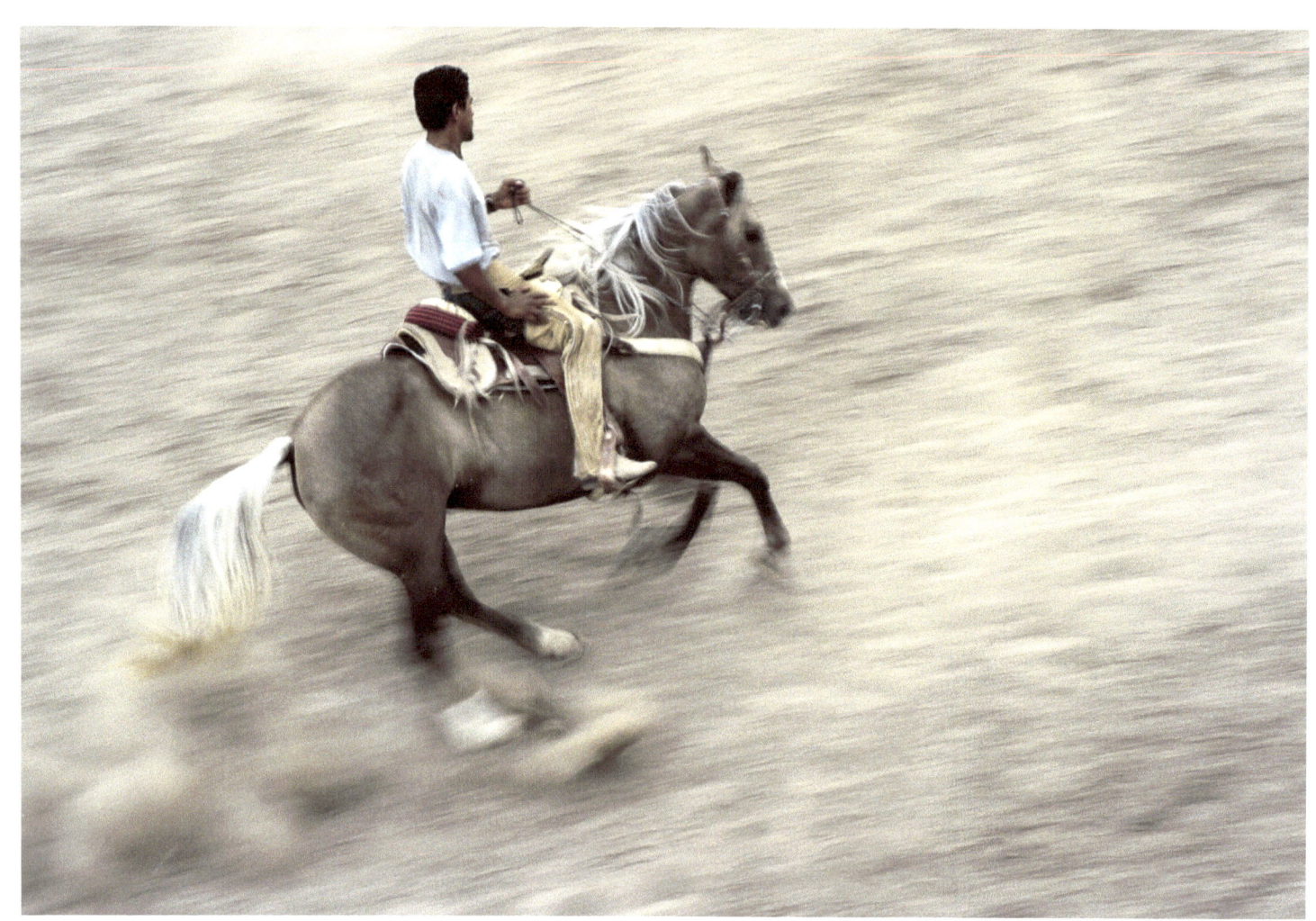
Ranch vicino a Mexicali

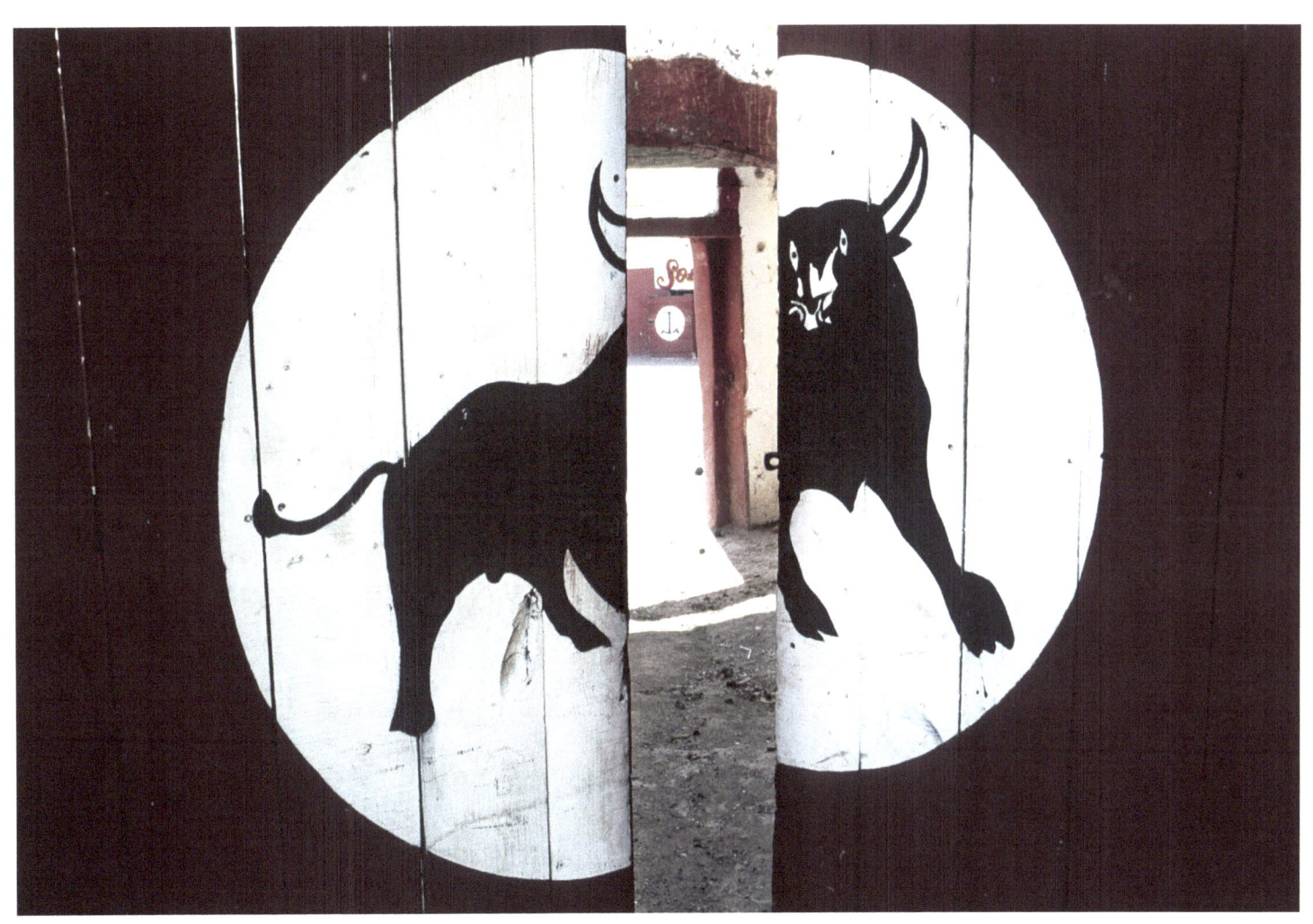

Plaza de Toros, vicino a Mexicali

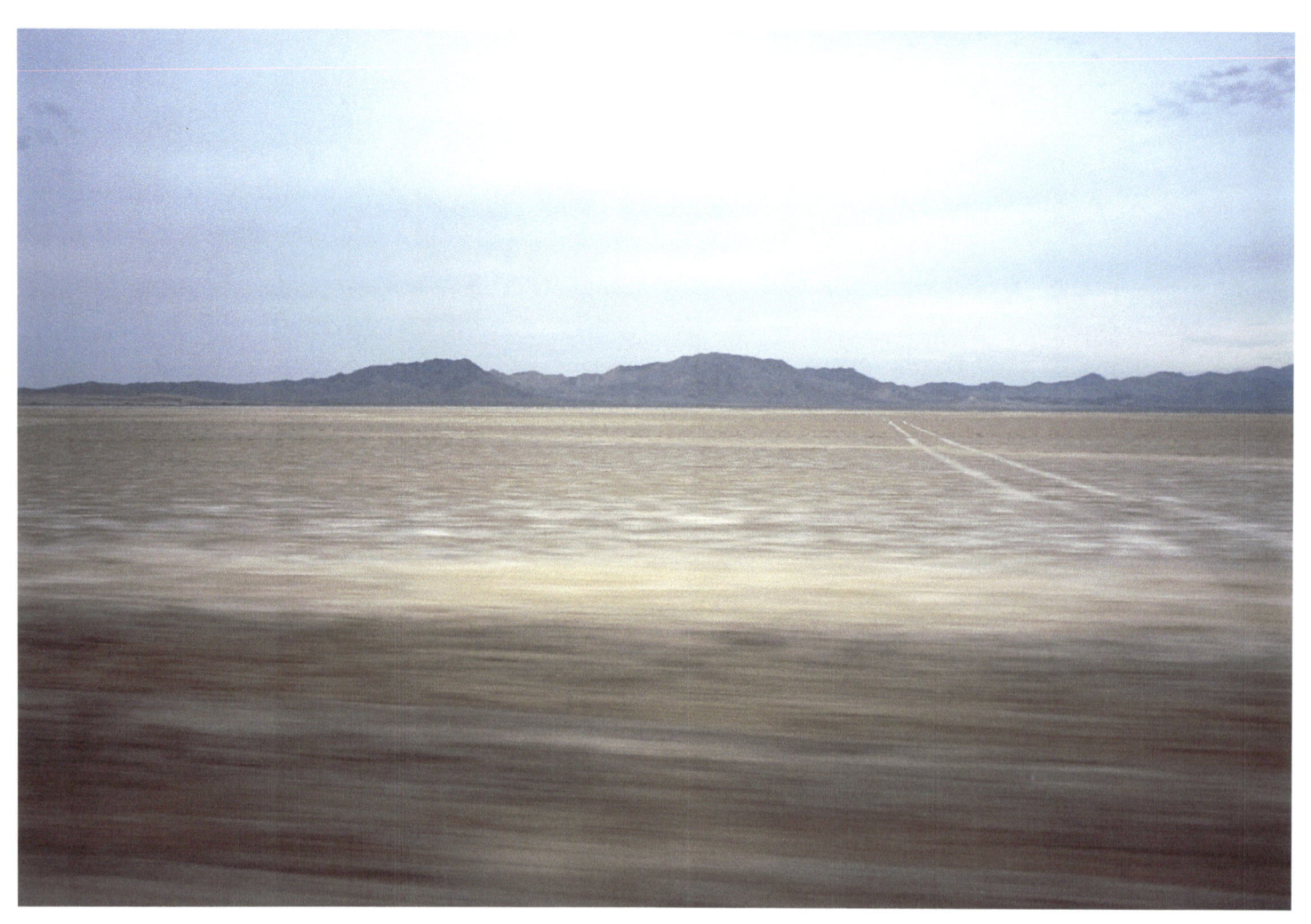

Sulla strada 2, verso Mexicali

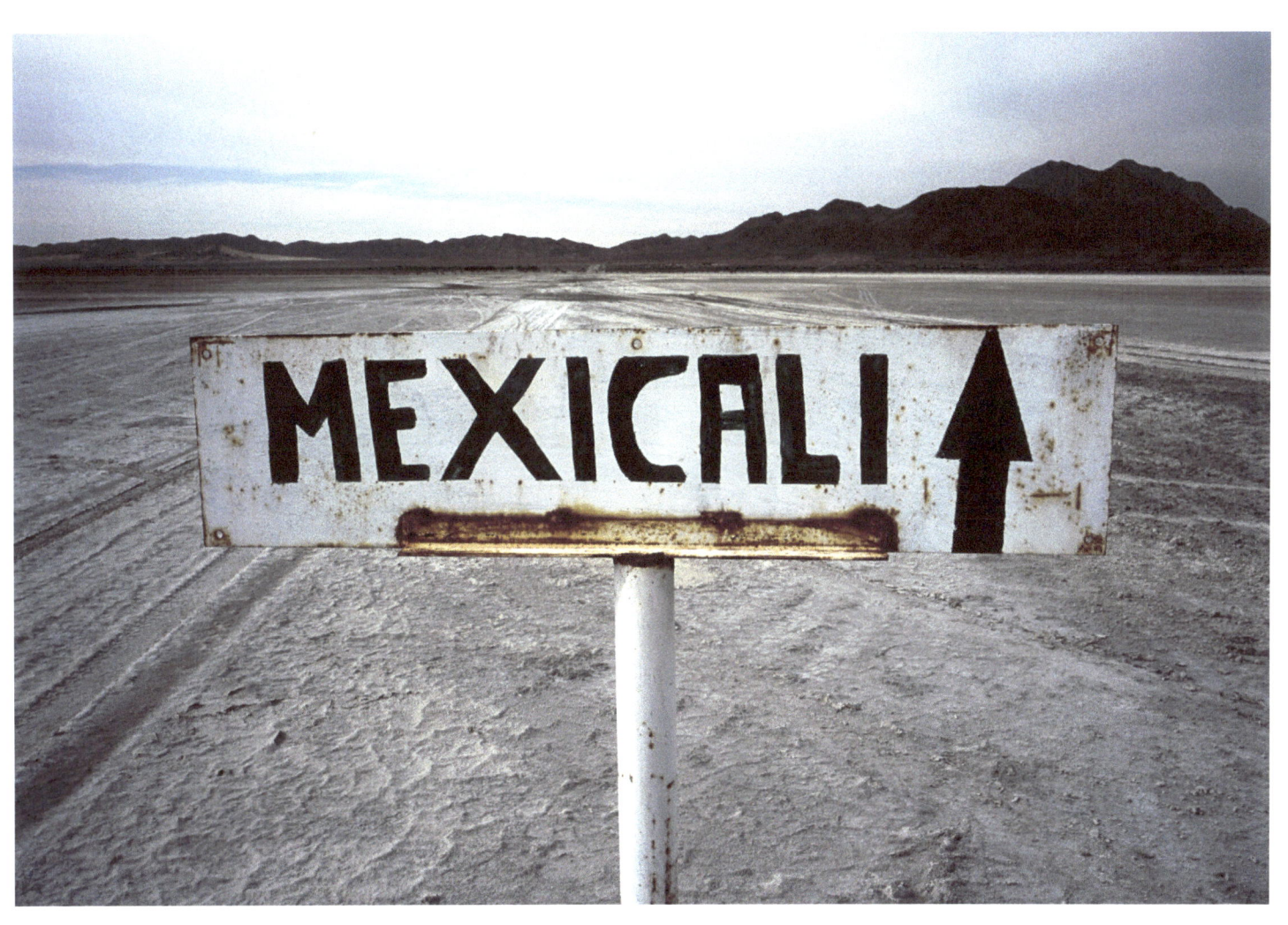

Sulla strada 2, verso Mexicali

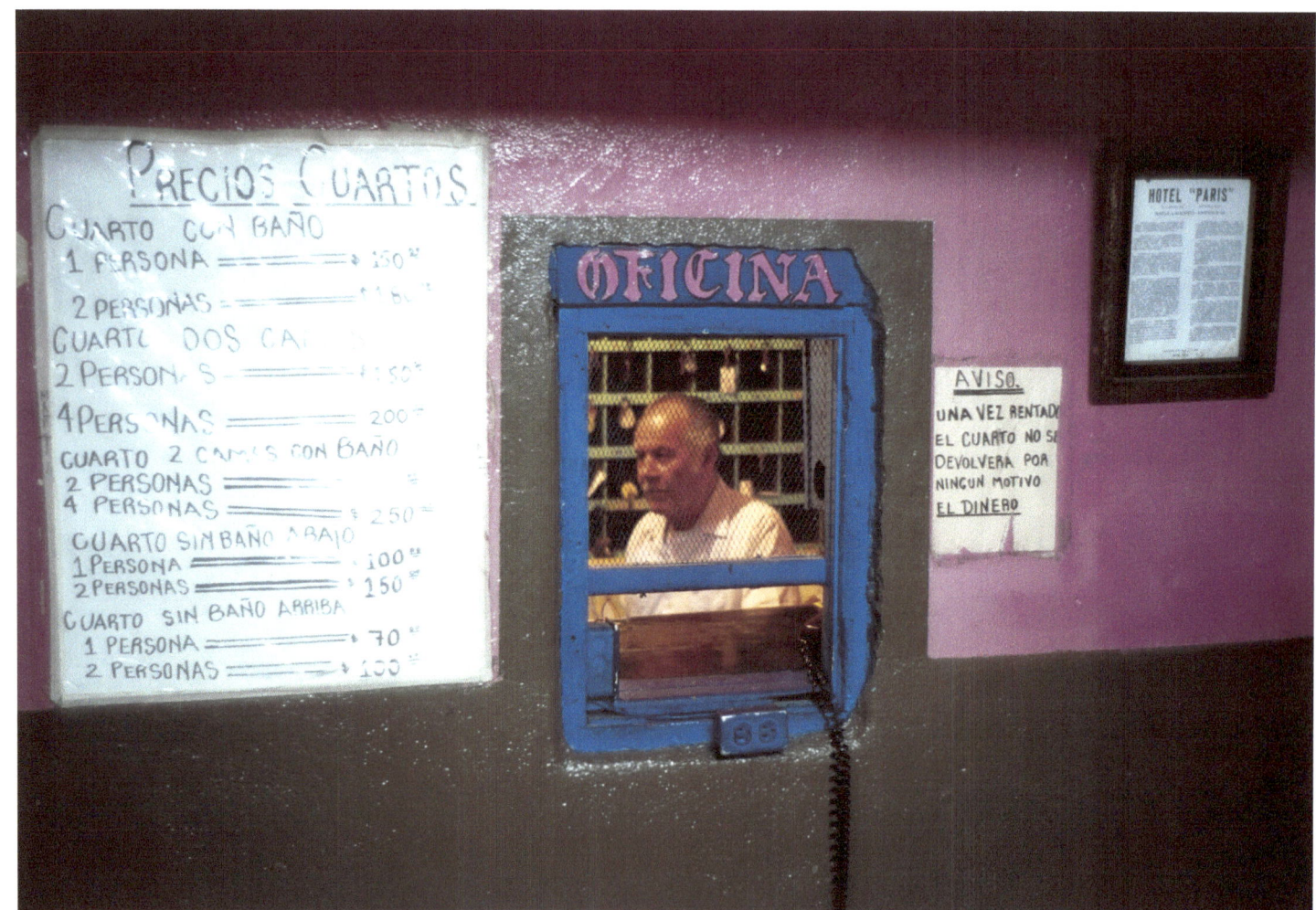

Mexicali, hotel reception

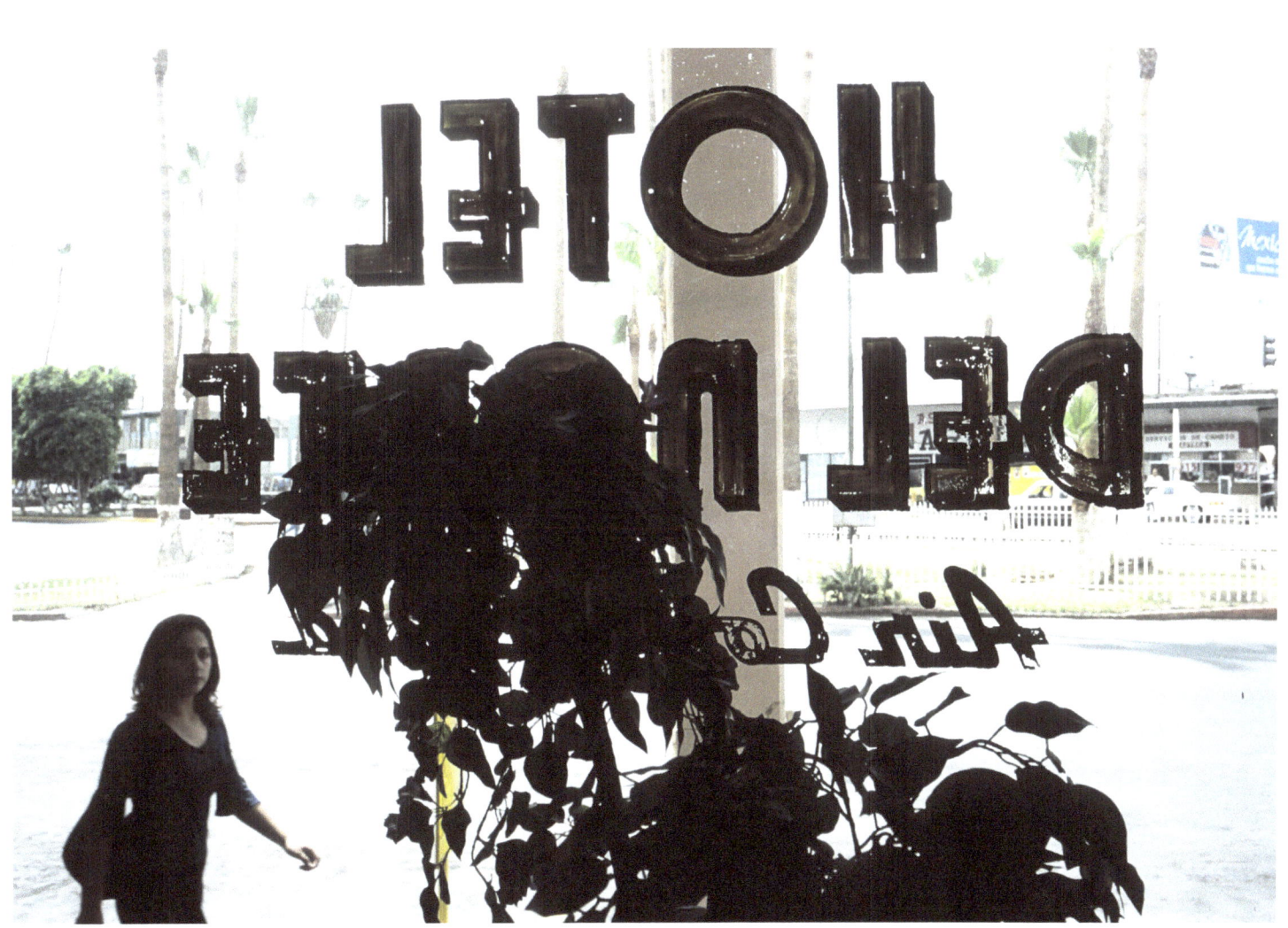

Mexicali, hotel reception

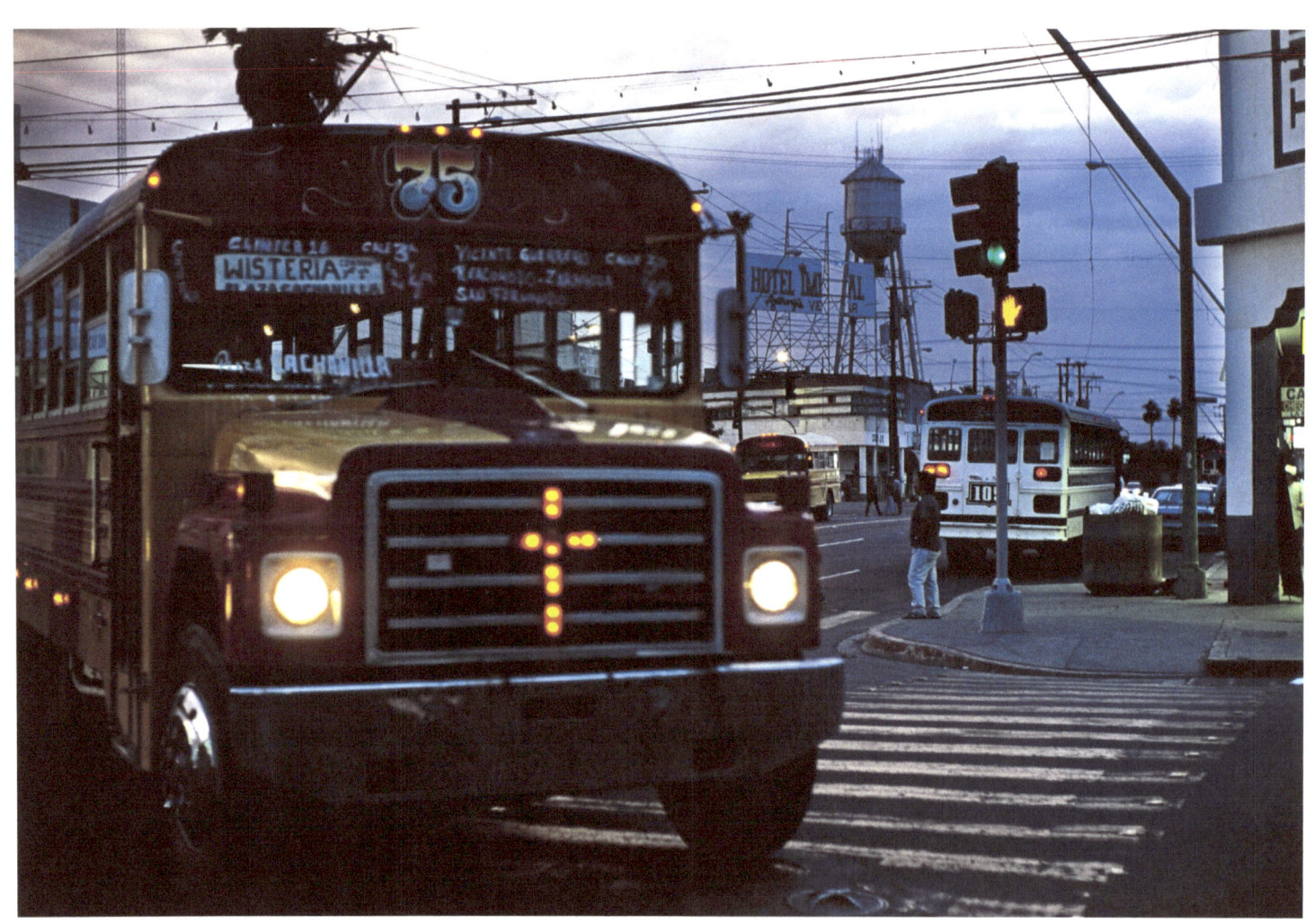

Mexicali, città di confine di notte

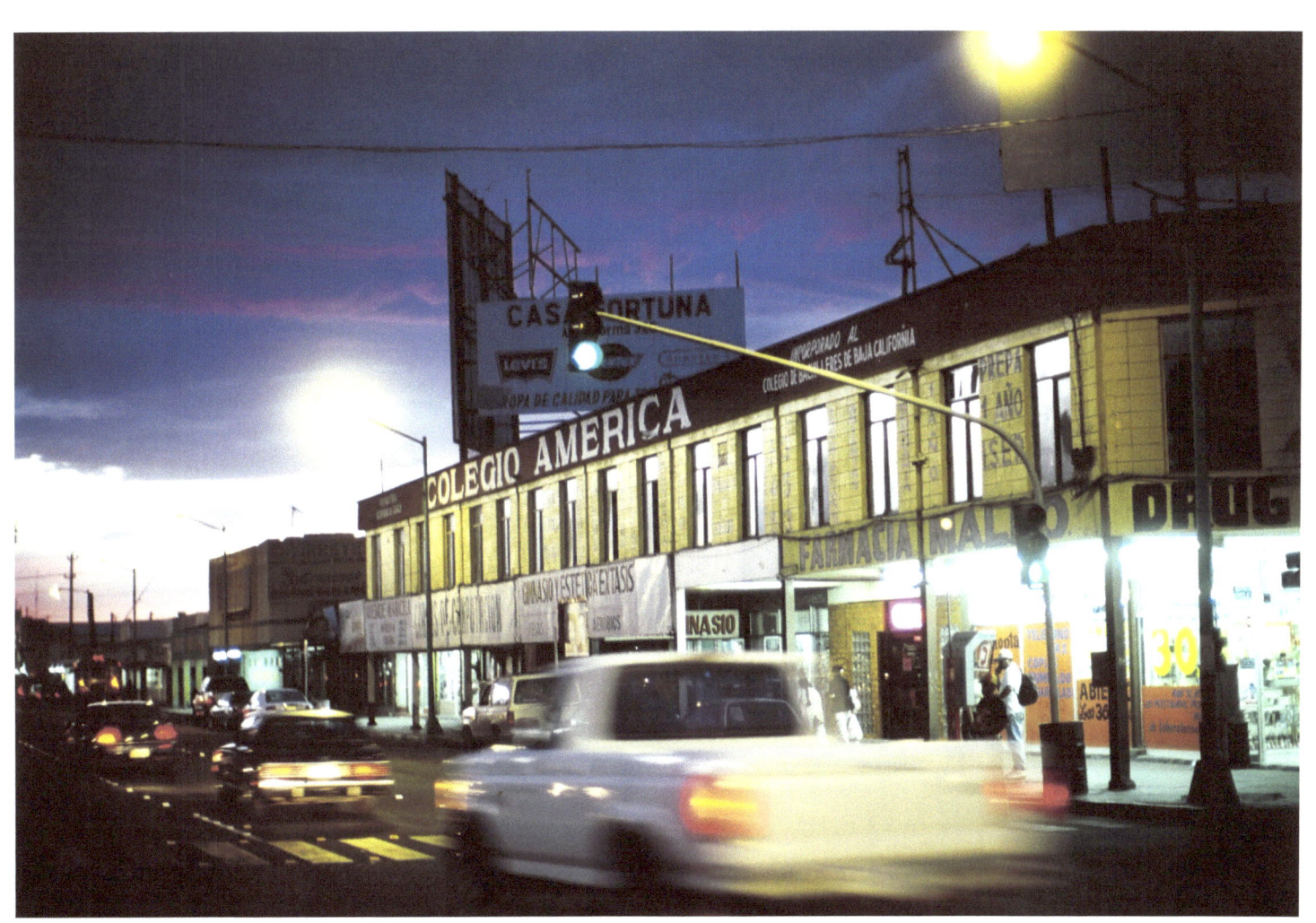

Mexicali, città di confine di notte

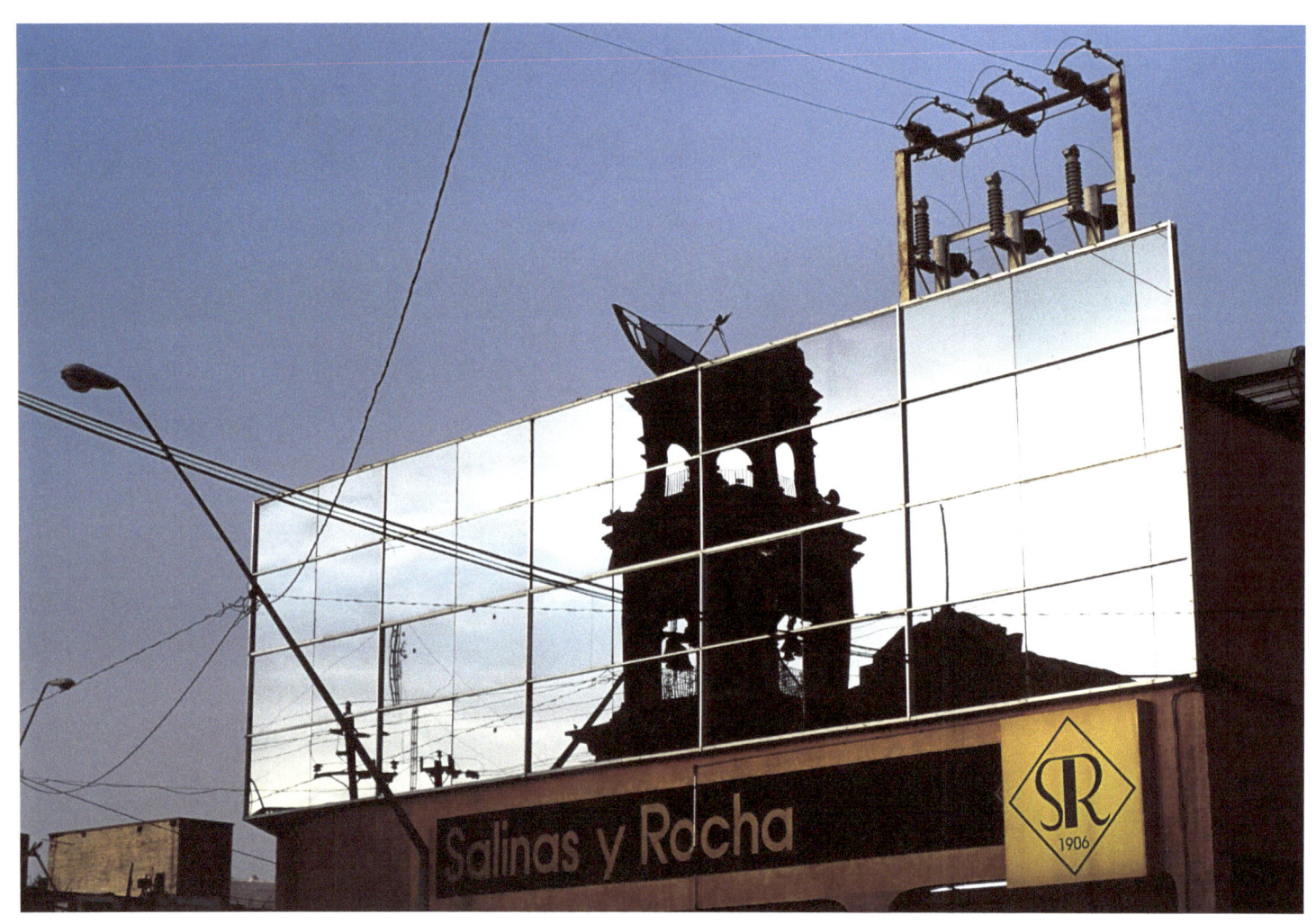

Mexicali, città di confine di notte

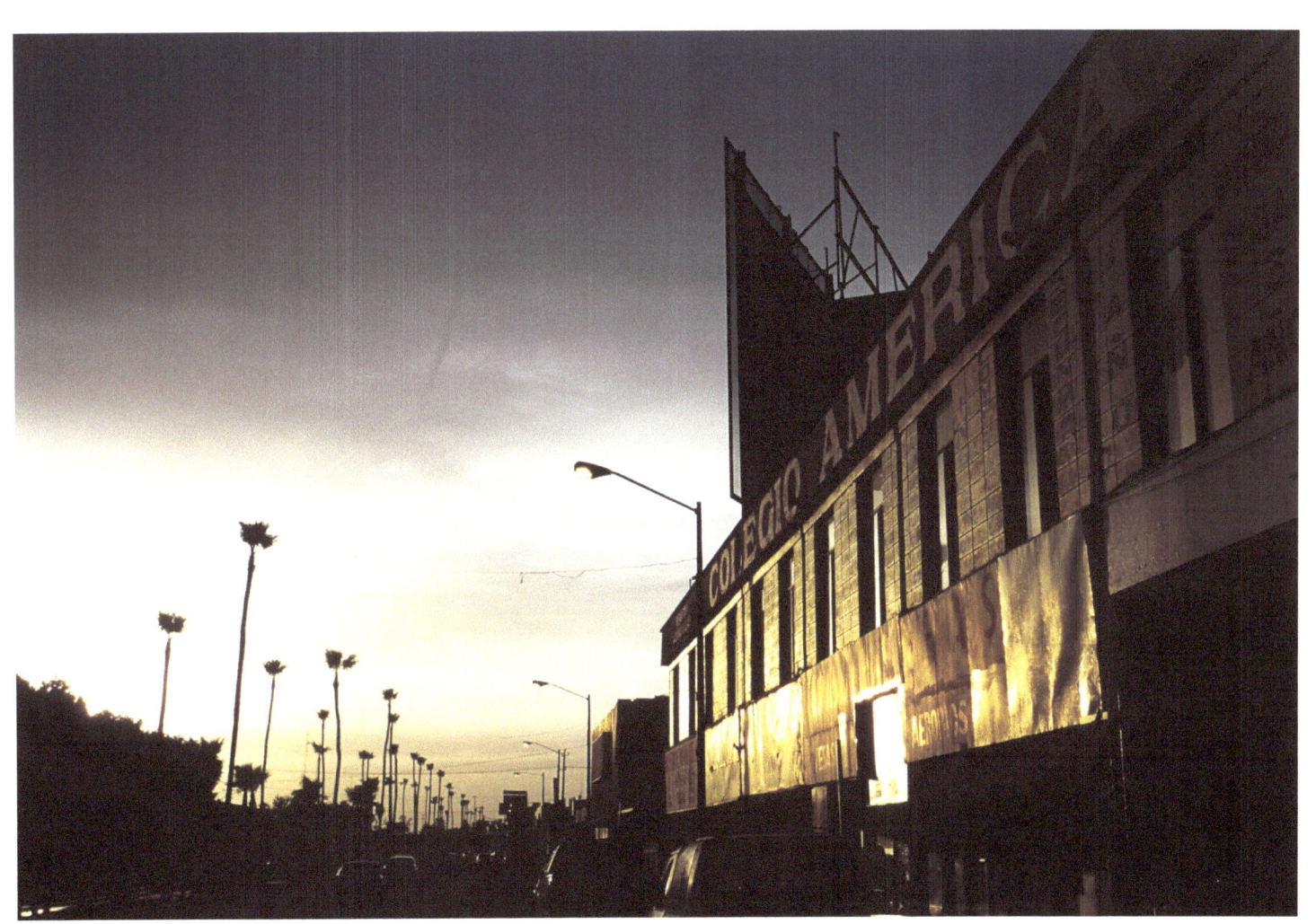

Mexicali, città di confine di notte

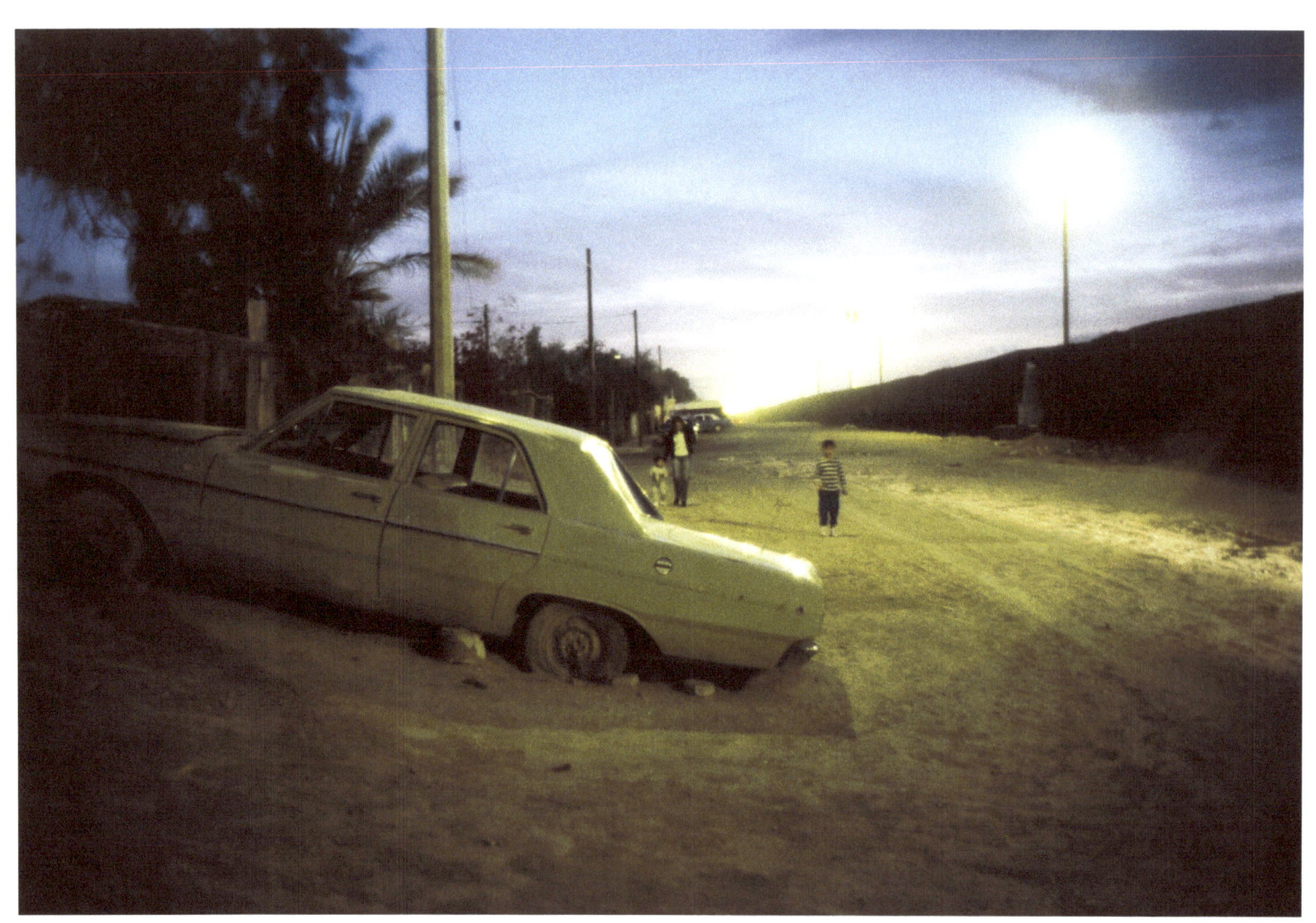

Mexicali, il muro sul confine Messico-USA

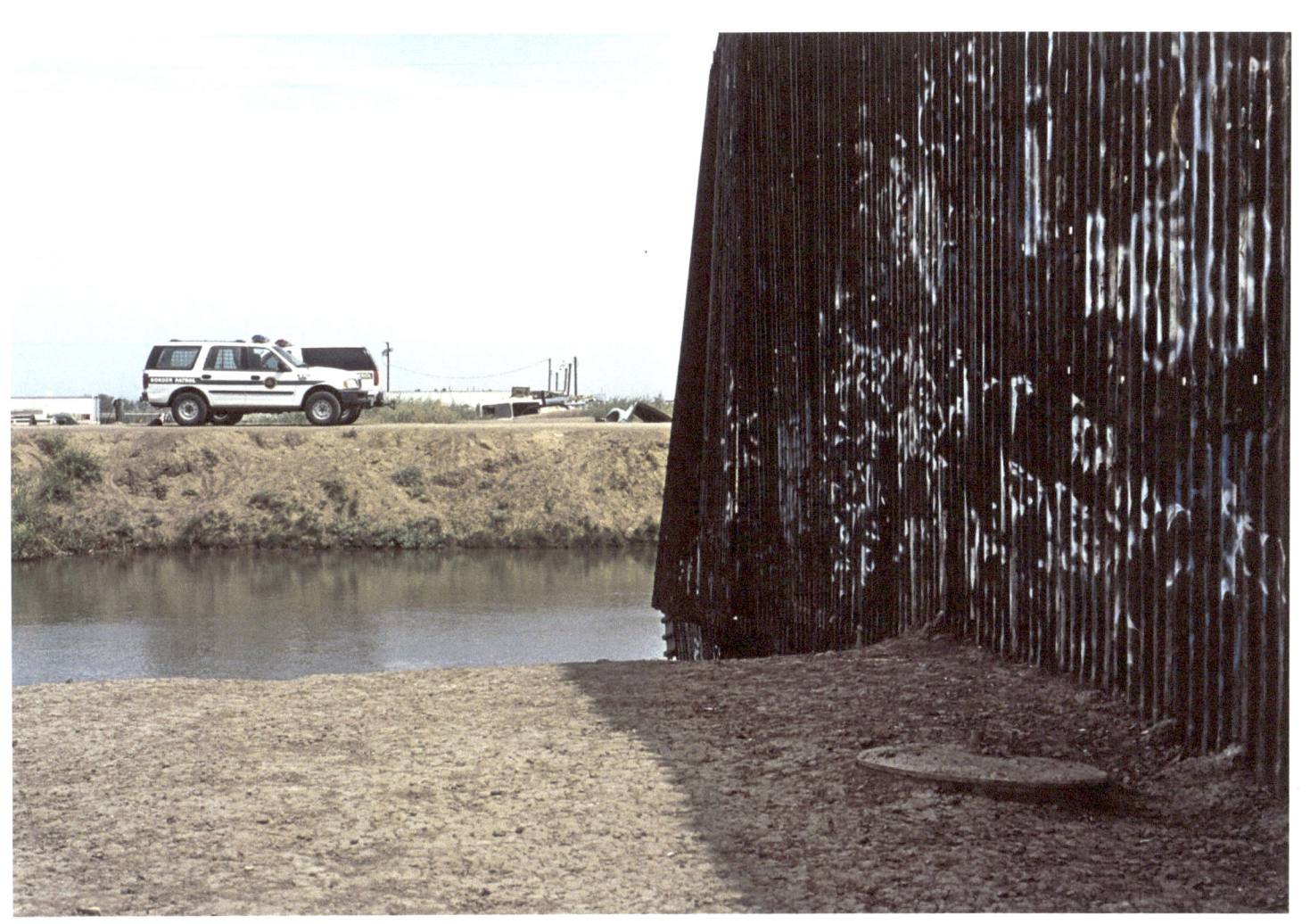
Mexicali, il muro sul confine Messico-USA

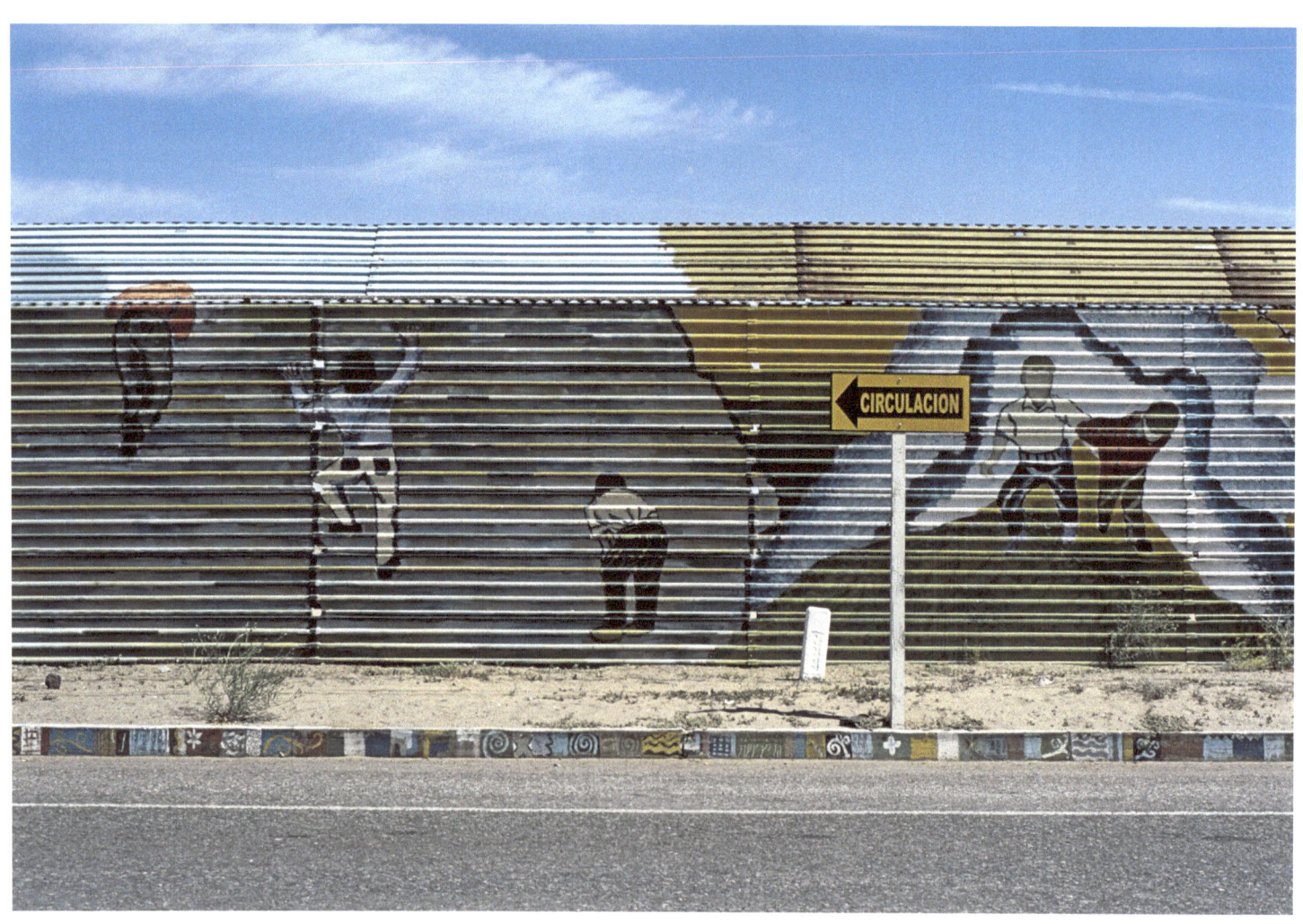

Mexicali, il muro sul confine Messico-USA

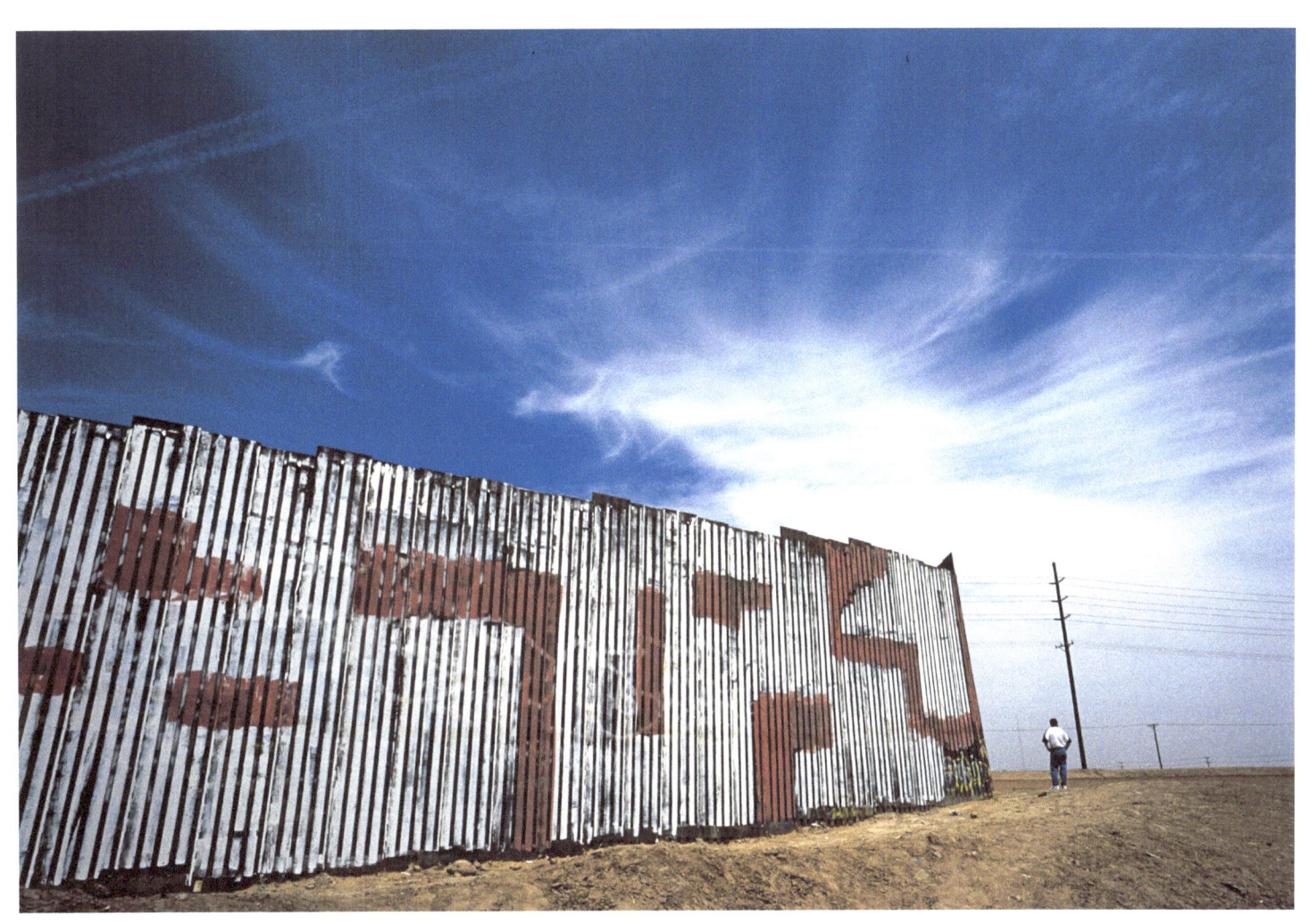

Mexicali, il muro sul confine Messico-USA: eravamo arrivati...

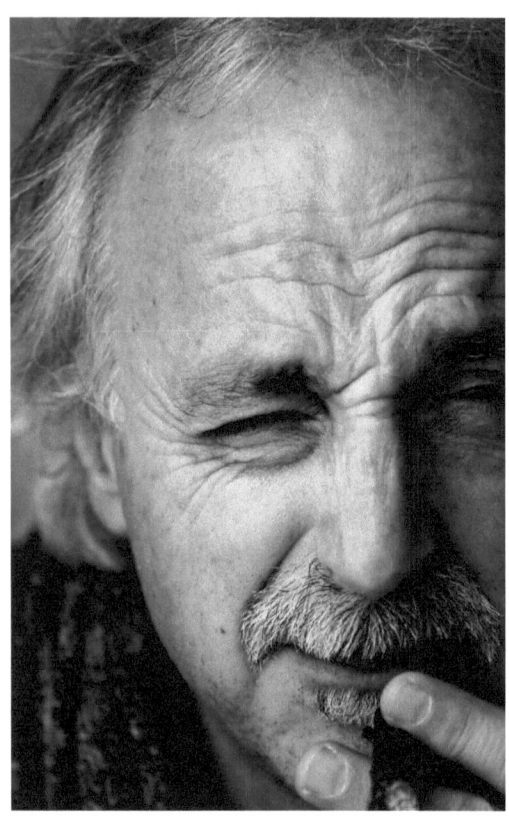

Andrea Pistolesi preferisce definirsi un viaggiatore che fotografa piuttosto che un fotografo che viaggia.
Vive tra Firenze e Bangkok da dove lavora per le maggiori riviste internazionali.
Ha pubblicato oltre cento libri fotografici e tenuto mostre personali in tutto il mondo.
Ha lavorato come fotografo per oltre trent'anni.
E' stato un pioniere della tecnologia digitale (il suo libro "Back in Town", una raccolta di prime sperimentazioni, fu pubblicato nel 1998) e tiene workshop in giro per il mondo.

©2016 Andrea Pistolesi per le foto e i testi

Nessuna riproduzione di immagini, testi o altri contenuti è permessa in alcuna forma o lunghezza senza la preventiva autorizzazione scritta dei titolari del copyright.

Tutte le foto di questa pubblicazione sono protette dal Copyright e possono essere rese disponibili per l'uso attraverso l'archivio dell'autore o le agenzie Getty Images® e Hemis®.
Contattate info@pistolesiphoto.com per ulteriori, dettagliate informazioni.

Edizione edita e pubblicata da PadPlaces
www.padplaces.com

Edizione 2016
ISBN 978-88-98437-66-5

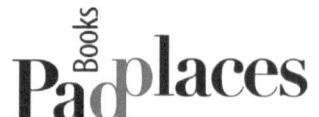

www.ingramcontent.com/pod-product-compliance
Lightning Source LLC
Chambersburg PA
CBHW051909210526
45473CB00006B/1961